부자의
조건

Original English language edition published by G&D Media
ⓒ 2022 by Brian Tracy.
Korean-language edition copyright ⓒ 2025 by Hyundae Jisung Inc.
All rights reserved. Copyright licensed by Waterside Productions, Inc., arranged with The Danny Hong Agency.

이 책의 한국어판 저작권은 대니홍 에이전시를 통한 저작권사와의 독점 계약으로 ㈜현대지성에 있습니다. 저작권법에 의해 한국 내에서 보호를 받는 저작물이므로 무단전재와 복제를 금합니다.

브라이언 트레이시 지음 | 이상훈 옮김

GET 부자의 조건

자수성가 백만장자가 알려주는
언제 어디서나 통하는 부의 기본기

RICH NOW

현대
지성

일러두기
괄호 안의 부연 설명은 옮긴이가 작성한 것이다.

추천의 글

가장 현실적으로 적용가능한 부의 해답

과거보다 현대 사회의 많은 이들이 재무적인 성공을 꿈꾸고, 그 수요에 답하듯 성공한 사람들의 메시지가 쏟아지고 있습니다. 과거에는 성공한 사람을 만나는 것이 거의 불가능했습니다. 하지만 지금은 한 권의 압축된 책으로 그들이 평생을 통해 깨달은 것들을 접할 수 있는 축복받은 시대인 셈입니다.

우리는 때로 성공한 사람들을 보고 "뭘 해도 성공할 사람이다"라는 표현을 쓰곤 합니다. 성공을 하기 위한 방법보다는 그것에 임하는 사람의 마인드가 더 중요하다는 의미일 것입니다. 우리가 사업을 하든 투자를 하든 근로자로서 살아가든, 우리에게 중요한 것도 '마인드'입니다.

이 책은 자수성가한 사람의 성찰을 통해서만 얻을 수 있는 마인드셋의 지혜가 담겨 있습니다. 많은 사람들이 단순히 다른 사람의 성공 공식을 따라가서 경제적 자유를 이루려고 합니다. 하지만 근본적으로 그런 방법은 존재할 수 없으며, 세상을 대하는 우리의 마인드를 바꿔야 함을 강조합니다. 또한 가장 현실적으로 적용 가능한 부의 메시지를 전합니다.

이 책에서는 다른 그 어떤 책보다 성공에 대한 자세한 해석과 부자가 되고 싶은 고민에 대한 해답을 들을 수 있습니다. 자본주의 사회를 살아가며 성공을 꿈꾸는 많은 이들에게 큰 줄기를 잡아주는 지침서가 될 것입니다.

박곰희 | 박곰희TV 운영자, 『박곰희 연금 부자 수업』 저자

부에 대한 실마리가 보일 것이다

부는 돈이라는 축으로만 이해할 수 없다. 결국 부는 그것을 대하는 마음과 태도에서 점화되기 때문이다. 저자가 지나온 시간 속에서 마주한 선택을 따라가다 보니 나의 과거가 그 위에 오버랩된다. 책을 읽는 동안 잊고 있던 초심이 되살아난다. 돈을 처음 다루던 마음, 작은 성취에도 기뻐하던 나, 더 나은 모습을 꿈꾸던 내 모습…… 희미해졌던 마음이 이 책 안에서 다시 또렷해진다. '지나온 시간들이 모두 의미 있었다'라고 고개를 끄덕이며 단단해지는 마음을 느낀다.

저자는 말한다. "자기 의심을 멈추고, 스스로 설정한 한계에 의문을 제기하라." 이 문장은 나아가 지금의 나까지 흔들어 놓는다. 나는 무엇을 기준으로 살아왔는가? 날 움직이게 하는 것은 무엇인가? 시간을 어디에 어떻게 쓰고 있는가? 나는 앞으로 어떻게 살 것인가? 이 책은 그 질문들에 기꺼이 응답하게 만든다.

이 책은 부의 기술을 알려주는 책이 아니다. 흐트러진 마음을 정렬해서 나를 중심에 앉히고 세상을 바라보게 한다. 이 책은 부를 '삶을 해석하는 방식'으로 끌어올린다. 부는 멀리 있는 목표나 어느 날 갑자기 찾아오는 행운이 아니라, 자신을 지켜낸 시간의 누적이라는 진리로 독자들에게 경종을 울린다. 이 책으로 천천히 그리고 하나씩 스스로를 바로 세우는 시간을 갖는다면, 부에 대한 막연함과 답답함에 대한 실마리가 보일 것이다.

주언규 | 『슈퍼 노멀』, 『혹시 돈 얘기해도 될까요?』 저자

> 들어가며

언제 어디서나 통하는
부자의 길은 무엇인가

돈은 세상에서 가장 많은 생각을 불러일으키고 감정을 자극하며 첨예하게 의견이 대립하는 대표적인 주제다. 수많은 책과 신문 및 잡지, 블로그, 강연에서 돈이란 무엇인지, 돈을 어떻게 벌고 써야 하는지, 돈이 많은 사람과 그렇지 않은 사람에게는 어떤 차이가 있는지 등을 다룬다. 돈을 주제로 한 훌륭한 연구 결과도 계속 발표되었지만 돈에 관한 잘못된 정보, 이른바 금융 백색소음financial white noise은 여전히 횡행한다.

그러다 보니 사람들은 경제적 부를 운에 맡기기도 하고 때론 돈이라는 주제를 감당할 수 없는 영역이라고 생각해서 외면하고 포기해버리기도 한다. 지금까지 돈에 대한 논의가 끊임없이 이어졌음에도 불구하고 평범한 사람들은 여전히 돈을 혼란 속에서 바라보는 것이다. 비극적인 현상이다.

부는 어느 순간 일시적으로 찾아오는 운의 영역이 아닐뿐더러 태생부터 정해져 바꿀 수 없는 운명의 영역도 아니다. 또한 간절히 원하기만 하면 이루어지는 대상도 아니다. 돈을 갈구만으로 얻을 수 있다면 왜 누구는 부자가 되고 누구는 그렇지 못한 것인가?

나는 자꾸만 간과되는 부자되는 길의 본질을 이야기하고자 한다. 끌어당김과 갈구만 성행하고 행동은 빠져 있는 이 시대의 부자되는 법에 대해 짚으려 한다. 인생을 운에 맡기는 태도는 자신의 잠재력을 충분히 발휘하지 못하게 하고 때론 아예 꿈을 포기하게 만든다는 것을 말하고 싶다.

돈에 관한 정보의 홍수 속에서도 돈을 벌고 투자하고 현명하게 쓰는 방법은 절대 변하지 않는 진리로 명명백백하게 존재한다. 이 책에서 나는 이미 유효성이 입증되어 신뢰할 수 있는 돈의 법칙은 물론이고 돈에 대한 근거 없이 존재하는 생각이나 믿음도 살펴볼 것이다.

이를테면 누구나 쉽게 돈을 벌 수 있다거나, 적게 일하고 많이 벌 수 있다는 주장이 그런 것들이다. 이러한 주장은 누군가의 단편적인 일화가 호도되어 널리 퍼진다. 부를 쉽게 획득하는 방법이 있는데 따라 하지 않는다면 멍청하다는 식으로 전파된다. 그러나 우리가 잘 알고 있는 일화들은 기껏해야 열 손가락에 꼽는 특별한 소수의 경험일 뿐이다. 충분한 시간을 두고 수많은 사람에게서 검증된 평범하고도 확실한 진리가 결코 아니다.

이 책의 목적은 하나다. 바로 돈을 둘러싼 혼란을 종식하고, 돈에 관한 근본적인 진실을 포괄적으로 제시하는 것이다. 여기서 제시하는 생각을 독자 여러분이 나름대로 연구하고 숙성하여 일과 삶에 적용했으면 한다. 그렇게 하면 마치 내일도 내일의 태양이 떠오르는 것처럼, 당신은 분명히 경제적으로 성공하게 될 것이다.

브라이언 트레이시

(목차)

추천의 글 ······ 7
들어가며 언제 어디서나 통하는 부자의 길은 무엇인가 ······ 10

1장 돈에 대해 다시 배우라

돈의 유래에서 얻는 5가지 통찰 ······ 22
오해 말라, 부자는 오랫동안 열심히 일한다 ······ 27
오늘 나에게 투자한 시간은 얼마나 되는가 ······ 34
수요와 공급의 법칙은 항상 유효하다 ······ 42
소득이 높다고 모두 부자는 아니다 ······ 45
`실행 프로젝트` 돈 개념 점검하기 ······ 52

2장 더 이상 금융 백색소음에 휘둘리지 말라

부와 빈곤을 나누는 원인은 한 가지 ······ 57
내가 생각하는 세계가 곧 내가 살아가는 세계다 ······ 60
마음의 힘만으로 부를 끌어당길 수 있을까 ······ 68
밀어냄의 법칙에 따라 살고 있다면 ······ 76
쉽게 큰돈을 벌려는 생각은 어리석다 ······ 81

부자들은 돈을 본다? …… 85
회사원으로는 절대 백만장자가 될 수 없다고? …… 89
실행 프로젝트 근거 없는 믿음 바로잡기 …… 95

3장 "얼마나 버는가"보다 "얼마나 남기는가"

재미있는 인생을 좇다 별 볼 일 없는 인생이 되기 전에 …… 101
가장 먼저 제거해야 할 지출 항목 …… 104
소득의 3퍼센트를 자신에게 투자하라 …… 108
나는 성장주인가, 저성장주인가 …… 112
무엇보다 현금을 보존하라 …… 114
실행 프로젝트 소비 개념 다시 세우기 …… 120

4장 빚을 이용하려다 빚에 잠식되지 말라

좋은 빚 vs 나쁜 빚 …… 124
빚을 지기 전에 점검해야 할 것들 …… 129
어떤 빚부터 갚을 것인가 …… 132
학자금 대출에 대한 냉정한 시선 …… 135
빚을 갚기 전 연금에 돈을 넣어도 될까 …… 138

경제적 자유를 지탱하는 3가지 기둥 …… 140
실행 프로젝트 부채 없애기 …… 146

5장 현금흐름이 있는 인생으로 재창조하라

당신이라는 제품의 품질을 높이라 …… 151
연봉이 적다고 불평하기 전에 …… 155
매출을 올리려면 무엇을 해야 할까 …… 162
차라리 내 사업을 하겠다는 이들에게 …… 169
사업의 8할은 영업이다 …… 171
실행 프로젝트 현금흐름을 만드는 가장 빠른 방법 …… 177

6장 성공적인 사업의 조건

시장이 존재하는지 확인하는 방법 …… 184
상위 1퍼센트에게 있는 위험을 감수할 용기 …… 187
운영하지 말고 일하라 …… 191
돈을 만들어내라 …… 194
매일 나아지기 위해 노력하라 …… 199
실행 프로젝트 사업 시작에 도움이 되는 질문 …… 202

7장 경제적 자유를 위해 꼭 알아야 할 돈의 속성

언제나 원인이 있기에 결과가 있다 ······ 206
아주 작은 노력이 쌓여 부를 만든다 ······ 207
복리의 마법을 믿어라 ······ 208
투자의 핵심은 절대 잃지 않는 것이다 ······ 210
결국 돈이 돈을 부른다 ······ 212
부동산을 보유하라 ······ 214
주식으로 인생 역전은 불가능하다 ······ 216
위대한 투자자에게 배우는 10가지 교훈 ······ 218
실행 프로젝트 경제적 자유를 위한 포트폴리오 짜기 ······ 224

8장 당신이 쌓은 부를 지키는 방법

전지적 성공 시점에서 벗어나라 ······ 228
보험은 얼마나 들어야 할까 ······ 230
가족과 죽음 이후를 이야기하라 ······ 232
사업하기 전에 꼭 알아야 할 법인의 종류 ······ 236
실행 프로젝트 보험·상속·절세 알아두기 ······ 240

9장 돈이 많으면 무조건 행복할 거라는 착각

돈은 능력을 측정하는 지표다 …… 246
일이 행복을 가져오고 행복이 돈을 불러온다 …… 251
자기만의 매직 넘버를 찾아라 …… 253
실행 프로젝트 매직 넘버 계산하기 …… 258

10장 내일의 부자를 위한 최소한의 경제학 수업

산타클로스 경제학이 만연한 시대 …… 262
부자는 씨를 뿌리는 근면한 농부다 …… 272
반드시 이해해야 할 13가지 경제학 법칙 …… 275

희소성의 법칙 | 수요 공급의 법칙 | 대체의 법칙 | 연결성의 법칙 | 한계성의 법칙 | 수확 체증·체감의 법칙 | 2차 결과의 법칙 | 의도하지 않은 결과의 법칙 | 선택의 법칙 | 배제된 대안의 법칙 | 주관적 가치의 법칙 | 극대화의 법칙

1장

돈에 대해
다시 배우라

가난하게 태어난 것은 당신의 잘못이 아니다.
그러나 가난하게 죽는 것은 당신의 잘못이다.

빌 게이츠(마이크로소프트 창업자)

부자는 끊임없이 배워야 한다.

로버트 기요사키(『부자 아빠 가난한 아빠』 저자)

 돈에 관해 당신이 가장 먼저 다시 되새겨야 할 것은 돈의 기원이 교환이라는 것이다. 돈이란 자신의 노동을 다른 사람의 재화나 용역으로 교환하는 매개체다.

 돈이 등장하기 전에는 물물교환이 있었다. 사람들은 돈이라는 수단 없이 자신의 재화나 용역을 다른 사람의 재화나 용역으로 직접 교환했다. 예를 들어 선사시대에는 돌화살촉이나 토기를 만들어 양탄자나 가죽으로 바꿨다. 그러나 점점 문명이 발달하면서 사람들은 물물교환을 매우 불편해했고, 자신의 재화나 용역을 금, 은, 주화, 조개껍데기 등 희소하고 가치 있으면서도 휴대하기 좋은 매개체와 교환할 수 있다는 것을 깨달았다. 또 닭이나 염소처럼 자신이 원하는 무언가로 바꿀 수 있다는 사실도 깨달았다. 이와 같은 일련의 변화는 우리 삶의 모든 과정을 더 효율적으로 바꿨다.

 돈은 이렇게 시작되었다. 많은 사람이 돈에 대한 혼란스러운 감정을 지니고 있는 오늘날에도 이것은 여전히 돈에 대한 기본 정의다. 돈은 재화나 용역의 교환 과정을 더 효율적으로 만든다.

우리는 일터에 가서 우리가 한 일을 돈으로 교환한 다음 이를 사용해 다른 사람들이 한 일의 결과물을 구매한다. 다시 말해 돈은 내가 한 일을 다른 사람이 한 일과 교환하는 수단이다.

돈의 유래에서 얻는 5가지 통찰

교환의 법칙Law of exchange에 따라 움직이는 돈의 유래를 살펴보면 부에 대한 몇 가지 통찰을 얻을 수 있다. 먼저 돈을 보면 사람들이 재화나 용역에 부여하는 가치를 알 수 있다. 사물 그 자체는 어떤 가치를 갖지 않는다. 무언가의 가치를 결정하는 것은 사람들이 그것에 대해 얼마를 지불할 것인지뿐이다. 재화와 용역은 누군가가 지불하겠다는 의사가 없다면 아무런 가치가 없다. 실제로 특정 금액의 돈을 누군가가 제시하지 않는 한, 재화나 용역이 해당 금액의 가치가 있다고 말할 수 없다. 다만 모든 가치는 주관적이다. 19세기 오스트리아에서 시작된 경제학파인 오스트리아학파는 모든 경제적 가치는 개인의 주관적 평가에 따라 결정되며 이는 개인이 처한 상황과 느끼는 욕구에 기반한다고 말했다. 즉, 가치는 잠재적인 구매자가 해당 시점에 지닌 생각과 감정, 태도, 의견에 달렸다는 뜻이다.

교환의 법칙을 자세히 들여다보면 내가 제공하는 노동이 다른 사람에게는 생산의 한 요소, 즉 비용으로 여겨진다는 점도 알 수 있다. 인간을 명명하는 이름으로 호모 이코노미쿠스Homo Economicus라는 용어를 들어보았을 것이다. 자신의 이익을 극대화하는 합리적 선택을 하는 존재로 보는 시선이다. 쉽게 말해 적은 돈으로 많은 것을 얻으려고 노력한다는 의미다. 인간의 이러한 특성은 유전적이며 DNA에 각인되어 있는 것이다. 인류 역사에서 인간이 경제적으로 행동하지 않았던 경우는 단 한 번도 없었다. 우리는 돈을 더 적게 낼 수 있는 경우에 절대로 더 많이 내려고 하지 않는다.

 어떤 사람이 시급으로 15달러를 받아야 하는지 아니면 더 높은 금액을 받아야 하는지 고민한다고 치자. 그는 자기 이마에서 흘러나오는 땀방울이 특별하다고 생각하겠지만 사실 그 땀은 지극히 개인적이고 감정적인 것이다. 다른 사람의 관점에서 볼 때 그가 땀 흘려 제공하는 노동은 단지 비용일 뿐이다. 똑똑한 소비자, 고용주 또는 고객으로서 인간은 그 노동이 누구 것인지는 상관하지 않고 최소한의 비용으로 최대한의 이익을 얻으면 그만이다. 이는 대부분의 기업이 중국이나 대만, 베트남, 인도네시아에서 물건을 만드는 이유로 이어진다. 소비자 또한 마찬가지다. 미국의 소비자들은 제품이 어디서 왔는지에 별다른 관심이 없다. 가장 신경 쓰는 것은 낮은 가격으로 제품을 사는 일뿐이다. 생산·서비스 업무를 해외로 이전하는 오프쇼어링offshoring의 주체는 사실 기업이 아니라 소비자인 셈이다. 그곳에서는 재화나 용역을 낮은 가격에 생산할 수 있고 그렇다면 더 낮은 가격에 구매할 수 있기 때문이다. 아주 최근까지도 애플의 거의 모든 제품이 중국에서 만들어진 것은 놀라운 사실이 아니다. 같은 제품을 생산한다고 했을 때 선진국의 제조 비용은 중국의 3~4배에 달하며, 애플 고객은 그만큼의 비용을 지불하지 않을 것이 명백하기 때문이다.

다시 말해 당신의 노동에는 일률적인 가치를 매길 수 없으며, 당신은 기존 임금에 이의를 제기하고 인상을 요구할 수도 없다. 내가 얼마나 버는지, 즉 나의 재무적 가치를 결정하는 것은 오직 경쟁 시장(시장에 참여하는 공급자와 수요자의 수가 매우 많아서 개별 시장 참여자가 가격에 미치는 영향이 매우 제한적인 시장)에서 내가 제공하는 노동에 대한 '타인의 지불 의사'다.

한편 돈의 유래를 살펴보면 내가 버는 돈의 크기는 내가 이바지한 바에 타인이 부여하는 가치의 크기라는 것도 알게 된다. 즉, 시장에서 나를 사용하는 소비자(기업)가 나의 가치를 결정한다. 노동의 대가로 내가 받을 수 있는 객관적인 금액은 존재하지 않고, 소비자가 다른 사람들의 기여와 비교해서 결정한다는 뜻이다.

나는 종종 "당신은 회사의 모든 사람과 매일 경쟁하고 있습니다"라고 이야기한다. 그러면 사람들은 정말로 발끈해서 "경쟁하는 게 아닙니다. 우리는 모두 한 팀으로 함께 일합니다"라고 말한다. 하지만 자신의 급여가 어떻게 결정되는지 제대로 이해하고 나면 생각이 달라질 것이다. 누군가의 임금을 결정할 때는 다른 직원이 받는 임금 수준과 저울질하기 마련이다. 대다수의 기업에 자신이 받는 임금을 다른 직원과 논의할 수 없다는 규정이 존재하는 이유도 이 때문이다. 어느 한 직원의 임금은 회사가 함께 일하는 다른 모든 사람과 비교해서 그에게 있다고 판단하는 가치에 따라 결정되는 것이다.

돈의 유래에서 얻을 수 있는 또 다른 통찰은 돈은 원인cause이 아니라 결과effect라는 것이다. 재화나 용역의 가치를 창출하기 위한 행동이 원인이고, 행동을 제공한 대가로 받는 급여 또는 수입이 결과다. 결과를 더 크게 만들고 싶다면 당연하게도 원인을 늘리고 강화해야 한다. 훌륭한 작가이자 영감을 주는 강연자인 얼 나이팅게일Earl Nightingale이 여러 해 전에 말한 바와 같이 인과 법칙law of cause and effect은 과학, 기술, 수학뿐 아니라 모든 인간사의 근간이 되는 법칙이다. 그렇다면 마지막 통찰은 이 사실에 이어서 자연스럽게 깨달을 수 있다. 우리가 버는 돈의 규모를 키우려면 투입하는 노동의 가치를 높여야 한다는 것이다. 사람들은 자신의 노력이나 시간을 더 투입하지 않고도 행운이 있다면 부를 얻을 수 있다고 생각하는 경향이 있다. 그들에게 내가 "어디에서 돈이 나올까요?"라고 묻는다면 아마 "어딘가 나올 데가 있겠죠"라고 답할 것이다. 조금 더 자세히 말해달라고 하면 "글쎄요. 돈은 가치를 창출하니까 일단은 돈이 있는 사람, 그러니까 더 많이 벌고 있는 사람들에게서 나와야 하지 않을까요?"라고 할지도 모른다. 있는 자에게서 나온 돈을 자신이 가져가는 것을 당연하듯 보는 것이다. 누구나 돈을 받을 자격이 있다는 태도는 터무니없다. 돈을 더 많이 벌려면 오로지 더 많은 가치를 더해야 한다.

나는 가끔 사람들에게 100퍼센트 실적에 따라 급여를 받는 사람이 몇 명이나 되는지 질문한다. 1,000명에게 물어보면 대략 10~15퍼센트가 그렇다고 답하는데, 알고 보면 우리는 모두 100퍼센트 실적에 따라 급여를 받으며 일한다. 이게 무슨 뜻일까? 조금 더 이해하기 쉽게 설명하면 모든 사람은 자신이 창출하는 가치의 일정한 비율을 급여로 받는다는 이야기다. 만약 현재 받는 비율이 마음에 들지 않는다면, 더 많은 가치를 창출해서 더 가치 있는 사람이 되어야 한다. 그렇게 하면 회사나 고객은 내 기여에 더 많은 가치를 부여해서 기꺼이 더 많은 돈을 지불할 것이다.

세상에는 시간당 10달러를 버는 사람이 있는 반면 시간당 1,000달러를 받는 사람도 있다. 일례로 내 친구 중에는 평범한 변호사로 일을 시작했으나 당시 아무도 관심을 두지 않던 저작권 전문 변호사로 경력을 업그레이드한 이가 있다. 저작권 분야는 막 주목받기 시작한 블루오션이었다. 소니나 디즈니처럼 세계 유수의 기업이 지식재산권과 관련된 법적 문제를 해결하기 위해 그에게 기꺼이 시간당 1,000달러를 지불했다. 수억 달러가 걸린 문제를 해결하는 내 친구는 그 분야에서 찾기 힘든 전문가였으니 당연했다. 그는 스스로 매우 가치 있는 사람으로 변모한 것이다. 사람들은 그가 달라는 대로 돈을 내고서라도 도움을 받기 위해 줄을 섰다. 마침내 내 친구는 지식재산권을 가진 기업 사이의 계약이나 인수합병을 검토하며 한 건에 수백만 달러를 받는 변호사로 성장했다.

분명한 사실은 돈을 더 많이 벌려면 더 많은 가치를 더해야 한다는 것이다. 그러려면 더 풍부한 지식을 쌓아야 한다. 세계적인 경영학자 피터 드러커Peter Drucker는 정보를 나름대로 해석하고, 이를 활용해 부가가치를 창출해낼 수 있는 사람은 누구나 지식노동자라고 이야기한 바 있다. 지식노동자는 지식과 기능을 충분히 갖추었다고 해도 끊임없는 자기 개선을 해야 한다. 일을 더 잘할 방법에 관한 지식을 쌓아 자신의 가치를 늘리는 것도 그 예다. 지식의 축적 외에도 같은 시간 안에 더 많은 일을 할 수 있게 기술 수준을 높일 수도 있다. 혹은 훨씬 더 생산적으로 일할 수 있도록 업무 습관을 개선할 수도 있다.

실제로 기업이나 사회에서 높은 보수를 받는 사람들은 하나같이 결과 지향적이며 매우 생산적이다. 나는 강연에 참석한 사람들에게 시간 관리 방법을(돈 잘 버는 법이 아닌) 가르쳐준 경험이 있다. 그런데 그들은 그 후 놀랍게도 같은 회사에서 같은 일을 하면서 1년도 안 되는 기간에 수입을 세 배로 늘렸다. 회사는 이들에게 망설임 없이 더 많은 돈을 지급했다. 이들이 훨씬 더 큰 가치를 창출했기 때문이다.

오해 말라, 부자는 오랫동안 열심히 일한다

평범한 사람들은 이렇게 불평하기도 한다. 일반 직원보다 훨씬 더 많은 급여를 받고 회사를 떠날 때도 상상할 수 없는 액수의 퇴직금을 받는 임원(황금 낙하산)들이 실은 하는 일이 별로 없다고 말이다. 황금 낙하산은 "수천만 달러의 연봉을 받는 대기업 임원이 낙하산을 타고 내려온다"라고 말하는 데서 유래된 별칭이다. 어떤 임원이 포춘 500대 기업 중 한 곳으로 스카우트될 때는 통상 매우 높은 연봉과 스톡옵션을 받으며, 양측 변호사들이 고용 계약을 협의하는 것이 일반적이다. 또한 퇴직금도 별도로 협상한다. 그렇게 고용 계약을 체결하고 일을 시작한 이후로 만약 무언가 일이 잘 풀리지 않고 회사가 어떤 이유로든 해당 임원과 더 이상 함께하지 않겠다고 결정한다면, 그 임원은 계약에 따라 퇴직금을 수령하는 구조다.

다시 말해 오늘날 포춘 500대 기업의 CEO와 회장은 직원들이 받는 평균 연봉의 300배가 넘는 보상을 받는다. 그러나 우리가 중요하게 고려하지 않는 사항이 있다. 사회생활을 시작했을 때는 이들 역시 출발 총성을 기다리는 마라톤 선수처럼 같은 출발선에서 시작했다는 사실이다. 출발할 때는 고위 임원이나 다른 평범한 직원들 사이에 차이가 없었다. 지금 기업의 고위 임원들도 첫 직장에서 일을 시작할 때는 좁은 자리에서 일하거나 심지어 정해진 자리가 없기도 했다. 물론 그들 가운데는 태생부터 금수저이거나 유명 대학을 졸업하고 석사나 박사 학위를 받은 사람도 있지만, 교육 수준이 평범한 사람도 분명 존재한다. 학점이 아주 좋은 사람도 있고, 그렇지 못한 사람도 있다. 좋은 환경에서 성장한 사람도 있지만, 넉넉하지 못한 가정에서 자란 사람도 있다. 1620년 메이플라워호를 타고 유럽에서 건너온 청교도의 후손도 있고, 사회생활 초반에는 영어에 서툴렀던 1세대 이민자도 있다. 다만 변하지 않는 팩트는 그들은 지금 평균적인 노동자의 300배가 넘는 연봉을 받는다는 것이다. 보다 구체적으로 이야기하면 2014년 대기업 CEO가 받는 연봉은 평균 1,630만 달러였던 반면 이들이 이끄는 기업에서 일하는 직원들의 연봉은 평균 52,000달러였다.

300배 이상의 차이는 어떻게 난 것일까? 그들은 처음 사회생활을 시작할 때부터 스스로에게 "지금 이 시점에서 내가 더 높은 기여를 하는 데 도움이 되는 한 가지 기술은 무엇일까?"라는 질문을 던졌을 가능성이 크다. 만약 그들이 사회초년생 시절 직장 상사를 찾아가 물어보았다면 이러한 답을 들었을 것이다. "마케팅이나 재무제표 분석, 프레젠테이션, 팀 구성, 협상 중 하나라도 잘해낸다면 지금 자리에서 더 가치 있는 사람이 될 수 있을 걸세." 이와 같은 말을 들은 그들은 발전시키려는 기술을 하나의 프로젝트로 설정하고, 마치 학교에서 공부하듯 학습 계획을 세웠을 것이다. 최고의 책을 찾아 읽고 최고의 오디오 프로그램을 들으며, 최고의 강의를 수강하는 등 해당 기술을 발전시키기 위해 최선을 다했을 것이다. 그렇게 6개월에서 1년이 지나고 목표로 하는 기술을 마침내 습득했을 것이다. 일하는 데 필요한 모든 기술은 배워서 익힐 수 있기 때문이다.

여기서 모든 것을 가능하게 하는 매직 넘버는 "일주일에 10시간"이다. 친구들이 밖에서 어울려 다니며 이성에게 관심을 쏟을 때 이들은 주 5일 동안 하루 평균 2시간씩 역량을 높이는 데 투자했을 것이다. 아마도 이러한 노력은 숨을 들이마시고 내쉬는 것처럼 그들에게 자연스러운 일이었을 것이다. 그렇게 일을 마치고 저녁에 집에 돌아와 가족과 함께 식사한 다음 매일 밤 2시간씩 주 5일을 공부하고 연구하는 것을 절대 거르지 않았을 것이다.

언젠가 인도에서 강연할 때 나는 이렇게 말했다. "인도의 시간대는 잘 모르겠지만, 여기 인도에서 일주일은 평균 몇 시간인가요?" 그러자 모두가 어이없다는 듯 웃음을 터뜨렸다. 내가 말했다. "네, 168시간이죠. 7일 곱하기 24시간을 하면 됩니다. 이제 여러분은 그 가운데 10시간을 투자하면 각자가 속한 산업에서 가장 높은 연봉을 받는, 가장 존경받는 사람이 될 수 있습니다. 할 수 있겠습니까?" 그들은 대답했다. "그럼요. 당연히 할 수 있습니다." 이는 출신의 문제도 배경의 문제도 아닌 단지 의지와 자기절제의 문제이기 때문이다.

게다가 새롭게 터득한 모든 기술에는 복리의 법칙law of compounding이 적용된다. 기술을 터득할 때마다 기존에 익힌 기술을 더 높은 수준으로 활용할 수 있고 이는 소득을 창출하는 능력, 즉 기여할 수 있는 능력의 성장으로 이어진다. 복리가 쌓이는 효과는 눈덩이처럼 불어난다. 매주 10시간씩 새로운 기술을 익히려 애쓴 시간이 10년, 20년, 30년이 지나 40대가 되고 또 50대가 되면 첫 직장을 다닌 이후로 무엇이든 배우려고 손가락 하나 까딱하지 않았던 사람들보다 평균 300배나 더 많은 돈을 벌게 되는 것은 어쩌면 당연한 일이 아닐까?

한편 어떤 사람들은 기업의 고위 임원이 많은 돈을 받는 이유를 두고 "운이 좋아서 그렇죠"라고 냉소하기도 한다. 그러나 그들이 많은 돈을 받는 이유는 명확하다. 수억 달러에서 때로는 수십억 달러짜리 의사결정을 하기 때문이다. 그들은 새로운 산업에 진출하거나 기존 사업을 철수하는 결정을 내린다. 어느 사업부나 일련의 제조 시설 전체를 매각하겠다고 결정하기도 한다. 이러한 의사결정이 기업의 수익성에 미치는 영향이 10억 달러라고 가정할 때 그들이 대가로 얻는 것은 겨우 1,000만 달러일 것이다. 자신이 내리는 의사결정이 미치는 경제적 영향의 1퍼센트에 불과한 것이다.

또한 평범한 사람들은 허무맹랑한 비현실적인 이야기를 믿기도 한다. 마치 남태평양 제도의 선화 신앙 Cargo Cult을 생각나게 할 정도다. 선화 신앙은 제2차 세계대전 기간 연합군이 일본군에 대응하기 위해 뉴기니섬에 들어와 비행장을 건설하고 군사 기지를 세운 일에서 출발한다. 연합군은 부대 운영에 필요한 식량, 의복 및 기타 필수품을 들여왔는데 이 모든 군수 물자는 항공기로 운송되었다. 그 후 전쟁이 끝나고 연합군이 철수하자 뉴기니섬은 다시 전근대적인 생활로 돌아갔다. 전쟁 기간 동안 노동자로 일하며 군수 물자 보급의 혜택을 누린 원주민들은 부의 출처를 알지 못했다. 이들은 부의 출처가 그저 화물 수송기라고 믿었고, 전쟁이 끝나고 사라진 물질이 되돌아오기를 기원하며 화물을 숭배하는 일을 택했다. 나뭇가지로 비행장과 비행기 모형을 만들어 작은 제단에 올려놓았으며, 향을 피운 다음 비행기 모형을 향해

기도하고 노래를 불렀다. 비행기가 부를 가지고 돌아올 것이라 믿었던 것이다.

뉴기니섬 원주민의 선화 신앙은 주식시장 투기꾼에 대해 사람들이 제기하는 불평불만의 지적 수준과 닮았다. "주식시장을 보세요. 주식시장을 카지노처럼 이용하는 사람들이 있어요. 그들은 주식시장이 하락하든 상승하든 관계없이 도박하듯 베팅해서 큰돈을 번다니까요." 이 말이 사실일까? 주식시장에서 일하며 높은 보수를 받는 사람이 실은 그 돈을 벌기 위해 매우 열심히 일한다는 사실을 간과한 언사다.

예를 들어 억만장자 워런 버핏Warren Buffett은 매일 깨어 있는 시간의 80퍼센트를 주식시장을 연구하고 기업을 분석하며 경쟁 속 변화하는 흐름을 파악하는 데 쓴다. 현재 그의 나이는 95세다. 워런 버핏은 일하러 가면 절대로 한눈팔지 않고 주식 투자만 연구한다. 2,000달러를 가지고 사업을 시작한 뒤 가치 투자 모델value investing model을 활용해온 워런 버핏은 기업의 제품, 서비스, 경영진 그리고 국내외 경쟁사 대비 산업 내 위치가 가지는 내재적 가치를 계속해서 연구해 수익을 낸다. 워런 버핏은 어떤 주식을 사면 50년 동안 팔지 않는 것으로 유명하다. 가끔 보유 주식을 일부 팔기도 하지만, 보통은 그 시점에 더 나은 수익을 내는 다른 주식을 매수하는 데 필요한 현금을 마련하려는 목적이다.

그에 반해 주식시장에 뛰어들었다가 떨어져 나가는 사람들은 대부분 단기 투자자들이다. 그들의 모습은 마치 돈을 많이 벌겠다고 라스베이거스로 떠나는 프로 포커 선수들과 비슷해 보인다. 아마 그들은 일과를 마칠 즈음이면 자신이 육체노동을 했다면 받았을 일당밖에는 벌지 못했다는 사실을 깨달을 것이다. 딴 돈과 잃은 돈을 정산하면 12~14시간 동안 포커 테이블에 앉아 시간당 겨우 몇 달러를 번 셈이다. 하루에도 여러 번 주식을 사고파는 트레이더와 초단타 매매를 전문으로 하는 플래시 트레이더 가운데 70퍼센트도 결국에는 파산한다고 한다. 실제로 내게 언젠가 한 고객이 수억 달러를 들여 50명 규모의 초단타 매매 전문 회사를 만든 사람을 소개해준 적이 있다. 그의 회사를 방문해보니 수많은 모니터 앞에서 뛰어난 수학자들이 주식을 초단타로 사고팔며 여기저기서 작은 차익을 긁어모으려 애쓰고 있었다. 그러나 애석하게도 나는 얼마 뒤 그 회사가 파산했다는 소식을 들었다. 큰돈을 벌기는커녕 매일 16시간씩 일하던 직원들도 모든 것을 잃고 각자 자신의 길을 찾아 떠났다고 했다.

오해하지 말자. 부자는 오랫동안 열심히 일한다. 모든 부자는 일주일에 6일을 일한다는 사실에 주목하자. 이러한 통계는 수많은 연구에서 입증된 바 있다. 일주일에 6일을 일하는 것은 어렵지 않다. 정말로 좋아하는 일을 하고 그 일을 능숙하게 하며 뛰어난 성과를 내고 있다면, 일하면서 의욕이 샘솟을 것이기 때문이다. 행복한 감정을 느끼는 것은 덤이다. 사실 성공한 사람들은 일을 너무나 좋아하기 때문에 일에서 벗어나기 위해 자제력을 발휘해야 할 정도다.

이제 당신이 해야 할 일은, 엄청난 에너지를 발생시켜서 멈추는 방법을 찾아야 할 정도로 너무나 즐거운, 좋아하는 일을 찾는 것이다. 자신에게 딱 맞는 일을 하는 사람의 시간은 빠르게 흐른다. 때로는 먹는 것을 잊어버리고 쉬는 것도 잊어버린다. 커피를 마시러 가는 것도 잊어버린다. 좋아하는 일에 너무 깊이 몰입해서 뭐라도 먹게 하려면 그 일에서 억지로 떼어내야 할 정도다.

높은 연봉을 받는 성공한 이들도 처음에는 작은 컴퓨터가 놓인 비좁은 사무실에서 별 볼 일 없는 업무를 배정받아 혼자 일하고 있었음을 잊지 말라. 물론 이제는 거대한 기업이나 사업을 운영하면서 도심 한가운데 위치한 고급 오피스 빌딩의 꼭대기 층을 자신의 사무실로 쓰고 있지만 말이다. 누구나 이렇게 할 수 있는 능력을 갖추고 있다. 우리 모두에게는 이와 비슷한 성취를 달성할 수 있는 능력이 존재한다.

오늘 나에게 투자한 시간은 얼마나 되는가

사람들은 종종 내게 "처음 일을 시작했을 때 무엇에 가장 크게 동기부여가 되었나요?"라고 묻는다. 내 답은 단순하다. 먹는 것이었다. 나는 마음껏 먹을 수 있는 만큼의 돈을 벌고 싶었다. 내가 처음으로 한 일은 시급 25센트짜리 설거지였다. 당시 나는 방 하나짜리 아파트에 살았다. 부엌에는 작은 냉장고 위에 가스레인지가 얹혀 있었고, 욕실에는 싸구려 샤워기가 매달려 있었다. 다행히도 침대는 있었다. 나는 육체노동자였고 그 이상은 사치였다. 낡은 중고차를 몰았으며 벼룩시장에서 산 옷을 해질 때까지 입었다. 매일 8~10시간을 일했으며 당시 내 머릿속을 지배하는 유일한 단어는 "생존"이었다.

몇 차례 좋은 경험도 있었다. 열두 살 무렵 나는 동네 이웃집 마당의 풀이나 잔디를 깎는 일을 하면 돈을 벌 수 있다는 것을 알게 되었다. 부모님은 결국 내게 휘발유로 작동하는 잔디 깎는 기계를 마련하면 어떻겠냐고 말했다. 우리는 며칠 뒤에 지금은 없어진 시어스Sears 매장에 가서 무시무시한 모양의 가정용 잔디 깎기 기계를 샀다. 사실 부모님도 잔디 깎는 기계에 대해서는 아는 게 없었다. 나는 그 기계를 밀고 다니며 동네 여기저기에서 잔디를 깎았다. 얼마 지나지 않아 나의 잔디 깎는 기술은 상당히 발전했기에, 성능이 더 좋은 잔디 깎는 기계를 장만하기로 결심했다. 잔디 깎는 기계를 전문으로 파는 매장 주변을 어슬렁거렸다. 매장에 진열된 모델을 두루 살펴본 뒤에 중고로 상업용 잔디 깎는 기계를 샀다. 꽤 멋있어 보였다. 골프장에서 잔디를 다듬을 때 사용하는 것과 같은 모델이므로 자동차를 운전하듯 앉아서 조종할 수 있었다. 특히 이 기계는 깎은 풀을 진행 방향으로 배출해서 잔디 깎은 자국을 남기지 않는다는 점이 마음에 쏙 들었다.

나는 잔디를 더 많이 깎을 수 있었다. 이웃들은 자기 집 정원이나 마당의 잔디가 아름답게 깎인 모습을 보고 나를 다른 사람들에게 추천했다. 얼마 뒤에는 인도나 화단으로 삐져나온 잔디를 다듬는 기계 그리고 여러 장비를 싣고 다닐 작은 수레도 마련했다. 열다섯 살이 되었을 때는 잔디를 깎아서 아버지보다 돈을 더 많이 벌고 있었다. 심지어 내가 사는 작은 도시의 시장도 내 고객이었다. 나는 이 경험을 통해 노력과 훌륭한 솜씨가 수입과 직접적인 연관이 있다는 점을 비교적 빠른 나이에 배웠다.

시간이 지나 나는 공장이나 건설 현장을 다니며 일했다. 육체노동을 하는 일자리를 찾기 어려울 때는 다시 판매하는 일을 했다. 집집이 다니며 잔디 깎기 서비스를 팔았다. 비누나 신문, 크리스마스 책도 팔았다. 당시에 나는 100퍼센트 실적에 따라 급여를 받았다. 이를 두고 세일즈맨들끼리는 자기가 잡은 것만 먹을 수 있다고 농담한다. "팔지 못하면 먹지도 못한다"라는 말은 당시 나를 가장 크게 동기부여하는 말이었다. 사람들이 내게 돈을 낼 의사를 만들어내는 능력, 이것이 전적으로 내 수입을 결정했다.

당신에게 가장 가치 있는 금융자산은 무엇이라고 생각하는가? 나는 인간에게 가장 가치 있는 금융자산은 돈을 버는 능력이라고 생각한다. 사람들이 돈을 내고 사고 싶어 하는 결과를 만들어내는 능력이다. 여기서 집중해야 할 단어는 "결과"다. 결과를 만들어내는 사람이 인생의 모든 영역에서 가장 많은 존경을 받으며 성공한다. 누군가는 "과정"이 아닌 결과라는 단어가 매우 냉정하게 들린다고 할지도 모른다. 하지만 결과는 돈과 일뿐 아니라 가족 영역에서도 중요한 단어다. 결혼 생활을 안정적으로 유지하고, 자녀를 행복하게 하고 건강하며 자신감 있게 키워내는 것도 "결과"인 것이다.

돈을 버는 능력은 각자 개인의 자산이자, 다른 모든 자산과 마찬가지로 가치가 오를 수도 있고 떨어질 수도 있다. 만약 이 자산의 가치가 상승한다면 매일 더 많은 돈을 버는 사람이 되는 것은 자명하다.

한번은 『포춘』에 자사에서 46년 동안 재직했던 한 기자에 관한 인터뷰 기사가 실린 적이 있다. 그 여성은 일흔 살이 넘어 은퇴했으며 사내에서 가장 존경받는 사람 중 한 명이었다. 직원들은 그녀의 은퇴를 축하하는 파티를 크게 열었다. 그리고 그녀에게 오랜 기간 『포춘』에서 가치 있는 사람이 될 수 있었던 비결을 물었다. 그녀가 내놓은 답은 이렇다. "매일 밤 오늘보다 더 똑똑해지지 않고서는 절대 잠자리에 들지 않겠다고 결심했기 때문일 겁니다. 그렇게 매일매일 일을 더 잘하는 데 도움이 될 만한 새로운 것을 배웠죠."

이 여성은 경력 중 포춘 500대 기업의 CEO와 회장 그리고 세계적인 금융계 인사들을 인터뷰했었다. 그녀는 언제든 워런 버핏이나 빌 게이츠에게 전화를 걸어 통화할 수 있는 사람이었다. 그만큼 사람들은 그녀를 존중하고 존경했다. 이것이 다름 아닌 돈을 버는 능력이다. 그러나 대부분의 평범한 사람들은 "오늘 하루 동안 당신의 가치를 높이기 위해 무슨 일을 했습니까?"라는 질문을 받는다면 어안이 벙벙해져 말을 잇지 못할 것이다.

아인슈타인은 "복리는 세계 여덟 번째 불가사의다. 이를 이해하는 사람은 벌고, 이해하지 못하는 사람은 잃는다"라고 말한 것으로 유명하다. 즉, 복리의 개념을 이해하면 이전에는 보지 못했던 부를 창출할 기회를 발견할 수 있다. 새로운 기술을 배울 때마다 기존 지식과 결합해 상승 효과가 날 것이다. 이를 통합 지능의 법칙law of integrative intelligence이라고 한다. 지능의 조각들이 합쳐지면서 일정한 패턴이 형성되는 것이다. 때로는 단 한 조각의 정보가 더해짐으로써 모든 것이 변화하여 오랫동안 쌓아온 지식이 한데 모여 막강한 힘을 발휘할 것이다. 그렇게 갑자기 모든 것이 딱 맞아떨어지는 순간이 찾아오면 완전히 새로운 제품이나 서비스가 탄생하고 혁신적인 변화가 이루어지는 것이다.

예를 들어, 애플의 스티브 잡스가 아이팟iPod이라는 제품의 아이디어를 생각해낸 것이 그렇다. 당시 아이팟을 만드는 데 필요한 모든 기술은 이미 개발되어 시장에서 다른 기업들이 판매하고 있었다. 스티브 잡스는 새로운 비즈니스 모델을 만들어냈을 뿐이다. 새로운 비즈니스 모델은 다양한 요소를 결합하여 모든 것을 혁신적으로 변화시킨다. 또 다른 예로 구글을 들 수 있다. 구글은 수많은 컴퓨터를 서로 연결하여 사람들이 무료로 정보를 검색하게 했다. 구글의 검색 서비스 이용자는 검색한 웹사이트에 머무는 동안 제품이나 서비스를 구매할 수 있고, 구글은 알고리즘을 이용하여 이용자가 관심을 가지는 항목을 추적한 다음 맞춤형 광고가 노출되도록 했다. 이와 같은 혁신적인 새로운 비즈니스 모델을 바탕으로 구글은 세계에서 가장 가치 있는 기업으로 성장했다. 요컨대 구글은 세계 최고의 검색 서비스를 완전히 무료로 제공하면서도 이용자에게 "그나저나, 웹사이트에 머무는 동안 이것도 살펴보면 어떨까요?"라고 제안하는 방식으로 수익을 창출한 것이다.

당신의 돈을 버는 능력은 지금도 가치가 상승하거나 하락하고 있음을 잊지 말라. NBA 명예의 전당에 헌액된 농구 감독 팻 라일리Pat Riley는 "우리는 모두 매일 더 나아지고 있거나 아니면 더 나빠지고 있다"라고 이야기한 적이 있다. 같은 자리에 머물러 있는 사람은 없다는 뜻이다. 오늘날 세계에서 가장 많은 급여를 받는 사람들은 매일, 매주, 매달 끊임없이 새로운 기술을 익히며 성장하는 사람들이다. 이들은 결코 새로운 기술을 습득하는 일을 멈추지 않는다. 계속해서 더 가치 있는 사람이 된다. 역량의 사다리를 타고 거침없이 위로 올라간다. 사다리를 오를수록 돈 버는 능력도 향상된다. 사람들은 이들을 고위 임원으로 영입하기 위해 수백만 달러에 달하는 막대한 보수를 기꺼이 지급하며, 심지어 이들이 회사를 떠날 때조차도 수백만 달러의 퇴직금을 주겠다고 약속한다. 결론적으로 우리가 항상 자신에게 물어봐야 할 질문은 이렇다. "나는 오늘 돈 버는 능력을 높이기 위해, 그러니까 내게 돈을 지불할 의사가 있는 사람들에게 더 나은 결과를 제공할 수 있도록 무엇을 했는가?"

자신의 가치를 높이는 데 시간을 쓰지 않고 그저 흘려보내는 많은 이들의 모습은 요즘 세상에서 돈을 쓰는 모습과 묘하게 닮았다. 종이 화폐에서 디지털 화폐로 옮겨가는 지금, 사람들은 실제로 돈을 만지고 다루지 않기 때문에 자신이 얼마나 많은 돈을 쓰는지 실감하지 못한다.

성인이 된 내 아이들에게서도 이와 같은 모습을 보았다. 아들과 딸은 물건을 산 다음에 신용카드 청구서가 날아오면 깜짝 놀랐다. 소비와 지출을 관리하지 못해 신용카드 빚은 쌓이고 카드사로부터 독촉장을 받았다. 밀린 카드빚에 이자가 눈덩이처럼 불어나면 그제야 현실을 깨닫는 듯했다. 물론 신용카드 회사는 사람들이 신용으로 제품이나 서비스를 구매하고 자신이 얼마나 돈을 쓰고 있는지 생각하지 못하도록 교묘하게 유도한다. 매년 신용카드 부채로 인해 파산하는 사람이 놀라울 정도로 많다는 점을 봐도 그렇다. 특히 미국에서는 20~30대의 젊은 부부가 이혼하는 주된 원인으로 꼽히기도 한다.

핸드폰 앱이나 컴퓨터로 온라인 쇼핑몰에서 물건을 주문하는 것도 결코 좋은 습관은 아니다. 현실과 이중으로 괴리되기 때문이다. 화면을 터치하거나 마우스를 클릭하기만 하면 주문한 물건이 집 앞으로 배송된다. 몇 주 후에는 신용카드 청구서가 날아온다. 그때서야 아차 하는 생각이 든다. "이걸 왜 샀지? 그땐 기분이 좋았는데 지금은… 어휴!"

개인회생 절차에서 상담사는 가장 먼저 신용카드를 완전히 없애도록 하거나, 하나만 남겨서 모든 신용카드 빚을 하나로 모은 다음 매월 사용 한도를 설정하여 돈을 더 쓰지 못하도록 막는다. 또한 의뢰인에게 모든 지출을 현금으로 결제하라고 요청한다. 지갑에서 직접 현금을 꺼내면, 얼마나 힘들게 번 돈이고 몇 시간을 일해야 벌 수 있는 돈인지 실감하게 된다. 자연스럽게 지출하려는 금액을 아주 명확하게 인식하고 불필요한 소비를 멈추게 된다. 실제로 지갑에서 현금을 꺼내 손으로 건네는 과정은 소비와 지출에 대해 훨씬 더 깊이 고민하게 만든다.

돈과 시간은 소비하거나 투자할 수 있다는 점에서 서로 대체 가능한 개념이다. 미래에 가치를 창출할 수 있는 무언가에 시간을 투자한다면 그 시간은 돈으로 치환되어 나에게 나타난다. 반면 하릴없이 시간을 소비한다면 그 시간은 영원히 사라져버린다.

워런 버핏은 이와 같은 질문을 받은 적이 있다. "사람들은 당신을 역사상 가장 위대한 투자가라고 합니다. 그렇다면 오늘 투자하기에 가장 좋은 곳은 어디입니까?" 워런 버핏은 망설임 없이 답했다. "최고의 투자처는 우리 자신입니다. 돈을 버는 일에서 더 가치 있는 사람이 되는 것이죠."

다른 연구에서는 저명인사 1,000명에게 "10만 달러를 모은다면 어디에 투자하는 것이 가장 좋다고 생각하십니까?"라는 질문을 던졌다. 그들은 맨 처음 10만 달러를 벌기 위해 한 일에 다시 투자하는 것이 가장 현명하다고 답했다.

만약 주식이나 부동산에 투자한다면 이익을 볼 수도 있지만 손해를 볼 수도 있다. 이러한 투자는 시장 상황, 투자 전문가의 판단, 경쟁사 등 수많은 요인에 의해 좌우된다. 그러나 자기 자신에게 투자한다면 그 투자에 대한 소유권을 전부 그리고 영원히 가질 수 있다. 투자 수익도 100퍼센트 온전히 누릴 수 있다. 시간과 돈을 투자하여 결과의 양과 질을 향상하는 기술을 배우는 것은 우리 각자가 완벽히 통제할 수 있는 일이다. 자신에게 투자하라. 앞으로 나는 이 말을 거듭 강조할 것이다. 최고의 투자는 돈

버는 능력을 높이는 것이다. 매일 더 가치 있는 사람이 되는 것, 그것이 바로 가장 좋은 투자다.

수요와 공급의 법칙은 항상 유효하다

경제학에서 가장 위대한 법칙은 수요 공급의 법칙이다. 공급이 부족하고 수요가 많으면 가격은 상승하고, 반대로 공급이 많고 수요가 부족하면 가격은 하락한다는 원칙이다. 얼 나이팅게일은 이미 여러 해 전에 이 근본적인 원리를 우리가 받는 급여와 연관시켜 설명했다. "당신이 받는 보수는 언제나 당신이 어떤 일을 하고 그 일을 얼마나 잘 수행하며, 당신을 대체하는 일이 상대적으로 쉽거나 어려운지에 정비례한다"라고 말이다. 이를테면 NBA의 슈퍼스타 농구선수라면 그에게 1억 달러짜리 연봉계약은 우습다. 농구공을 링에 넣어 점수를 내서 팀을 승리로 이끌 능력이 있기 때문이다. 그에 반해 일반 사무직에서는 같은 일을 할 수 있는 사람이 매우 많다. 누구나 쉽게 대체될 수 있다. 높은 수준의 정신적 노력을 요구하지 않으며 사람들을 안주하도록 이끈다. 어쩌면 평범한 직업의 가장 큰 비극은 오직 한 방향으로만 나아갈 수 있다는 점일지도 모르겠다.

세상에는 많은 돈을 받는 가치 있는 사람이 되기 위해서 조금도 노력하지 않으면서도 급여를 인상해달라고 요구하는 사람이 많다. 기여한 가치가 높은 사람이라면 기업이 알아서 혹은 다른 기업에서 기꺼이 더 많은 급여를 주고 즉시 채용하려 한다는 사실을 애초에 모르는 듯하다. 기업은 뛰어난 인재를 확보하기 위해 경쟁사에서 우수한 실적을 내는 직원을 찾은 다음, 급여 인상 등 더 나은 조건을 제시하며 스카우트한다. 그렇기에 급여를 가장 빨리 올리는 방법은 똑똑한 연봉 협상 기술을 익히는 것이 아니라 담당 업무를 탁월하게 수행하는 것이다. 기여하는 가치가 높아지면 회사는 직원이 다른 곳으로 이직하지 않도록 더 많은 급여를 제시할 것이다. 이것이 바로 수요와 공급이 당신의 급여에 작동하는 방식이다.

예를 들어 살펴보자. 2007년 서브프라임 모기지 사태 이후 미국에서 시작된 전 세계 경제 위기 동안 시티은행은 미국 정부로부터 구제금융을 받았다. 당시 시티은행은 한 상품 트레이더에게 성과급으로 매년 1억 달러를 지급하고 있었다. 하원 청문회에 불려간 시티은행 경영진은 "직원 한 명에게 매년 1억 달러를 주는 기업이 어떻게 감히 정부에서 돈을 받아 가는 겁니까?"라는 날 선 질문을 받았다. 경영진이 내놓은 답은 이렇다. "이 사람은 전 세계에서 가장 뛰어난 상품 트레이더입니다. 상품 가격이 어느 방향으로 움직일 것인지 감지하는 능력이 있다 보니 매년 회사에 벌어다 주는 돈이 40억 달러에 달합니다. 그런데 받아가는 돈은 1억 달러로 벌어오는 돈의 40분의 1에 불과합니다. 만약 이 트레이더에게 보상 규모를 줄이겠다고 말한다면, 그 즉시 경쟁사가 적어도 같거나 더 많은 돈을 주고 데려갈 겁니다."

급여뿐 아니라 사업도 마찬가지다. 만약 어떤 사람이 새로 사업을 시작한다면 아무도 돈을 빌려주지 않을 것이다. 이제 막 시작한 사업에 실적이 있을 리 만무하기 때문이다. 그런데도 어느 경영학 교수는 학생들에게 "사업을 시작할 때는 절대로 자기 돈을 쓰면 안 됩니다. 사업에는 은행에서 조달한 돈만 투입하세요. 개인 자금은 생활비 등 개인적 용도로 사용하기 위해 남겨두어야 합니다"라고 말한다. 정말 말도 안 되는 소리다. 나는 오랜 기간 사업을 했기에 이제 막 새로운 사업을 시작하려는 사람에게 은행이 한 푼도 빌려주지 않을 것이라는 사실을 누구보다 잘 안다. 은행은 돈을 잃을 위험이 있는 일을 하는 곳이 아니다. 안전한 대출을 제공하는 사업을 하는 곳이다. 따라서 은행에서 돈을 빌리려면 안전한 대출임을 증명해야 한다.

수십 년 전 처음 사업을 시작했을 때 나는 사업자 한도 대출(우리나라에서는 보통 마이너스 통장이라고 한다)을 받으려 은행을 찾았다. 은행 직원이 말했다.

"다행히 한도 대출이 가능해 보입니다. 교차 담보만 제공하시면 됩니다."

"교차 담보가 무슨 뜻입니까?" 내가 물었다.

"선생님이 맺은 모든 계약에 담보를 설정하는 것입니다. 소유하신 집과 모든 가구, 자동차에도 마찬가지고요. 그리고 대출 상환 전까지 중도 인출이 제한된 계좌에 5만 달러를 예치하셔야 합니다. 한도 대출액의 다섯 배에 해당하는 담보 설정이 필요하니까요."

"뭐라고요? 그게 말이 됩니까?" 내가 어이없다는 듯 말했다.

은행 직원은 대수롭지 않다는 듯 "담보를 설정하지 않으면 대출이 어렵습니다"라고 말했다.

결국 나는 은행이 요구한 조건을 전부 받아들이고 한도 대출을 받았다. 사업을 시작할 때 해야 하는 일이 바로 이런 것이다. 내가 빌린 돈이 큰 액수는 아니었다. 다행히 사업의 현금흐름도 괜찮았다. 가끔 자금이 부족해 마이너스 통장을 사용하기도 했지만, 시간이 지나면서 회사의 신용 점수는 올라갔다. 그러자 설정한 교차 담보를 하나씩 해제할 수 있었고, 현재 은행에서 내게 요구하는 것은 나 개인의 보증뿐이다.

소득이 높다고 모두 부자는 아니다

이와 같이 역량 강화에 대해 이야기하다 보면 때때로 부wealth와 소득income의 관계를 묻는 질문을 받는다. 과연 소득이 높을수록 부의 크기도 클까? 농담처럼 들리겠지만 고소득자 대부분은 파킨슨의 법칙Parkinson's Law 때문에 단 두 달 만에 노숙자가 될 수도 있다. 파킨슨의 법칙은 영국의 행정학자 노스코트 파킨슨이 1955년 발표한 이론으로, 공무원 수가 업무량과 무관하게 지속적으로 증가하는 현상을 가리키는 말에서 유래되었다. 일이 많아서 사람이 더 필요한 것이 아니라 사람이 많아서 일이 더 필요해지는 상황을 일컫는다. 이를 부에 적용하면 아무리 많은 돈을 벌더라도 그만큼 또는 그 이상을 소비하게 된다는 뜻이 된다. 실제로 미국인들은 평균적으로 자기 수입의 110퍼센트를 지출한다. 수입을 초과하는 부분은 신용카드나 주택담보대출 등으로 충당한다. 미국에서 사람들은 가능한 모든 수단을 이용해 지출을 늘리고 있다. 그러다 보니 역사상 가장 부유한 국가에서 40~45년을 일한 뒤에 평균적으로 미국인에게 남는 것이라고는 약 4만 1,000달러의 순자산과 사회보장연금(우리나라의 국민연금과 유사한 공적 연금)뿐이다. 어쩌다 이렇게 되었을까?

　이는 미국의 많은 사람들이 "고소득이 곧 부"라고 착각하기 때문이다. 그러나 진정한 부는 다른 것이다. 나는 엄청난 부를 일군 어느 이민자로부터 이 진리를 배웠다. 그는 진정한 소득은 자기 돈이 만들어내는 소득이라고 말했다. 즉, 자기 돈으로 한 투자에서 나오는 돈만이 진정한 부라는 뜻이다. 단순한 소득은 부가 아니다. 그저 생활을 유지하는 수단일 뿐이다. 부자가 될 수 있는 유일한 길은 돈이 만들어내는 현금흐름cash flow에 있다. 반드시 기억하기를 바란다. 내가 아는 가장 부유한 사람들은 돈이 만들어내는 현금흐름에 대해 항상 언급했다. 이들은 투자를 분석할 때 보통 6개월가량 신중하게 고민하며 여러 질문을 던진다. 이 투자에서 나오는 현금흐름이 투자 비용이나 자금 조달 비용을 상당히 초과할 것인가? 이 투자가 다른 대안보다 더 높은 수익을 가져다줄 것인가? 이 질문에 대한 대답이 "예"이며, 항상 투자 수익이 비용을 초과할 경우에만 그들은 투자를 한다.

지난 여러 해 동안 나는 역사상 가장 부유한 사람들이 직접 쓰거나 그들에 관한 책과 글을 연구한 끝에 한 가지 결론에 도달할 수 있었다. 그것은 부를 얻기 위해서는 장기적 관점을 지녀야 한다는 것이다. 일례로 야코프 푸거Jacob Fugger라는 이름의 독일 은행가는 르네상스 시대 유럽에서 가장 부유한 인물로 알려져 있다. 그는 매우 뛰어난 상인이자 고리대금업자였고, 모험적인 일을 후원하기도 했다. 하지만 돈에 대한 그의 세계관은 검소함과 조심스러움, 신중함, 꼼꼼함, 냉정함, 엄격함으로 이루어져 있었다.

한편 당대 세계 최고의 부자였던 존 록펠러John D. Rockefeller는 사람들에게 악독 자본가라는 비난을 받았는데, 사실 그가 한 모든 일은 장기적으로 규모의 경제를 통해 석유와 가스의 가격을 낮추는 일이었다. 그가 시장에서 경쟁사를 몰아내고 북미 석유 시장과 가스 시장 전체를 사실상 통제하자 정부는 반독점법을 제정하여 록펠러의 회사 스탠다드 오일Standard Oil을 해체해버렸다. 어떤 경쟁사도 그보다 저렴한 가격에 제품을 공급할 수 없었기에 그들이 힘을 모아 정부에 로비했으며, 록펠러의 회사를 해체하는 법을 만들도록 유도한 것이다. 결국 스탠다드 오일은 파이브 시스터스Five Sisters라고 불리는 주요 정유사들이 쪼개져서 지금은 세계에서 가장 거대한 다섯 개의 정유사가 되었다. 반면 스탠다드 오일의 해체를 이끈 경쟁사들은 어떨까? 그들은 계속해서 가격을 낮추는 파이브 시스터스를 상대로 여전히 경쟁력을 확보할 수 없었다.

하버드대학교의 한 연구도 경제적으로 성공한 사람들의 가장 중요한 특징을 "장기적 관점"으로 꼽았다. 여기서 말하는 장기적 관점이란 단기적으로는 힘들더라도 장기적으로 큰 보상을 가져올 의사결정을 한다는 것을 의미한다. 즉, 열심히 일하고 돈을 저축하며 신중하게 투자하는 것을 가리킨다. 그다음 복리의 기적을 통해 돈이 불어나도록 내버려두면 된다.

아마 모든 기업가에게 돈이란 무슨 의미인지 물어본다면 답은 언제나 한 단어로 귀결될 것이다. 바로 "자유"다. 자유는 경제적 성공의 궁극적인 목적이다. 돈이 있다는 것은 곧 자유로울 수 있음을 의미한다. 예를 들어, 돈이 있으면 어느 레스토랑에서든 메뉴판에서 가격이 적혀 있는 오른쪽 열을 보지 않고 원하는 음식을 주문할 수 있다. 자유가 다른 어떤 가치보다 중요하지는 않을지 몰라도 이 세상에서 중요한 가치 가운데 하나임은 분명하다. 자신에게 자유가 너무 많다고 느끼는 사람은 아무도 없다. 다른 사람들이 너무 많은 자유를 누리고 있으며 이들을 통제하는 법이 필요하다고 생각하는 사람들조차도, 이를테면 성공한 사람들에게 더 많은 세금을 부과하거나 더 강력한 규제를 적용해야 한다는 주장을 하는 사람도, 정작 자신의 자유는 최대한 보장되어야 한다고 생각하기 마련이다.

미국의 작가 바버라 드 안젤리스Barbara De Angelis는 사람들에게 "언제쯤이면 돈이 상당히 많다고 느낄 것이며, 그때는 무엇을 할 것인가?"라고 물은 적이 있다. 나 역시 비즈니스 코칭 프로그램에서 참가자들에게 "여러분의 숫자는 얼마입니까?"라고 묻는다.

자산 혹은 월간이나 연간 현금흐름 측면에서 얼마나 많이 벌어야 멈춰 서서 완전한 자유를 만끽할 수 있는지 묻는 것이다.

자수성가한 부자들은 "내가 원하는 삶의 방식을 유지하기 위해 얼마나 많은 돈이 필요하며, 그 목표를 달성한 후에는 무엇을 할 것인가?"라는 질문의 답을 찾는 데 많은 시간을 할애한 사람들이다. 그들은 완전한 경제적 자유를 가져다주는 순자산을 축적하기 위해 단기적으로 많은 것을 희생한다. 그리고 경제적 자유를 획득하는 때가 바로 크로스오버 포인트$^{crossover\ point}$, 즉 전환점이 된다. 여기에 도달하면 그들은 자선 활동이나 다른 의미 있는 일에 참여하며 인생을 보내곤 한다. 물론 그 이전까지 인생의 전반부에는 반드시 경제적 자유를 얻는 일에 전력을 다해야 한다. 특히 가장 많은 에너지와 추진력, 야망, 기회를 지닐 수 있는 시기에 그렇게 한다.

그러나 애석하게도 오늘날 많은 사람들은 즉각적인 만족만을 갈구하며, 때로는 그 욕구가 충족되지 않아 꿈과 희망을 지레 꺾어버린다. 실제로 미국 성인의 65퍼센트는 이 시대에 경제적으로 독립된 상태에서 은퇴할 수 있는 유일한 방법은 복권 당첨밖에 없다고 말한다. 경제적 성공을 도박처럼 보는 것이다. 그들은 20대에 억만장자가 된 마크 저커버그$^{Mark\ Zuckerberg}$를 보며 잭팟이 터지면 자신도 그렇게 될 수 있다고 생각한다. 억만장자를 꿈꾸는 수백만 명 가운데 필요한 행동과 노력을 실제로 행한 단 한 명이 마크 저커버그라는 사실은 이해하지 못한 채 말이다. 물론 마크 저커버그의 성공은 인터넷의 등장, 고속 데이터 처리 기술의 발전, 소셜 미디어 시장의 출현 등 여러 요소가 완벽하게 맞아떨어진 결과였다. 그러나 이 모든 요소가 한순간에 완벽하게 조화를 이루게 만든 마지막 퍼즐은 당연하게도 마크 저커버그의 열정이다.

억만장자가 된 사람들은 더 많다. 그들 역시 비슷한 방식으로 돈을 벌었다. 대부분 열심히 일하고 가치에 기여하며 돈을 아껴 저축한 다음, 모은 돈을 신중하게 투자하고 시간이 가면서 돈이 불어나도록 하는 방식으로 돈을 벌고 부를 쌓았다. 이것이 부자가 되는 조건인 셈이다.

핵심 정리

- 돈이란 사람들이 재화나 용역에 부여하는 가치의 척도다.

- 당신이 제공하는 노동은 다른 사람들에게 생산의 한 요소, 즉 비용으로 여겨질 뿐이다.

- 당신이 버는 돈의 규모는 당신이 다른 사람들에게 이바지한 바에 비례한다.

- 돈은 원인이 아니라 결과다. 따라서 버는 돈의 규모를 키우려면 원인을 바꿔야 한다. 당신의 피와 땀과 눈물, 시간을 투입해야 한다.

- 내가 경험으로 입증한 부자되는 방법은 하나뿐이다. 열심히 일하라. 가치에 기여하라. 그다음 돈을 아껴 저축하라. 장기적 관점으로 모은 돈을 신중하게 투자하라. 그리고 시간이 가면서 돈이 불어나도록 하라. 이것이 부자가 갖추어야 할 조건이다.

| | | | | | | | | | | | | | | 실행 프로젝트 | | | | | | | | | | | | | | |

돈 개념 점검하기

01 당신의 돈은 어디서 나오는가?

02 1번 질문에 대한 답이 "월급"이라면 당신이 가장 먼저 해야 할 일은 무엇인가?

03 당신이 오늘 하루 동안 자신의 가치를 높이기 위해 한 일을 적어보라.

2장

더 이상 금융 백색소음에 휘둘리지 말라

다이아몬드를 찾는 사람이
진흙과 수렁에서 분투해야 하는 이유는
이미 다듬어진 돌 속에서는 찾을 수 없기 때문이다.
다이아몬드는 만들어지는 것이다.

헨리 월슨(미국의 제18대 부통령)

돈을 많이 벌어도 돈이 어떻게 작동하는지 모른다면
그것은 모래 위의 성일 뿐이다.

워런 버핏(버크셔 해서웨이 CEO)

돈을 벌고 자산을 축적하는 방법을 본격적으로 이야기하기 전에 먼저 할 일이 있다. 돈에 대한 수많은 오해, 반쪽짜리 진실, 노골적인 거짓말 등 근거 없는 믿음을 정리하는 것이다. 사람들이 평생 가난하게 사는 이유가 무엇일까? 절대 불가능한 일을 가능하다고 믿기 때문이다.

루이스 캐럴의 『거울 나라의 앨리스』에서 앨리스는 여왕에게 나이를 거꾸로 먹는 일, 한 번에 두 살을 먹는 일 등은 불가능한 일이며 노력한다고 해낼 수 있는 일이 아니라고 외친다. 그러자 여왕은 어리석게도 "나는 가끔 아침을 먹기 전에 여섯 가지나 되는 불가능한 일을 믿는단다"라며 믿음의 힘을 강조한다. 유머와 위트가 넘치는 작가 조시 빌링스Josh Billings는 이러한 잘못된 믿음에 대해 "인간에게 상처가 되는 일은 자신이 아는 것이 아니라, 사실이 아닌 것을 진실이라고 믿는 것이다"라고 말한 바 있다. 무엇보다 잘못된 믿음은 개인의 성공에 치명적인 영향을 미치기에 위험하다. 그렇기에 우리는 돈에 대한 잘못된 믿음부터 깨부숴야 한다.

나는 사람들이 지니고 있는 돈에 대한 잘못된 믿음을 바로 잡기 위해 이 세상 만물의 흐름을 결정하는 가장 강력한 법칙을 최초로 설명한 기원전 350년 위대한 철학자인 아리스토텔레스를 언급하곤 한다. 그는 인과 법칙 law of cause and effect 을 주장했다. 모든 사람이 신과 기적이나 운명을 믿던 시대에 인간은 질서정연한 우주에 살고 있으며, 우주에서 발생하는 모든 일에는 반드시 어떠한 이유가 있다고 했다. 즉, 모든 결과에는 하나 이상의 특정한 원인이 존재한다는 것이다. 그렇다면 원하는 결과를 얻으려면 그 결과를 만들어낼 원인을 찾아야만 한다.

이를테면 수입을 두 배로 늘리고 싶다면 자기 분야에서 자신보다 두 배 많은 돈을 버는 사람을 찾은 다음, 그가 지금의 자리에 이를 때까지 무엇을 했는지 파악해야 한다. 아마도 가장 먼저 알게 되는 사실은 지금 자신보다 수입이 두 배인 사람도 한때는 그 절반만 벌고 있었다는 사실일 것이다. 그리고 이는 그 사람이 현재의 결과를 달성하기 위해 틀림없이 무언가 구체적인 행동을 했다는 뜻이 된다.

이제 그 사람에게 물어보면 답을 들을 수 있을 것이다. 혹시 개인적으로 알지 못하는 사람이라면, 그에 관한 책이나 그가 남긴 글과 인터뷰를 찾아 읽어보기를 바란다. 대답을 듣는 것은 어렵지 않을 것이다. 왜냐하면 돈을 많이 버는 사람들은 대체로 아주 기쁜 마음으로 자신이 어떻게 돈을 벌었는지 전수하기 때문이다. 그다음 그들이 했던 것처럼 한다면, 인과 법칙에 따라 같은 결과를 얻을 수 있다. 이것이 전부다! 누구나 자신과 같은 목표를 이미 달성한 사람들을 연구할 수 있고, 그들이 한 일을 행동에 옮겨서 같은 결과를 얻을 수 있다.

우리는 가능성이 아니라 법칙이 지배하는 세상에 살고 있다. 우리가 마주하는 현실은 운도 아니고 우연도 아니다. 당신이 알든 모르든 모든 결과에는 원인이 있다는 것이 인과 법칙의 설명이다. 이것은 세상을 지배하는 법칙인 동시에, 당신이 자신의 모든 미래를 통제할 수 있음을 의미한다.

부와 빈곤을 나누는 원인은 한 가지

모든 결과에는 하나 이상의 구체적인 원인이 있다. 그리고 모든 원인이나 행위에는 일정한 결과가 뒤따른다. 우리가 그 결과를 좋아하는지 좋아하지 않는지와 상관없이 필연적이다. 역사상 가장 위대한 물리학자로 손꼽히는 아이작 뉴턴은 이를 가리켜 작용 반작용의 법칙law of action and reaction이라고 했다. 모든 작용에는 크기는 같으나 방향은 반대인 반작용이 존재한다는 것이다.

이제 앞서 여러 차례 반복한 단어를 사용해 아이작 뉴턴의 표현을 조금 바꿔보자. "가치를 더하면(작용) 그만한 가치를 되돌려 받는다(반작용)." 반대도 마찬가지다. "가치를 더하지 않으면 아무런 가치도 되돌려 받지 못한다." 인간은 이 자연의 법칙을 거스를 수 없다. 『생각하라 그리고 부자가 되어라』의 저자 나폴레온 힐Napoleon Hill은 절대로 자연의 법칙을 거스르려 하거나 이길 수 있다고 자신하지 말라고 했다. 나는 여기서 아이작 뉴턴의 작용 반작용 법칙을 인과 법칙과 동일한 뜻으로 사용할 것이다. 인과 법칙에 따르면 부, 행복, 번영, 성공 등 모든 성취는 특정한 원인이나 행동의 결과다. 얼 나이팅게일은 차갑게 식은 난로 앞에 앉아 "조금 따뜻해지면 좋겠군. 그러면 땔감을 넣을 텐데 말이야"라고 이야기하는 사람은 없을 것이라는 명언을 남기기도 했다. 먼저 땔감을 집어넣어야 난로에서 열이 나고 주변이 따뜻해지는 법인데, 우리는 반대로 생각하고 있다는 일갈이다. 세상은 절대로 그렇게 돌아가지 않는다. 들판에 대고 "수확할 작물이 있으면 좋겠군. 그러면 씨앗을 좀 심어볼 텐데"라고 말하는 농부가 되어서는 안 된다. 그런데 어쩐지 세상에는 "내가 더 열심히 일하기를 바란다면 회사에서 돈을 더 많이 주어야 한다"라고 생각하는 사람들이 넘쳐난다. 세상은 그렇게 돌아가지 않는다는 사실을 기억하라. 더 열심히 일하고 더 많이 만들어내면 회사는 필연적으로 더 많은 돈을 줄 수밖에 없다. 수요 공급의 법칙에 따라 당신의 회사가 그렇지 않으면 경쟁 회사가 그렇게 할 것이기 때문이다.

나는 전 세계를 다니며 기업 경영에 관한 강의를 진행한다. 모든 강의는 기업과 사업을 성공으로 이끄는 데 도움이 되는 것으로 입증된 원칙을 기반으로 한다. 핀란드 헬싱키에서 있었던 일이다. 직전 해에 내 세미나에 참석했던 한 남성이 나를 찾아왔다. 그는 내 세미나에 참석한 이후 회사로 돌아가 비즈니스 모델을 완전히 바꿨고, 12개월 만에 사업 규모를 50배나 키울 수 있었다고 말했다. 회사는 살아남기 위해 고군분투하던 스타트업에서 벗어나 핀란드에서 가장 성공한 기업 중 하나로 자리 잡았다. 그는 이전까지 매출과 수익성이 개선되지 않는 이유를 이해하지 못하고 있었다. 해결책은 간단했다. 특정 원인이 특정 결과를 가져온다는 인과 법칙을 활용해서 사업을 키운 것이다.

그 남성이 사업을 키운 비결은 지금까지 많은 백만장자가 해온 행동과 같다. 1900년 당시 전 세계에는 백만장자가 5,000명 있었다. 내가 돈이라는 주제를 연구하기 시작한 1980년에는 100만 명으로 증가했으며, 대부분은 미국에 있었다. 그리고 2000년이 되자 그 수는 700만 명으로 늘어났다. 현재는 1,000만 명에 달하며, 매년 약 10~12퍼센트씩 증가하고 있다. 수백만 명의 사람들이 아무런 기반 없이 일을 시작해 특정한 방식으로 특정한 행동을 함으로써 백만장자가 된 것이다.

만약 오직 한 사람만 백만장자가 되었다면, 아주 보기 드문 일이라고 할 수 있을 것이다. 두 명이 백만장자가 되었다면 우연이라고 할 수 있다. 하지만 상상할 수 있는 온갖 한계와 다양한 배경을 지닌 수백만 명이 백만장자가 되었다면, 여기에는 몇 가지 법칙이 작용하고 있는 것이 분명하다. 또한 법칙을 이해하고 자신이 세운 것과 같은 목표를 이미 달성한 이들을 얼마든지 연구할 수 있으니 누구나 같은 결과를 얻을 수 있다. 누구나 원하는 만큼 돈을 벌 수 있다. 같은 결과를 얻기 위해 다른 이들이 했던 일을 하기만 한다면 말이다. 물론 그렇게 하지 않으면 원하는 돈은 절대 오지 않는다. 이는 너무나 간단명료한 원리인데 사람들은 외면하고 있다.

내가 생각하는 세계가 곧 내가 살아가는 세계다

자연에는 눈이 없다. 자연은 우리를 신경 쓰지 않는다. 이 우주 어딘가에 우리가 성공하기를 바라는 어떤 거대한 힘이 존재하는 것이 아니라는 뜻이다. 자연은 철저히 중립적이다. 자연은 단순히 이렇게 말할 뿐이다. "성공한 사람들이 하는 일을 하면 같은 결과를 얻을 것이고, 그렇지 않으면 얻지 못할 것이다." 처음 이 말을 들었을 때는 나도 상당히 기분이 좋지 않았다. 그러나 이내 깨달았다. 성격이 좋든 나쁘든, 키가 크든 작든, 흑인이든 백인이든, 교육을 잘 받았든 아니든, 이민을 왔든 원주민이든 누구나 마음먹고 실행하기만 하면 성공할 수 있다는 사실을 말이다.

즉 생각과 행동은 원인이며, 환경이 결과다. 생각하는 방식에 따라 모든 결과를 바꿀 수 있다는 뜻이다. 내가 창조한 생각의 결과물이 환경이기에 생각을 바꾸면 인생이 바뀐다. 때로는 단 몇 초 만에 바뀌기도 한다. 믿지 못할 수도 있겠지만 우리는 대부분의 시간 동안 생각하는 대로 된다. 이는 얼 나이팅게일이 "가장 기이한 비밀"이라고 부른 개념으로, 성경 잠언 23장 7절에도 "사람이 마음으로 생각하는 대로 그대로 되느니라 As a man thinketh in his heart, so is he"라는 구절이 나온다. 뿐만 아니라 19세기 미국을 대표하는 사상가 랄프 왈도 에머슨Ralph Waldo Emerson도 "인간은 온종일 생각하는 대로 된다"라고 말했다.

당신이 만나는 외부 세계는 당신의 내면세계를 반영한다. 당신의 환경이나 조건을 규정하고 만드는 것은 외부 세계가 아니라 당신의 내면세계다. 당신의 감정이나 반응을 결정하는 것은 당신에게 일어나는 일 자체가 아니라 일어난 일에 대한 생각이다. 당신의 재무 상태를 결정하는 주된 요인은 경제적 상황에 대한 생각이다. 부유한 가정에서 성장한 사람들이 경제적으로 성공할 가능성이 훨씬 큰 것은 그들의 생각이 다르기 때문이다. 부유한 환경에서 보고 듣고 경험하면서 열심히 일하고 가치를 제공하면 나도 경제적으로 성공할 수 있다는 세계관을 갖게 되는 것이다.

다만 인과 법칙과 관련해 꼭 기억하고 주의해야 할 점이 하나 있다. 이는 사람들이 실패하는 주요 원인과도 연결되는데, 바로 질투라는 감정이다. 가장 나쁜 악惡 중 하나로 꼽히는 질투는 분노라는 감정과 쌍둥이처럼 함께 다닌다. 누군가를 질투하면 자연스럽게 원망하게 되고, 누군가를 원망하면 해를 끼치거나 끌어내리고 싶어진다. 그렇게 질투하고 원망하면 자기 내면에는 부정적인 힘의 장force field(눈에 보이지 않는 힘이 작용하는 영역)이 형성된다. 이는 성공하거나 행복해질 모든 가능성을 스스로 차단하는 것과 다름없는 일이다. 성공한 사람들을 질투하고 원망하더라도, 그들을 비난하고 끌어내리려 하더라도, 그들을 비꼬고 험담하며 부정적인 에피소드를 전파하더라도 그들에게는 아무런 영향을 미치지 못한다는 것을 깨달아야 한다. 성공한 사람들은 타인이 이와 같은 마음을 지니고 있거나 행동을 하는지 전혀 알지 못한다. 심지어 알게 되더라도 티끌만큼도 신경 쓰지 않는다. 그저 성공을 향한 자신의 희망과 꿈을 스스로 파괴하는 결과를 초래할 뿐이다.

성공한 사람들을 깎아내리거나 비난하는 대화에 휘말리지 말아야 한다. 사람들은 흔히 말한다. "저 사람들이 돈은 많을지 몰라도 행복하지는 않을 거야." 그러나 오랜 기간 부유한 사람들을 대상으로 깊이 연구한 결과에 따르면 부자들은 매우 행복하다. 부자가 매우 행복한 이유는 간단하다. 자신이 가진 많은 기회에 비하면 문제는 아주 사소하기 때문이다. 그러므로 언제나 성공한 사람들을 칭찬하고 존경하는 마음으로 보기를 바란다. 성공한 사람들로부터 배우고, 그들에 관해 긍정적으로 이야기하며, 그들의 성공을 진심으로 기뻐해야 한다. 그렇게 하면 우리 내면에도 그들처럼 성공할 기회를 끌어당기는 에너지로 가득한 힘의 장이 형성되기 시작할 것이다.

어떤 사람의 수입은 그가 가장 가까이 교류하는 다섯 사람이 버는 돈의 평균이라는 말이 있다. 사람은 자신이 교류하는 이들과 같은 사고방식이나 태도를 형성하기 때문이다. 지금 떠올려보라. 당신이 가장 가까이 하는 사람에는 누가 있는가?

나폴레온 힐은 성공의 가장 위대한 원칙으로 마스터 마인드 Master Mind를 꼽았다. 마스터 마인드란 성공 지향적인 사람들과 정기적으로 만나서 각자가 배운 것, 읽은 것, 효과가 있었던 것 그리고 새롭게 발견한 것에 대해 이야기를 나누면서 생겨나는 제3의 힘을 말한다. 마스터 마인드 그룹을 통해 참가자들의 마음가짐이 상호작용하며 발전하고, 나아가 서로의 성공 가능성을 긍정적으로 바라보게 되는 것이다. 마스터 마인드는 엄청난 부를 창출하는 촉매가 된다. 더 높은 수준의 사람들과 교류할수록 자연스럽게 그들과 비슷한 사고방식을 지니고 그들과 같은 수준으로 성장한다. 그러므로 당신이 가장 먼저 뛰어넘어야 할 것은 스스로 한계를 설정하는 태도다. 사람들은 어떤 방식으로든 자신에게 한계가 있다고 믿는다. 내가 수년간 발목이 잡혔던 이유도 바로 이것이었다.

좋은 교육을 받지 못하면 절대 성공할 수 없다는 믿음이 나를 가로막고 있었다. 내 학창 시절은 완전히 실패작이었다. 심지어 고등학교도 제대로 졸업하지 못했다. 이후 몇 년 동안 몸 쓰는 일을 하며 나는 그저 노동자일 뿐이라는 현실을 받아들였다. 몸 쓰는 일자리를 잃으면 비슷한 다른 일거리를 찾아다녔다. 설거지를 더 못 하게 되면 자동차 세차 일을 구했다. 세차 일도 못 하게 되면 건설 현장이나 청소 업체에서 일했다. 그도 아니면 목재소에서 나무를 쌓는 일이나 공장에서 볼트에 너트를 채우는 일을 구했다. 나는 그저 육체노동 일자리만 찾아다녔다. 왜냐하면 좋은 학교를 나오지 못하면 인생에서 성공할 수 없다고 들었기 때문이다.

나는 그 말을 진심으로 믿었다. 그러다 영업 일을 시작했고 마침내 성공 가도를 달리기 시작했다. 돈도 많이 벌었다. 심지어 내 주변에서 최고의 대학을 나온 사람들보다도 많이 벌었다. 그러다 어느 순간 그동안 내가 완전히 잘못된 믿음을 지니고 있었다는 사실을 깨달았다. 스스로 설정한 한계에 의문을 제기한 것이다.

여기 흥미로운 이야기가 있다. 어느 날 악마가 한 사람에게 관광하듯 지옥을 안내하며 보여준다. 악마는 탐욕, 부정직, 알코올 중독, 마약 중독, 범죄 등 사람들을 지옥으로 끌어들이는 온갖 방법을 설명한다. 그런 다음 악마는 방문객을 어느 특별한 방으로 데려간다. 그 방은 완벽하게 어둡다. 방 한가운데에는 보석상에 있을 법한 진열장이 놓여 있다. 유리로 둘러싸인 진열장 안에는 작은 쐐기 모양의 물건이 있고, 한 줄기 빛이 그 위를 비추고 있다. 악마가 이야기한다.

"이게 내가 가장 좋아하는 것이지. 인간의 삶에서 이보다 더 많은 사람을 지옥으로 끌어들이는 것은 없으니 말이야."

방문객이 묻는다. "이게 뭔가요? 문을 고정하는 쐐기처럼 보이는데요."

악마가 답한다. "아니, 이건 자기 의심self-doubt이라는 쐐기야. 내가 이 쐐기를 누군가의 마음속에 박아 넣으면, 그자는 자신을 의심하기 시작하지. 자신은 성공할 수 없고, 자기 절제할 능력이 없으며, 열심히 일하고 돈을 모을 수도 없다고 믿게 만드는 거야. 이렇게 자기 의심이 한번 자리 잡으면 그자의 모든 힘은 사라져 버리지. 결국 시간이 지나면 그자는 여기 지옥으로 와서 영원히 나와 함께하게 되는 거야."

자기 의심은 스스로 한계를 설정하는 믿음이다. 만약 이러한 믿음을 극복할 수 있다면 삶은 달라진다. 믿음을 파는 가게가 있다고 상상해보라. 이 가게에 가서 믿음을 사서 자신의 잠재의식 속 마스터 프로그램에 집어넣을 수 있다면 당신은 어떤 믿음을 구매할 것인가?

반드시 인생에서 큰 성공을 거둘 것이라는 믿음을 사야 한다. 그 믿음을 산 다음 자신의 잠재의식 속 마스터 프로그램에 집어넣으라. 그런 다음 "무슨 일이 일어나든 나는 인생에서 크게 성공할 거야"라는 말을 되뇌어라. 그 후 이 말을 증명할 수 있는 모든 증거를 찾기만 하면 된다. 누군가가 당신이 어떤 일을 잘했다고 칭찬한다면 "맞습니다. 저는 인생에서 크게 성공할 겁니다"라고 말해보라. 어떤 책을 읽다 더 크게 성공할 방법에 대한 새로운 아이디어를 찾는다면 "맞아, 이렇게 해야겠네. 나는 인생에서 크게 성공할 거야"라고 말해보라.

8억 달러 규모의 자산을 남기고 세상을 떠난 보험 업계의 거물 클레멘트 스톤W. Clement Stone도 처음에는 빈주먹으로 시작했다. 아버지 없이 어머니가 생계를 책임지는 상황이었기에 어릴 때부터 시카고의 차가운 길거리에서 신문을 팔아 돈을 벌어 생활에 보태야 했다. 그럼에도 스톤은 만나는 사람마다 역逆편집증의 원칙을 설파하며 포기하지 않았다. 일반적으로 편집증paranoia이 있는 사람은 세상이 자신을 해치고 끌어내리려 한다고 믿는다. 실제로 편집증 환자의 수는 상당히 많다. 이들은 파국적 사고에 사로잡혀서 어떤 일이든 최악의 결과가 일어날 것으로 상상한다. 그러나 스톤은 달랐다. 그는 무언가 일이 잘못될 때마다 세상이 자신을 해치려는 것이 아니라 "이것은 성공으로 이끌기 위한 큰 그림 속 하나의 일에 불과하다"라고 생각했다. 그런 다음 모든 상황을 긍정적으로 바라보며 자신에게 말했다. "좋아. 이 상황에서 내가 더 성공하기 위해 활용할 수 있는 것이 무엇일까? 왜냐하면 나는 인생에서 크게 성공할 사람이니까."

나는 이 역편집증의 원칙을 오래전에 배워 실천했다. 특히 내 아이들에게 적용하려고 노력했다. 아이들이 말을 알아듣기 시작할 무렵부터 나는 "넌 인생에서 크게 성공할 거야"라고 말해주었다. 아이들이 성장하는 과정에서도 나는 "넌 인생에서 크게 성공할 거야"라고 습관처럼 말했다. 아이들이 "알겠어요. 하지만 어떻게요? 잘 모르겠어요. 뭘 할까요?"라고 물으면 대답했다. "걱정하지 않아도 돼. 많은 일을 시도해보고 실패도 하겠지만 넌 인생에서 크게 성공할 거야." 나는 이 말을 앞으로도 계속해서 반복할 것이다. 부모가 자녀에게 미치는 영향력이 엄청나게 크다는 사실을 알고 있기 때문이다. 그리고 이러한 메시지는 아이들의 의식적인 사고를 넘어 잠재의식 속에 깊이 자리 잡은 다음 자동적으로 효과를 발휘할 것이기 때문이다.

이제 내 아이들은 성인이 되었고 스스로 크게 성공할 사람이라고 확신한다. 열심히 일하며 정직하다. 인기가 많고 친절하다. 늘 긍정적이며, 절대 비관하거나 우울해하지 않는다. 행복하게 자신이 하는 일과 삶에 몰입한다. 이 모든 것은 어릴 때부터 아이들의 마음속에 "무슨 일이 일어나든 넌 인생에서 크게 성공할 거야"라는 메시지를 프로그래밍한 덕이라고 나는 믿는다. 이 메시지는 아이들이 겪는 일시적인 실패나 어려움을 모두 무력화시키는 힘으로 변했다.

만약 당신의 목표가 경제적 성공이라면 반드시 경제적으로 크게 성공할 것이라는 믿음을 절대적으로 가져야 한다. 당신에게 일어나는 모든 일은 당신을 성공하게 만들기 위해 우주가 조직한 거대한 계획의 일부라고 생각해야 한다. 그러면 당신은 이렇게 되뇌게 될 것이다. "와! 이번에는 어려움을 겪었지만, 그 덕분에 중요한 교훈을 배웠어."

많은 젊은이가 사업을 시작했다가 망하거나 크게 실패해서 시간과 돈을 모두 잃는다. 이런 일은 도돌이표처럼 수없이 반복된다. 하지만 나중에 그들은 이렇게 말할 것이다. "그때 망한 게 정말 다행이야! 그때 무너지지 않았다면 나는 여전히 그 회사에 매달려 허우적대고 있을지도 모르니 말이야. 몇 년이 지나도 성공하지 못했을 수도 있고. 하지만 돌이켜보면 그 끔찍한 경험 덕분에 나는 이제 부자가 된 거야."

이것이 바로 자신에게 한계가 있다는 근거 없는 믿음을 극복하는 방법이다. 단언컨대 우리 자신보다 더 뛰어나거나 더 똑똑한 사람은 없다. 다른 사람이 해낸 일이라면 당신도 해낼 수 있다. 절대로 자신을 억만장자와 비교하며 좌절해서는 안 된다. 대신 같이 학교에 다녔던 친구들 가운데 나보다 더 잘하고 있는 사람들과 비교해보기 바란다. 가장 최근 연구에 따르면 성공한 사람들은 항상 '한 단계 위'에 있는 사람들과 자신을 비교한다. 이를 사회적 비교 이론social comparison theory이라고 하며, 하버드대학교에서 사회심리학자 레온 페스팅거Leon Festinger가 진행한 연구에서 검증된 개념이다. 지금까지 무엇을 성취했든 항상 다음 단계에 있는 사람을 바라보며 실현 가능한 목표를 바라보는 것이다. 그들을 마음속에서나 입 밖의 말로 깎아내릴 필요는 전혀 없다. 그런다고 해도 그들에게는 아무런 영향을 미치지 못하고 우리 자신의 경제적 성공 가능성만 파괴될 테니 말이다. 자신이 하는 말과 생각에 주의를 기울이라. 당신은 당신이 대부분의 시간 동안 생각하는 모습대로 된다.

마음의 힘만으로 부를 끌어당길 수 있을까

자수성가한 백만장자는 대체로 사업으로 돈을 벌고, 그 대부분은 자신도 모르는 사이에 백만장자가 된다. 수년간 열심히 노력하다 보면 어느 해에 담당 회계사가 전화해서 "그건 그렇고, 이제 보유 자산이 100만 달러가 넘었네요"라고 전하는 식이다. 그러면 그들은 "정말요? 언제 그렇게 많아졌대요?"라고 되묻는다. 그동안 일에 매우 집중한 가운데 수입도 꽤 많았기 때문에 부의 축적에는 별다른 관심도 없었다. 백만장자가 되는 것은 그냥 그렇게 자연스럽게 일어난다.

나도 마찬가지였다. 어느 날 은행에 대출을 받으러 가서 상담 직원 앞에 앉아 대출 신청서를 작성하고 있을 때였다. 신청서에는 보유 자산을 모두 작성하는 항목이 있었다. 자산 목록을 작성하다 '세상에 올해 내 순자산이 110만 달러나 되네'라는 생각이 들었다. 아내에게 전화를 걸어야만 했다. 실제 순자산이었다. 주택, 회사 보유 자산, 예금 계좌, 주식과 채권 등 은행에서 담보 가치가 있다고 생각하는 자산 말이다.

내가 어떻게 백만장자가 되었는지 궁금할 것이다. 만약 당신이 백만장자가 되고 싶다면 나는 구체적인 모습을 떠올리는 것부터 하라고 조언하겠다. 예를 들어 자신에게 100만 달러짜리 자기앞 수표가 있다고 상상해보라. 마음속으로 100만 달러짜리 수표를 떠올린다. 그리고 시각화한다. 100만 달러짜리 자기앞 수표가 자신에게 있는 모습을 구체적으로 그려보고 그 수표가 발행된 날짜까지 적어보는 것이다. 실제로 할리우드 영화배우 짐 캐리Jim Carrey는 젊은 시절 1,000만 달러짜리 자기앞 수표를 가짜로 만들어 영화 한 편의 출연료로 자신에게 선물하곤 했다고 한다. 이는 그가 무명 코미디언이었을 때 있었던 일이다. 그 후로 캐나다 토론토에서 할리우드로 무대를 옮기고서도 짐 캐리는 할리우드 힐스에 앉아 지갑 속에 고이 넣어 둔 가짜 수표를 꺼내보곤 했다. 그는 이 수표를 수없이 꺼내 봤고, 몇 년 후 실제로 짐 캐리는 영화 출연료로 1,000만 달러를 제안받았다. 제안을 받아들이며 그는 자신이 만든 그 가짜 수표에 적어 넣은 금액과 정확하게 일치한다고 말했다. 당신도 자신의 열망과 바람이 담긴 이미지를 그린 다음 마음에 새겨 넣으라. 그렇게 할 때마다 잠재의식은 그 이미지를 사진처럼 받아들여서 영구적으로 프로그래밍한 다음 스스로 반복해서 볼 것이다.

성공을 시각화하는 방법으로, 돈을 벌기 위해 할 법한 일을 하는 자기 모습을 그려보는 것도 좋다. 영업 일을 하는 사람이라면 보험, 선박, 비행기, 주식, 채권 등 여러 분야에서 대형 계약을 성사하는 자기 모습을 시각화하라. 고객과 대화를 마친 다음 미소를 지으며 계약서에 서명하는 고객을 바라보는 자기 모습을 마음속에 그리고 떠올리라.

또 다른 방법도 있다. 부자가 되면 어떤 집에서 살게 될지 생각해보는 것이다. 사실 이 방법은 나와 내 아내 바버라가 실제로 적용한 방법이다. 매주 토요일 아내와 나는 우리 집에서 가까운 부자 동네에 집을 보러 다니곤 했다. 우리는 고급 주택을 구경하면서 우리 집에 있으면 좋을 것 같은 것들에 관해 이야기했다. 계단, 뒷마당, 수영장, 헬스장 등 다양한 것들을 구체적으로 말했다. 그렇게 3년 정도가 지난 후 우리는 월세로 살던 집에서 나와 아름다운 동네에 있는 멋진 집으로 이사했다. 몇 년 뒤에는 그 집을 팔고 캐나다를 떠나 캘리포니아로 옮겨 갔다. 여기서 우리는 150채가 넘는 집을 둘러보다 어느 한 집에 들어섰다.

그 순간 우리는 서로를 바라보았고, 이 집이 바로 우리가 살 집이라는 것을 알았다. 우리가 마음속으로 상상했고 글로 적었으며 이야기를 나눴던 바로 그 집 말이다. 다행히 집주인은 우리 제안을 받아들였다. 모든 것이 완벽하게 맞아떨어졌고, 우리는 지금까지 이곳에서 수십 년째 살고 있다. 나이가 들고 아이들이 독립하면 더 작은 집으로 옮기는 것을 생각하기 마련이다. 하지만 우리는 결코 이 집을 떠나고 싶지 않다. 우리를 이 집에서 떠나게 하려면 아마 억지로 들것에 실어 나가야 할 것이다.

아내와 내가 적어넣은 이상적인 집이 갖춰야 할 항목은 42가지나 되었다. 그런데 처음 이 집을 본 그날 우리는 42가지 체크리스트가 모두 맞아떨어지는 것을 확인했다. 이것이 바로 힘을 장을 형성하는 방법이다. 원하는 바를 시각화해서 마음속에 명확한 이미지로 형성한 다음 행동에 옮겨야 한다.

오늘날 널리 퍼진 믿음 중에 마음의 힘만으로 돈과 부를 자기 삶으로 끌어당길 수 있다는 것이 있다. 사람들은 이를 끌어당김의 법칙Law of attraction이라고 부른다. 이 개념은 4,000년 전부터 존재했지만 이에 대해 글을 쓴 많은 사람들은 피상적으로만 이해하고 있는 듯해서 안타깝다. 끌어당김의 법칙을 다룬 모든 책과 자료에서 행동이나 노력이라는 단어가 거의 등장하지 않기 때문이다. 이는 아무것도 하지 않으면서 원하는 것을 얻을 수 있다고 사람들이 착각하게 만든다. 세상에서 가장 위험한 믿음 가운데 하나다. 내가 투입한 것보다 더 많이 가져갈 수 있다고 허황된 믿음을 주입하는 일이다. 그러나 현실은 다르다. 우리는 모두 자신이 창출하는 가치의 '일부'만 가져갈 수 있다. 뉴욕에서는 이를 "커다란 파이의 한 조각을 가져간다"라고 표현한다. 게다가 투입한 것만 가져갈 수 있으며, 투입하지 않으면 절대 가져갈 수조차 없다.

아무것도 하지 않고 무언가를 얻으려는 생각은 전 세계적으로 많은 사람의 삶을 피폐하게 만들고 있다. 이 잘못된 믿음이 사람들을 이른바 정신적 범죄자로 만든다. 그들은 돈을 벌고 부를 창출한 사람들에게 분노를 느낀다. 성공한 이들에게서 돈을 빼앗아 자신에게 달라고 요구한다. 자신이 벌지도 않았으며 가질 자격도 없는 돈을 말이다. 아인슈타인은 평생 자연에 적용할 수 있는 통일장 이론unified field theory을 찾아 헤맸다. 자연계의 네 가지 힘인 중력, 전자기력, 약한 상호작용 그리고 강한 상호작용을 통합하려는 이론적인 시도였다. 나 역시 거의 30년 동안 인간의 삶에 적용할 수 있는 통일장 이론을 찾아 헤맸다. 내가 그 이론에 붙인 이름은 E 요인E factor이다.

  E 요인은 편의성 요인expediency factor의 약자로 인간은 선하거나 악한 존재가 아니라, 항상 가장 쉽고 빠른 방법으로 자신이 원하는 것을 얻으려 하며, 그 과정에서 발생하는 부수적인 결과에는 거의 또는 전혀 관심이 없다는 것을 뜻한다. E 요인으로는 이 세상의 모든 문제를 설명할 수 있다. 정신적 범죄뿐 아니라 실질적 범죄까지 설명할 수 있다. 복지와 관련된 문제도 설명할 수 있다. 실업의 원인도 설명할 수 있다. 알코올 중독과 무기력, 게으름도 설명할 수 있다. 온갖 사회 문제와 국제 문제, 독재자, 도둑, 범죄자, 사기꾼까지도 얼마든지 설명할 수 있다.

  실제로 인류 역사를 살펴보면 모든 전쟁은 약탈 전쟁이었다. 제2차 세계대전에서 나치 독일이 가장 먼저 한 일은 침략한 국가와 그 국민을 약탈하는 것이었다. 나치는 가져갈 수 있는 모든 것을 가져갔으며, 심지어 땅이나 벽에 고정된 것들마저 해체하여 대부분 훔쳐 갔다. 사담 후세인Saddam Hussein은 무엇 때문에 무려 19개의 궁전을 소유했을까? 이라크 국민이 굶주림을 참고 견디는 동안 그는 수십억 달러를 들여 궁전을 지었다. 블라디미르 푸틴Vladimir Putin은 현재 수십억 달러의 재산을 보유하고 있다. 후세인과 푸틴의 모습은 그 무엇도 아니고 단지 약탈일 뿐이다. 아무것도 하지 않고 무언가를 얻으려는 욕망, 즉 자신이 벌지도 않았으며 받을 자격도 없는 것을 쉽게 얻으려는 E 요인에 따른 욕망은 전 세계 수많은 사람의 희망과 꿈을 파괴한다.

따라서 끌어당김의 법칙은 반드시 다른 여러 법칙과 함께 이해해야 한다. 먼저 대응의 법칙law of correspondence이다. 우리가 만나는 외부 세계는 각자 자신의 내면세계를 반영한다는 것이다. 당신이 어디를 바라보든 그곳에 있는 것은 당신 자신이다. 마치 360도 거울로 둘러싸여 있는 것처럼 어디를 보든 상관없이 결국 자기 모습을 보게 되는 것이다. 당신이 지니고 있는 지배적 사고는 인생의 세 가지 주요 영역에서 특히 잘 보여진다. 바로 건강, 인간관계, 재무 상태다.

누군가의 건강은 음식, 영양, 식단 그리고 운동에 관한 그의 사고방식을 반영한다. 왜 어떤 사람은 날씬하고 어떤 사람은 뚱뚱할까? 날씬한 사람은 오늘 먹은 음식이 내일 자신의 기분이나 외모에 어떤 영향을 미칠 것인지를 생각한다. 그리고 가볍고 균형 잡힌 감각과 건강한 기분을 느끼고 싶어서 식단을 더 신중하게 선택한다. 그에 반해 뚱뚱한 사람은 음식을 먹는 순간의 즐거움만 생각한다. 그 순간의 즐거운 기분에 사로잡혀 있는 것이다. 우리 뇌에서 식욕을 조절하는 영역인 식욕조절중추는 보통 첫입을 먹은 다음 20~30분 정도만 작동한다. 그래서 뚱뚱한 사람은 식욕조절중추가 작동을 멈추기 전까지 짧은 시간 동안 최대한 많이 먹는다. 그 결과 위의 크기가 커지면서 점점 더 많이 먹게 된다. 때문에 그 사람의 몸을 보면 하루의 대부분의 시간 동안 어떤 생각을 하는지 쉽게 알 수 있는 것이다.

인간관계 역시 개인의 지배적 사고와 관련이 있다. 왜 긍정적인 사람 주변에는 긍정적인 사람들이 많을까? 스스로 생각하는 방식과 비슷한 사람을 자기 인생으로 끌어들이기 때문이다. 또한 어떤 사람이 현재 자기 삶에서 무엇을 하고 있는지를 보면 돈에 대해 어떻게 생각하는지 유추할 수 있다.

다만 지배적 사고는 시작점에 불과하며 이보다 훨씬 더 중요한 요소가 존재한다. 어떤 책에서는 행복한 생각을 지니고 부와 성공을 시각화하기만 하면 행복과 부, 성공을 끌어당길 수 있다고 말하지만 이는 진실과는 전혀 거리가 먼 터무니없는 생각이다. 성경 야고보서 2장 26절에서는 "행함이 없는 믿음은 죽은 것 Faith without works is dead also"이라고 했다. "기도하되 부지런히 움직여라"는 속담도 있다. 이해했는가? 에너지로 가득한 힘의 장을 형성하기 위해서는 엄청난 행동이 필요하다는 뜻이다. 만약 지배적 사고와 조화를 이루는 행동을 꾸준히 하지 않는다면 에너지로 가득한 영구적인 힘의 장은 만들 수 없다. 결론적으로 끌어당김의 법칙의 진정한 의미를 정의하자면 이렇다. 인간은 모두 살아 있는 자석living magnet이며, 각자가 지니고 있는 지배적 사고와 행동이 그와 어울리는 사람, 상황, 환경을 끌어당긴다.

음악계에서 널리 알려진 개념인 진동의 법칙law of vibration도 함께 살펴볼 필요가 있다. 세상의 모든 물질에는 악기를 조율할 때 사용하는 튜닝 포크처럼 각자 고유한 진동이 있다. 바위나 돌도 진동하며 특정한 식물이나 동물도 진동을 일으킨다. 한 가지 예를 들어보자. 커다란 방에 두 대의 피아노가 떨어져서 놓여 있다고 생각해보라. 한쪽 피아노에서 C♭(시 플랫) 음을 친 다음 다른 피아노로 가면 그 피아노를 건드리지 않아도 같은 C♭ 음이 첫 번째 피아노와 조화를 이루며 진동한다. 이러한 진동을 공명이라고 하는데, 이는 사람 사이의 관계에서도 똑같이 나타난다. 배우자를 발견할 때도 마찬가지다. 지금으로부터 100년 전, 시인 칼릴 지브란Kahlil Gibran은 부부가 처음 만날 때 서로의 눈이 마주치는 찰나의 순간에 공명이 일어난다고 했다. 오랫동안 행복한 결혼 생활을 유지한 사람들에게 "두 분은 어떻게 만나셨나요?"라고 물어보면 많은 사람 사이를 가로질러 공명이 일어난 순간을 떠올린다. 두 사람의 눈이 마주쳤고, 둘을 하나로 연결하는 조화나 진동이 있었다고 이야기한다. 이게 전부다. 극적인 사건 같은 건 없다. 충격적인 일도 없다. 감정의 소용돌이도 없다. 그저 두 사람이 거기 있었을 뿐이다. 그리고 자연스럽게 함께 걷기 시작해서 평생을 함께하게 되는 것이다. 나와 아내 역시 40년 가까이 결혼 생활을 이어오고 있으며, 아직도 우리가 눈이 마주쳤던 그 찰나의 순간을 생생하게 기억한다.

밀어냄의 법칙에 따라 살고 있다면

한편 끌어당김의 법칙의 반대편에는 사람들이 드러내놓고 말하지 않는 다른 법칙이 있다. 바로 밀어냄의 법칙law of repulsion이다. 자석 두 개를 놓고 같은 극끼리 가까이 다가가면 두 자석은 서로 밀어낸다. 많은 전자기기에서 이 원리를 사용해서 모터가 일정한 방향으로 회전하도록 한다. 자석을 잘못된 방향으로 놓으면 모터가 전혀 작동하지 않을 것이다. 우리 인생도 마찬가지다. 부정적인 생각을 하면 자신이 원하는 것을 오히려 인생에서 밀어내게 된다. 이것이 바로 경제적으로 성공한 사람들이 부정적인 생각을 하지 말라고 강조하는 이유다. 언젠가 반드시 경제적으로 성공할 것이라는 모든 희망을 밀어내지 않도록 주의하라.

어떤 사람들은 "부자는 나쁜 존재다"와 같이 돈에 대해 근본적으로 부정적인 생각을 품고 있기도 하다. 이러한 생각은 보통 어린 시절에 가난하고 경제적으로 불만이 많은 부모에게서 주입받는다. 하지만 부자를 나쁜 존재라고 믿어버리면 결코 경제적으로 성공할 수 없다. 스스로 성공을 방해하는 자기 파괴 행위를 하고 있는 셈이기 때문이다. 성공한 많은 사람이 돈을 벌고 나서도 자기 파괴 행위를 하는 이유도 여기서 찾을 수 있다. 실제로 우리는 가끔 누군가가 택시에 돈이 가득 든 서류 가방을 놓고 내렸다는 뉴스를 듣기도 하고, 자동차를 타고 가다가 길거리에 돈을 흩뿌리는 사람을 봤다는 이야기도 듣는다. 모두 잠재의식 속

자기 파괴 행위다. 성공했지만 스스로의 깊은 마음속에서는 성공할 자격이 없다고 믿는 것이다. 언젠가 코미디언 로빈 윌리엄스Robin Williams는 농담처럼 "코카인이 작동하는 방식은 '너는 돈을 너무 많이 벌고 있어'라고 신이 끊임없이 속삭이는 것과 같다"라고 말하기도 했다.

끌어당김의 법칙이 작동하려면 스스로 자격이 있다고 느껴야 한다. 당신이 겪는 문제의 대부분은 스스로에게는 좋은 일이 일어날 자격이 없다고 믿는 데서 비롯된다. 극도로 열심히 일하지만 자기 내면에는 부정적인 진동을 지니고 있는 경우가 그렇다. 당신은 하루에 16시간씩 일할지도 모른다. 그러다 가끔 과음하거나 과식하고, 나쁜 컨디션으로 예민해져서 결혼 생활을 망치고, 가족과 사이도 멀어진다. 심장병이나 다른 여러 질병에 걸리기도 한다. 돈이야 많이 벌겠지만 결국 자기 자신을 파괴한다. 누군가는 과도한 업무와 혹사가 원인이라고 할 테지만 나는 그것이 내면 깊은 곳에서 응당 이래야 한다는 결말, 스스로 부를 누릴 자격이 없으며 행복할 자격도 없다고 생각하기 때문에 발생하는 상황으로 본다. 밀어냄의 법칙에 따라 사는 것이다. 결국 필사적으로 달성하려 노력한 모든 성공은 빼앗기고 그들은 인생 밖으로 밀려난다.

내게는 몹시 가난한 집안에서 자랐지만 미국에서 사업을 일궈서 아주 크게 성공한 친구가 있다. 사업이 승승장구하고 있을 때 어느 날 경리 직원이 그에게 다가가 말했다. "금전등록기에 약간의 기계적 변화만 주면 매출이 일어날 때마다 티 나지 않을 정도로 적은 금액을 떼서 별도 계좌로 빼놓을 수 있습니다." 돈이 필요했기에 처음에는 아주 작은 금액만 빼놓을 생각이었다. 하지만 사업이 계속 성장하면서 빼돌린 돈은 점차 수백만 달러로 불어났다. 꼬리는 밟혔다. 게다가 돈을 빼돌릴 아이디어를 제공한 직원은 감형받기 위해 경찰에 협조해서 친구를 팔아넘겼다. 내 친구는 돈이 많았고 상상을 초월할 정도로 성공했으며 전국적으로 유명한 사업가였지만, 8년형을 선고받고 수감되었다. 나는 내 친구가 이러한 선택을 한 이유는 무엇일지 진지하게 고민해봤다. 그리고 나는 그가 가난한 환경에서 성장했고 마음 깊은 곳에서는 자신이 그만한 부를 가질 자격이 없다고 믿은 것이라고 결론 내렸다.

끌어당김의 법칙에는 감정이 실린다. 생각 자체는 중립적이며 활성화되지 않은 물질일 뿐이지만, 생각에 감정이 더해지면 힘을 갖는다. 이는 마치 누구나 멋진 빛을 내는 램프를 소유할 수 있지만, 전기에 연결되지 않으면 아무런 빛이 나지 않는 것과 같다. 뇌에는 망상활성계를 담당하는 손가락 모양의 망상 피질 reticular cortex이라는 부분이 있다. 어떤 생각이나 열망에 감정을 담으면 망상 피질을 통해 메시지가 전달되어 각각의 뇌 영역이 활성화된다. 그러면 뇌는 외부 세계에서 그 열망을 실현할 수 있는 모든 단서에 민감하게 반응한다. 예를 들어 강렬한 빨간색 스포츠카를 사고 싶다고 마음먹고 나면 갑자기 이곳저곳에서 빨간색 스포츠카가 눈에 들어온다. 광고에서도 빨간색 스포츠카가 보이고, 몇 블록 떨어진 곳에서도 모퉁이를 도는 빨간색 스포츠카가 보인다. 이는 잠재의식 속에서 뇌가 "나는 빨간색 스포츠카에 관심이 있다"라는 메시지를 보내기 때문이다. 당신도 이러한 현상을 경험해본 적 있지 않은가? 마찬가지로 하와이로 휴가를 가기로 마음먹으면 여행 광고가 눈에 띄기 시작한다. 다이어트를 하기로 결심하면 체중 감량 관련 광고가 자꾸 보인다. 이것이 바로 뇌가 우리의 생존과 번영을 돕기 위해 작동하는 방식이다.

그러니 이제 현재 당신의 재무 상태를 살펴보고, 생각과 감정이 얼마나 조화를 이루고 있는지 확인해보라. 그 후 당신의 삶에서 일어난 모든 좋은 일에 뿌듯한 마음을 가져보라. 그 모든 좋은 일은 당신이 삶으로 끌어당겼기 때문에 일어난 것이다. 또한 삶에서 발생한 마음에 들지 않는 일도 돌아보고 전적으로 자신에게 책임이 있음을 인정하라. 그 모든 마음에 들지 않는 일도 당신 때문에, 즉 자신의 생각에 무언가 결함이 있어서 일어난 것임을 받아들이라.

그렇다면 우리의 생각에 어떤 결함이 있는 것일까? 또 어떻게 해야 생각을 바꿀 수 있을까? 아주 간단한 예를 하나 들어보겠다.

오래전에 어느 회사에서 내게 개인 사업자로서 회사와 계약을 맺고 유통 업무를 수행하는 약 800명을 대상으로 '자수성가한 백만장자가 되는 방법'에 대한 강연을 진행할 수 있는지 문의했다. 나는 흔쾌히 그러겠다고 말했다. 그러나 전화를 끊고 나서 깨달았다. 그때 나는 고작 서른여덟 살이었다. 다른 모든 이들처럼 십 대부터 자수성가한 백만장자가 되기를 꿈꿨지만, 나는 여전히 빈털터리에다 빚도 많아서 경제적으로 힘든 시간을 보내고 있었다. 게다가 자수성가한 백만장자에 대해 아는 것도 별로 없었다. 다행히 강연 날짜까지 두 달의 시간이 있었기에 나는 자리에 앉아 자료를 조사하고 연구하기 시작했다. 도서관에서 책을 찾은 다음, 토머스 스탠리Thomas Stanley가 쓴 『이웃집 백만장자』(지니의 서재, 2025)와 『부자의 지갑을 열어라Selling to the Affluent』부터 읽기 시작했다. 여러 권의 책을 읽으면서 자수성가한 백만장자들의 한 가지 공통점을 발견했다. 그들에게는 부를 끌어당기는 사고방식이 있었다. 이 사고방식으로 그들은 대부분의 시간 동안 생각했다. 그리고 만약 우리도 대부분의 시간 동안 그들처럼 생각한다면, 아주 높은 수준의 진동을 만들어낼 수 있다는 결론에 다다랐다. 이 진동은 라디오 전파처럼 주변으로 퍼져 나가서 마치 자석처럼 우리가 필요로 하는 모든 것을 우리 삶으로 끌어당겼다.

두 달 뒤에 진행한 강연은 큰 호응을 얻었다. 이 강연의 제목은 <자수성가한 백만장자들의 21가지 성공 비결>이었다. 그 뒤로도 나는 같은 제목의 강연을 진행해달라는 요청을 여러 차례 받았다. 처음에는 1시간짜리 강연이었다. 얼마 뒤에는 누군가가 "강연에 90분을 배정하려 하는데, 혹시 그렇게 하실 수 있나요?"라고 물었고, 나는 "그럼요"라고 답했다. 그다음에는 "오전이나 오후 내내 진행하면 어떠세요?"라고 문의를 받았다. 결국 내 강연은 6~7시간 수업에 휴식과 점심시간을 포함한 원데이 클래스 프로그램으로 확대되었다. 강연 시간이 길어질수록 나는 각각의

21가지 성공 비결을 더욱 풍성하게 구성했다.

놀라운 일은 이제부터다. 이 강연을 시작하고 5년 만에 나 자신이 백만장자가 된 것이다. 사람들에게 21가지 성공 비결을 가르칠수록 나는 그 비결에 대해 더 깊이 생각했으며 더 많이 실천하게 되었다. 사람은 대부분의 시간 동안 생각하는 대로 된다는 말을 몸소 증명한 셈이다. 남에게 가르치는 것도 같은 효과를 냈다. 성공 비결을 다른 누군가에게 가르치기 시작하면 그 비결을 더 깊이 내면화해서 온전히 자기 것으로 만들 수 있게 된다. 진동의 강도를 높일 수 있다. 만약 강한 확신을 가진 채 성공 비결을 가르치고 그 비결에 대해 다른 사람들도 열광하도록 유도한다면, 우리는 더 높은 차원에서 공명하기 시작할 것이다. 돈을 끌어당기는 사건이 더 많이 일어나고 점점 더 큰 규모의 돈이 삶으로 흘러들어올 것이다.

쉽게 큰돈을 벌려는 생각은 어리석다

행동 없이 무에서 유를 창조할 수 있다는 근거 없는 믿음의 또 다른 버전은 복권에 당첨되거나 카지노에서 잭팟을 터뜨려 부자가 될 수 있다는 생각이다. 아무것도 하지 않고 무언가를 얻으려는 욕망은 마치 암과 같다. 이러한 욕망은 아주 교묘하게 우리를 유혹하고 영혼을 파괴한다. 그 대표적인 예가 단돈 1달러를 주고 복권을 사는 것이다.

최근 나는 이틀 동안 라스베이거스에 머무르며 카지노 두 곳을 찾은 적이 있다. 카지노 여기저기를 살펴보며 그 안에서 꽤 긴 시간을 보냈다. 카지노는 방문객이 가능한 한 오래 머물도록 설계되어 있다. 객실로 가려면 반드시 카지노 내부의 게임 테이블과 슬롯머신 사이를 통과해야 한다. 그럼에도 나는 카지노에서 단 한 푼도 쓰지 않았다. 도박은 근본적으로 잘못된 것이라는 내 철학 때문이다. 이는 단순히 도박에 얼마나 많은 돈을 쓰느냐의 문제가 아니다. 똑똑한 사람은 도박이 근본적으로 잘못된 것임을 알기에 도박에 애초에 손을 대지 않는다. 라스베이거스를 이길 수 있는 사람은 절대 없다. 카지노에서 하우스를 이기고 큰돈을 따면 곧 사진이 찍혀 카지노 출입이 금지된다. 심지어 이는 비밀이 아니다. 만약 전문 도박사가 하우스를 상대로 계속 이기면 카지노는 즉시 그 도박사를 관찰하기 시작한다. 소위 하늘에 떠 있는 눈이라고 불리는 전자 감시 장비로 카지노 전체를 실시간으로 모니터링한다. 애틀랜틱시티나 몬테카를로에 있는 카지노와 공유하는 데이터베이스에 등록된 전문 도박사인지 확인하고, 전 세계의 모든 카지노는 사실상 실시간으로 정보를 공유한다. 따라서 누구도 라스베이거스에서 돈을 따지 못한다. 운이 좋은 사람이라면 단지 돈을 잃는 시점이 조금 늦춰질 뿐이다.

한번은 여행 잡지에서 이런 글을 읽은 적이 있다. "나는 지난주에 지옥에 다녀왔다. 그곳은 네바다 사막 한가운데 위치한 라스베이거스라는 곳이다." 글을 쓴 이는 세상에서 가장 비참하고 불행하며 초라하고 지저분한 사람들이 티셔츠에 반바지 차림으로 덥수룩한 머리에 허름한 모자를 쓴 채 담배를 입에 물고 카지노를 배회하는 모습을 보았다고 했다. 뚱뚱한 부모가 아이들의 점심값까지 도박으로 날리는 광경도 목격했다고 말했다. "그 사람들의 얼굴에는 절망이 가득했다. 가진 돈을 전부 집어넣었으나 단 한 푼도 돌려받을 수 없었기 때문이다."

라스베이거스에 있는 호텔에 체크인할 때 호텔에서는 투숙객에게 숙박비 전액을 신용카드로 선결제하도록 한다. 그 이유는 단순하다. 체크아웃할 때 숙박비를 내지 못하는 투숙객이 많기 때문이다. 내가 아는 사람 중에는 새로 산 캐딜락을 타고 로스앤젤레스에서 라스베이거스로 갔다가 돌아올 때는 그 차를 잃고 그레이하운드(미국의 대표적인 장거리 고속버스 회사)에 여행 가방을 싣고 돌아온 이들도 있다.

성공한 사람은 도박하지 않는다. 성공한 사람은 결과에 중대한 영향을 미칠 수 있는 계산된 위험calculated risk을 감수할 뿐이다. 그래서 이들은 제품이나 서비스를 까다롭게 고른 다음 적은 양을 구매해 테스트한다. 제품이나 서비스가 효과가 있는지 확인하기 위해 신중하게 투자를 결정한다. 투자의사 결정 전에는 까다로운 실사 과정을 거치며 투자한 돈을 안전하게 회수할 가능성을 최대한 높일 수 있도록 유도한다. 반면 카지노에서 도박하는 사람들을 보라. 온통 가난한 사람들뿐이다. 가난한 사람들은 부유한 사람들보다 도박에 훨씬 더 많은 돈을 쓴다. 경제적으로 여유가 없는 사람들일수록 판타지 축구를 비롯한 각종 도박에 열정적이다. 그들은 매달 1만 달러를 벌고 생활비로 5,000달러를 지출하니 5,000달러 정도는 날려도 되는 상황이 아니다. 한 달에 고작 2,000~3,000달러를 버는데 생활비로 나가는 돈은 3,500달러라 단 한 푼의 여유 자금도 없는 실정이다. 역설적으로 그렇기에 그들은 점점 더 절박해진다.

나는 도박꾼들이 패배를 인정하지 않는다는 사실을 알게 되었다. 그들은 늘 거의 이길 뻔했다고 말한다. 그들에게 "라스베이거스에서 어땠나요?"라고 물어보면 돌아오는 대답은 항상 "큰 판에서 거의 이길 뻔했어요. 정말 딱 한 끗 차이였다니까요"다. "그런데 보니까 오늘은 버스를 타고 일하러 가시네요?"라고 물으면 "아, 맞아요. 거기에 차를 두고 왔거든요. 현금이 좀 필요했죠, 뭐. 하지만 이번에는 거의 이길 뻔했다니까요. 다음에는 꼭 큰 판에서 이길 거예요"라고 말하는 식이다. 매일 아침 도박꾼들은 전혀 불가능한 일을 가능하다고 되뇌며 하루를 시작한다. 아침에 일어나면 전날 밤에 잃은 돈을 오늘은 반드시 되찾을 것이라고 확신하며 카지노로 내려가는 것이다.

아무것도 하지 않고 무언가를 얻으려는 욕망을 멀리하라. 내가 어렸을 때 어머니께서는 이런 말씀을 하셨다. 도둑질하면 안 된다. 불법적인 일을 하면 안 된다. 범죄를 저지르면 안 된다. 아마 당신도 비슷한 말을 들었을 것이다. 다행히 나는 한 번도 그러지 않았다. 그리고 지금도 마찬가지다. 나는 내 아이들에게도 말했다. 절대로 정직하지 않은 일은 하지 않아야 한다. 나는 한 푼도 빠짐없이 세금을 신고하고 납부한다. 몇 년 전에는 국세청으로부터 세무조사를 받기도 했다. 무려 7개월간 진행된 조사 끝에 국세청이 내린 결론은 이랬다. "브라이언 트레이시와 그의 가족은 국세청이 가장 선호하는 유형의 납세자입니다. 소득이 높으면서 부과된 세금을 한 푼도 빠짐없이 납부하기 때문입니다. 탈세를 위해 꼼수를 부린 흔적이나 의심스러운 공제 항목이 하나도 없습니다. 제출된 소득세 신고자료는 완벽하게 정직합니다. 국세청이 이 가족을 대상으로 다시 세무조사에 나설 일은 없을 겁니다." 그 이후로 국세청은 우리에게 세무조사를 나오지 않았다. 다른 모든 사람과 마찬가지로 우리도 세금을 싫어한다. 그럼에도 불구하고 세금을 잘 내는 이유는 명확하다. 아무것도 하지 않고 어떤 작은 무언가라도 얻으려는 마음이 한 톨도 들어오지 않도록 하기 위함이다.

부자들은 돈을 본다?

부유한 사람들이 온종일 돈 벌 생각만 한다는 고정관념은 잘못되었다. 부자들은 "타인에게 제공하는 서비스의 가치를 높이기 위해 오늘 나는 무엇을 할 수 있는가?"라는 질문을 집요하게 붙잡고 매달린 사람들이다. 얼 나이팅게일은 우리가 받는 보상은 항상 타인에게 제공하는 서비스의 가치와 같다고 말한다. 또한 돈은 본질적으로 자신이 다른 사람들에게 얼마나 가치 있는 서비스를 제공하고 있는지를 측정하는 지표다. 자신이 하는 일이 효과가 있고 수익성이 있는지를 판단하는 기준이다. 자신이 하는 일이 소중한 시간과 노력을 투자할 가치가 있다고 시장이 신호를 보내는 수단이다. 그러나 많은 사람이 이를 이해하지 못한다. 성공한 부자들의 사례를 통해 "내가 제공하는 서비스의 가치를 높여야 한다"라는 뜻을 이해해보자.

존 록펠러John D. Rockefeller는 처음 일을 시작했을 때 한 회사의 말단 직원으로 일하면서 주당 3.75달러를 벌었다. 그러면서도 매주 1.75달러를 자선단체에 기부했다. 수입의 절반을 기부하고 일부를 저축하며 돈을 모았다. 당시에는 집이나 상점에서 등유 램프를 사용했었는데, 록펠러는 등유 제조 방법을 최초로 발견한 사람 중 하나였다. 이후 내연기관과 자동차가 등장하자 그는 사람들의 생활을 개선하는 데 필요한 제품을 저렴한 가격에 공급하는 데 집중했다. 록펠러는 유전과 펌프부터 송유관과 철도를 지나 정유소와 주유소에 이르기까지 석유와 가스 공급에 필요한 모든 것을 소유하고 있었다. 그 결과, 중간 유통업자를 거치지 않고 가격을 계속해서 낮출 수 있었으며, 궁극적으로 더 많은 사람에게 더 낮은 가격으로 제품을 공급해 혜택을 줄 수 있었다.

헨리 포드Henry Ford는 제조업을 혁신한 사람이다. 헨리 포드 이전에는 팀 단위 생산 방식이 표준이었으며, 자동차 한 대를 만드는 데 약 300시간이 소요되었다. 헨리 포드는 생산 라인에 혁신적인 변화를 끌어와 생산 속도를 획기적으로 높임으로써 소비자가 자동차를 3,000달러가 아니라 300달러에 살 수 있도록 했다.

실제로 자동차를 만드는 사람들, 즉 당시 사회에서 가장 낮은 지위에 있던 노동자들도 자신이 만든 자동차를 직접 구매할 수 있는 시대를 연 것이다. 헨리 포드는 전 세계에 큰 변화를 가져왔고, 세계 최고의 부자 중 한 명이 되었다. 이전까지 누구도 하지 못한 일인 평범한 사람들도 자동차를 살 수 있는 세상을 만들었기 때문이다. 헨리 포드 이전의 세상에서는 자동차가 부자의 전유물이었다. 자동차를 사려면 평균적인 노동자의 2~3년 치 급여를 한꺼번에 내야 했다. 평범한 사람들도 자동차를 살 수 있게 된 얼마 뒤부터는 계약금과 할부라는 개념도 등장했다. 노동자 계층은 소액의 계약금만 내고 나머지를 3년에 걸쳐 상환하는 방식으로 자동차를 구매할 수 있게 되었다.

다음으로 시어스 로벅Sears, Roebuck and Company 사례를 살펴보자. 시어스 로벅은 '무조건 환불 보장' 정책을 세계 최초로 도입하여 역사상 가장 거대한 백화점 체인으로 성장했다. 이전까지 그 누구도 이러한 정책을 시행한 적이 없었다. 불가능한 일이라고 여겼기 때문이다. 그러나 시어스 로벅의 공동창업자 시어스는 이렇게 말했다. "우리가 서비스를 제공하는 고객들은 좋은 사람들입니다. 우리가 보낸 카탈로그를 보고 주문한 고객이 물건을 반품한다면, 이는 제품이 자신이 생각한 것과 다르기 때문일 겁니다. 사이즈가 맞지 않거나 색깔이 마음에 들지 않는 등이죠. 시어스 로벅은 무조건 환불을 보장할 생각입니다." 정책을 시행한 결과는 어땠을까? 실제로 환불을 요청한 고객은 전체의 5퍼센트가 채 되지 않았다. 그리고 그중 99.9퍼센트는 환불이 아니라 교환을 원하며 "혹시 다른 색상이나 사이즈로 바꿀 수 있을까요?"라고 말했다. 그렇게 시어스 로벅은 역사상 가장 수익성이 높은 소매유통 기업 중 하나가 되었다.

나는 월마트Walmart가 세인트루이스에서 개최한 행사에 참석한 적이 있다. 행사에는 총 2만 5,000명이 모였고, 그중 약 2,000명이 관리자급 직원이었다. 월마트 사장이 들어오자 모두가 하던 일을 멈추고 그를 바라보았다. 사장은 연단에 올라 연설했다. 고작 5분에 불과했는데 그 여파는 대단했다. 그는 이렇게 말했다.

"월마트의 철학은 아주 단순합니다. 월마트는 월급을 받아 빠듯하게 생활하느라 여유 자금도 없고 필요한 물건을 살 여유가 없는 보통 사람들을 대변합니다. 우리가 할 일은 월마트의 구매력을 활용해 최고의 제품을 가능한 한 가장 낮은 가격으로 고객에게 제공하는 것입니다. 또한 판매하는 모든 제품에 '무조건 보증' 정책을 적용하여 고객이 제품에 만족하지 않거나 다른 곳에서 더 비싼 가격을 지불하는 일이 없도록 하는 것입니다. 결국 우리의 미션은 고객이 삶의 질과 생활 수준을 개선할 수 있도록 돕는 것이며, 이를 통해 고객과 그의 가족이 원하고 필요로 하는 물건을 더 많이 살 수 있도록 하는 것입니다."

사장이 전한 이 열정적인 연설에 그 자리에 있던 모든 사람이 자리에서 일어나 환호성을 질렀다. "고객을 섬기다." 바로 이것이 월마트의 철학이다. 월마트는 현재 전 세계에 약 1만 1,000개의 매장을 운영하며 역사상 가장 성공한 소매유통 기업으로 자리매김했다.

이것이 바로 부자들의 사고방식이다. 부유한 사람들은 부동산 개발 현장이나 소매상점, 주식, 상품을 볼 때면 어떻게 하면 사람들이 삶의 질을 개선하는 데 도움이 되는 제품이나 서비스를 개발할 수 있을지 고민한다. 부자들이 열정을 느끼는 일이 바로 이것이다. 그리고 이 일을 하는 대가로 그들은 경제적 보상을 받는다.

회사원으로는 절대 백만장자가 될 수 없다고?

여기 또 다른 근거 없는 믿음이 있다. 많은 사람이 어떤 회사의 직원이나 조직의 구성원으로만 일한다면 부자가 되는 것은 고사하고 경제적 목표를 달성하는 것도 불가능하다고 생각한다. 그러나 실제로는 체계적인 소비 및 저축 계획을 따른다면 누구나 경제적 자유를 얻을 수 있다. 피터 린치Peter Lynch는 역사상 가장 크게 성공한 위대한 투자가 중 한 명이다. 그는 마젤란Magellan이라는 수십억 달러 규모의 투자 펀드를 운용했으며 엄청난 부를 쌓고 나서 은퇴했다. 피터 린치는 "핵심은 시장의 타이밍을 맞추는 것이 아니라 시장에서 시간을 보내는 것이다"라는 멋진 말을 남겼다. 실제로 자수성가한 백만장자 10명 가운데 한 명은 평생 다른 회사에서 일한 사람들이다. 이들은 열심히 일해 괜찮은 급여를 받았으며 저축도 했다. 또한 퇴직연금이나 개인연금과 같은 이연 보상제도도 적극적으로 활용했다. 버는 돈에서 일정 부분을 떼어내 모은 다음 저축한 돈이 불어나도록 둔 것이다.

사람들이 은퇴 시점에 경제적으로 독립하지 못하는 이유는 버는 족족 모두 써버리기 때문이다. 그러다 50세 즈음에서야 모아 놓은 돈이 별로 없다는 사실을 깨닫고 불안해하기 시작한다. 그러면서 부랴부랴 수중에 있는 몇 푼 안 되는 돈, 혹은 급하게 빌린 돈을 한 방에 부자로 만들어준다는 곳에 집어넣고 일확천금을 노린다. 하지만 이러한 투자의 끝에는 언제나 사기꾼의 농락과 투자자의 실패가 기다린다. 한 방에 부자로 만들어준다는 투자로 부자가 되는 사람은 오직 그것을 판매하는 사람들뿐이다. 진실은 간단하다. 매달 100달러를 저축해 인덱스 펀드나 보수적으로 운용되는 뮤추얼 펀드에 투자하면, 시간이 지남에 따라 그 돈은 매년 8~10퍼센트씩 불어난다. 은퇴하기 전까지 일하는 내내 매달 100달러씩 저축하고 투자하는 사람들은 결국 백만장자가 될 수 있다. 통계적으로 보면 오늘 일을 시작하는 100명 중 한 명은 부자가 되고, 네 명은 경제적으로 안정된 삶을 살며, 15명은 경제적으로 독립한다. 그리고 나머지 80명은 은퇴할 나이가 될 때 이미 사망했거나 아니면 돈이 부족해서 여전히 생계를 위해 일하는 상황에 부닥칠 것이다.

몇 년 전에 있었던 일이다. 나는 세미나에서 이러한 내용을 설명하고 있었다. 강연 사이 휴식 시간에 정신적으로나 육체적으로 조금은 장애가 있어 보이는 한 젊은이가 내가 다가와 물었다. "트레이시 씨! 저도 부자가 될 수 있을까요? 저는 보호 시설에 살면서 그곳에서 가구 고치는 일을 합니다. 월급도 조금 받아서 매달 100달러를 저축하고 있습니다. 이렇게 하면 저도 부자가 될 수 있을까요?"

다행히 바로 그 전날 나는 이 숫자를 다시 한번 확인했었다. 만약 은퇴 전까지 일하는 내내 매달 100달러를 저축해 보수적으로 운용되는 뮤추얼 펀드에 투자하면, 65세에 은퇴할 때 100만 달러 이상이 될 것이라는 계산 말이다. 그래서 나는 그 젊은이에게 내가 확인한 숫자를 말해주었다. "물론이죠. 만약 은퇴 전까지 일하는 내내 매달 100달러를 저축한다면 65세가 되었을 때 백만장자가 될 겁니다. 지금 비싼 자동차를 몰고 해외여행을 떠나는 다른 모든 사람보다 더 부유한 사람이 될 수 있습니다. 자기 인생에 유리한 점이 별로 없더라도 결국 백만장자가 될 겁니다."

즉, 가능한 젊은 나이에 일을 시작해서 적절한 금액을 충분히 장기간 저축하고 저축한 돈에 손대지 않는 사람은 누구나 백만장자가 될 수 있다. 멋진 회사의 주인이 될 필요는 없다. 엄청난 사업가가 될 필요도 없다. 그저 주식에 투자해 다양한 유형의 우량기업의 지분을 소유하면 된다

우리 인생은 배움의 시기, 소득 창출의 시기 그리고 열망의 시기로 구분할 수 있는데, 이 가운데 소득 창출의 시기는 열심히 일해 번 돈이 스스로 일해 불어나도록 하는 기간이다. 그러면 투자한 돈이 일해서 버는 돈보다 더 많은 수익을 창출하는 전환점에 도달하게 된다. 이 단계에 이르면 삶의 속도를 늦추고 더 신중하게 자산을 관리하며 남은 인생을 편안하게 살아갈 수 있게

된다. 문제는 전환점이 언제 찾아오느냐는 것이다. 은행에서 일하는 내 친구에 따르면 어떤 회사나 사업이 곤경에 빠지는 때는 쉽게 알아차릴 수 있다고 한다. 오랜 노력 끝에 처음으로 수익을 내기 시작하면서 회사 대표가 이제는 조금 긴장을 풀고 즐겨도 괜찮을 것 같다고 마음먹는 순간이 바로 그때다. 고가의 자동차를 사기 위해, 고급 주택을 매입하기 위해 은행에서 돈을 빌리는 식이다. 너무 일찍 샴페인을 터뜨리고 돈을 쓰기 시작한다. 경제와 모든 산업에는 부침이 있고 불경기와 불황의 시기가 찾아오기 마련인데, 그렇게 되면 현금흐름이 급격히 나빠지며 대표는 대출을 상환하지 못하는 상황이 발생한다. 자동차 회사는 대표의 고급 자동차를 회수하고, 은행은 대표의 고급 주택을 압류할 것이다. 은행에서 일하는 내 친구가 들려준 이야기의 핵심은 이렇다. "돈을 쓰기 시작해도 괜찮은 시점은 어려운 시기를 넘기고도 상당히 많은 시간이 지난 뒤에 경제적 독립을 달성하고 여유 자금을 투자할 수 있을 때다."

컬럼비아대학교를 졸업한 워런 버핏이 아내와 함께 고향인 네브라스카주 오마하로 돌아왔을 때 그에게는 작은 집을 구매할 수 있을 정도의 돈이 있었다. 당시 그가 산 주택의 가격은 2만 5,000달러 정도였다. 『포브스』에 따르면 워런 버핏은 현재 세계에서 세 번째로 부유한 사람이지만, 그는 여전히 그 작은 집에 거주하며 그곳을 떠날 생각을 하지 않고 있다. 워런 버핏은 돈을 너무 일찍 쓰기 시작하는 것은 결코 좋은 생각이 아니라고 말한다. 그는 가진 돈을 모두 투자하고 절대 쓰지 않는 습관을 들였다. 그렇게 워런 버핏은 현재 역사상 가장 성공한 투자가가 되었다.

중요한 것은 타이밍이다. 충분히 많은 돈을 저축해서 설령 온 세상이 완전히 무너지는 상황이 닥치더라도 대출을 상환하고 현재의 생활 수준을 유지하며 가족을 부양할 수 있을 때가 비로소 돈을 쓰기에 적절한 시점이다. 너무 이른 때부터 소비를 시작하지 말아야 한다. 그래야 돈이 스스로 일하는 시기가 앞당겨진다.

핵심 정리

- 세상은 인과 법칙에 따라 돌아간다. 따라서 당신이 가난한 이유는 오직 하나뿐이다. 열심히 일하거나 행동하지 않았기 때문이다.

- 인간은 온종일 생각하는 대로 된다. 생각은 원인이고 환경은 결과다. 당신의 몸, 인간관계, 재정 상태는 당신의 지배적 사고를 반영한다. 즉, 당신이 살아가는 세계는 곧 당신이 생각하는 세계다. 자기 의심부터 버려라. 스스로 한계를 만들지 말라.

- 우리가 피상적으로 이해하고 있는 끌어당김의 법칙에서 간과하고 있는 것은 행동이다. 열렬한 마음만으로는 에너지로 가득한 영구적인 힘의 장을 절대 만들 수 없다.

- 사업을 하지 않고도 회사원으로 백만장자가 될 수 있다. 매달 100달러를 저축해 인덱스 펀드나 보수적으로 운용되는 뮤추얼 펀드에 투자하면, 시간이 지남에 따라 그 돈은 매년 8~10퍼센트씩 불어난다. 은퇴하기 전까지 일하는 내내 매달 저축하고 그 돈을 절대 건드리지 않는 사람은 백만장자가 될 수 있다.

| | | | | | | | | | | | 실행 프로젝트 | | | | | | | | | | | |

근거 없는 믿음 바로잡기

01 누군가가 평생 가난하게 사는 이유는 무엇이라고 생각하는가?

02 어떤 사람의 수입은 그가 가장 가까이 교류하는 다섯 사람이 버는 돈의 평균이라는 말에 동의하는가? 당신이 가장 가까이 하는 다섯 명은 누구인가?

03 스스로 부자가 될 자격이 있다고 생각하는가? 그렇지 않다면 그 이유는 무엇인가? 1번 질문에 대한 답과 비교해보라.

3장

"얼마나 버는가"보다 "얼마나 남기는가"

사람들은 언제나 돈을 저축하라고 충고한다.
그러나 이것은 나쁜 충고다.
모든 돈을 저축하지는 말라. 자신에게 투자하라.
나는 마흔이 될 때까지 한 푼도 저축해본 적이 없다.

헨리 포드(포드 모터 컴퍼니 설립자)

나는 부유한 자보다 유망한 자를 선호한다.
사람 없는 돈보다 돈 없는 사람을 원한다.

테미스토클레스(고대 아테네의 정치가)

내가 대여섯 살쯤에 아버지는 내게 얼마 안 되는 용돈의 10퍼센트를 저축하라고 말씀하셨다. 용돈으로 사탕을 사 먹고 싶은 어린 브라이언 트레이시에게는 도저히 이해할 수 없는 이야기였다. 내게는 용돈을 받아 어머니와 함께 가게에 가서 사탕을 사는 일이 다반사였다. 그 어린 나이에도 돈과 사탕이 주는 기쁨을 알았던 것이다. 돈을 쓰면 행복해졌다.

나이가 들어도 돈에 대해 느끼는 감정은 똑같다. 돈이 생기면 가장 먼저 드는 생각은 "이 돈으로 뭘 살 수 있을까?"이거나 "이 돈을 어떻게 써야 행복해질까?"일 것이다. 이 심리를 겨냥해서 관광지에는 온갖 자질구레한 기념품이나 잡동사니가 넘쳐난다. 길거리에 아무짝에도 쓸모없는 쓰레기 같은 물건을 파는 가게들이 줄지어 있다. 이들이 노리는 대상은 휴가차 그곳을 찾은 관광객들이다. 관광객에게는 거리를 돌아다니며 이런저런 기념품을 사는 것도 휴가의 일부이기 때문이다. 뿐만 아니라 복권에 당첨된다면 무엇을 할 것이냐고 사람들에게 물어보면 가장 많이 듣는 말은 "무언가를 사겠다"라는 대답이다. 이제 우리는 소비를 대하는 사고방식을 바꿔야 한다. 이 글을 읽고 있는 독자라면 지금부터는 "돈이 생기면 이 돈을 써서 행복해져야지"가 아니라 "돈이 생기면 이 돈을 저축해서 행복해져야지"라고 생각해야 한다.

얼마 전 어느 레스토랑을 찾았을 때 있었던 일이다. 수요일 저녁이었는데도 사람들로 가득 차 있었다. 왜 이렇게 붐비는지 이해할 수 없었는데 알고 보니 이유는 간단했다. 마침 그날이 월급날이었기 때문이다. 사람들은 월급이 통장에 들어오자마자 비싼 레스토랑을 찾아 양손에 포크와 나이프를 들고 돈을 쓰고 있었다. "돈이 생기면 사용해서 행복해진다"라는 공식을 지니고 있으면 소비와 지출에 관한 개념이 점점 옅어진다. 오늘날 소비의 상당 부분이 충동구매인 것을 봐도 그렇다. 사람들은 깊이 고민하지 않고 무언가를 산다. 상점 계산대 가까이에는 충동구매를 유도하는 제품들이 진열되어 있다. 고객이 필요하거나 원하지도 않는 물건들이 유혹하듯 자신을 뽐내고 있다.

돈은 소비될 수도 있고 투자될 수도 있다. 소비하면 영원히 사라지지만 투자하면 그에 대한 보상으로 이익을 얻는다. 사회생활을 시작한 초기에 자기계발과 소득 창출 능력 향상에 더 많은 시간을 투자할수록 더 많은 돈을 벌게 된다. 그리고 그렇게 번 돈을 모을수록 돈은 더 많이 불어난다. 즉 돈에 있는 보존 법칙에 따라 개인의 경제적 미래가 달라진다. 얼마나 많이 버는가보다 얼마나 많이 남기는가가 핵심인 것이다. 그렇다면 소비 중에서도 좋은 소비가 있을까? 돈을 보존하고 저축하는 소비는 좋은 소비로 꼽는다. 반면 돈이 영원히 사라져서 다시는 회수할 수 없는 경우는 나쁜 소비로 본다.

재미있는 인생을 좇다 별 볼 일 없는 인생이 되기 전에

부자가 되려면 처음에는 하고 싶지 않은 일도 많이 해야 한다. 아침 일찍 일어나 일하러 가서 온종일 열심히 일한 다음 저녁에 돌아와 다시 공부하고 기술을 연마해야 한다. 그렇게 오랫동안 하다 보면 하고 싶은 일을 하면서 여생을 보낼 수 있는 법인데, 많은 사람이 마음 가는 대로 살면서 한 번에 두 마리 토끼를 잡으려 한다. 그들은 항상 재미있게 살고 싶어 한다. 그래서 이렇게 말한다. "일도 재미있어야 하고 인생도 재미있어야 해요!"

작가이자 강연자인 데니스 웨이틀리Denis Waitley는 사람들 대부분이 목표를 달성하는 일이 아닌 긴장을 풀어주는 일에 인생을 소비한다고 말했다. 또한 십여 년간 성공의 비밀을 연구한 사상가 앨버트 그레이Albert Gray는 성공의 비결은 매우 단순하다는 사실을 발견했다. 성공한 사람들은 실패한 사람들이 하기 싫어하는 일을 습관적으로 한다는 것이다. 그렇다면 실패한 사람들은 어떤 일을 하기 싫어할까? 바로 성공한 사람들도 하기 싫어하는 그 일이다. 성공한 사람들도 아침 일찍 일어나 하루를 시작해 일과를 계획하고 열심히 일한 다음 저녁에는 공부하고 기술을 연마하는 것을 좋아하지는 않는다. 다만 이러한 일상 속 노력이 성공을 얻기 위해 치러야 하는 대가인 것을 알기 때문에 이들은 하기 싫은 일을 참고 한다. 씨를 뿌리지 않으면 수확할 것이 없다는 사실을 알기 때문이다. 그런데 애석하게도 실패한 사람들이 무언가를 하려고 마음먹은 순간에는 망설임이라는 거대한 비극이 찾아온다. 이 망설임에 자리를 내어주고 생각만 하고 일을 미루게 된다. 그들은 결국 아무것도 하지 않고 그들에게는 아무 일도 일어나지 않는다.

대부분의 사람들이 경제적 독립을 이룬 상태로 은퇴하길 꿈꾸지만 그렇게 행동하지 않는다. 첫 번째 이유는 그렇게 할 수 있다는 가능성 자체를 믿지 않기 때문이다. 그들은 경제적 독립을 이룬 사람과 함께 성장한 경험이 없다 보니 자신이 돈을 많이 벌 수 있다는 생각을 한 번도 해본 적이 없다. 주변에는 번 돈을 전부 쓰는 사람들만 있다 보니 그것이 세상을 즐기며 사는 옳은 방식이라고 여긴다.

두 번째 이유는 설령 누군가로부터 그러한 가능성을 설득당해 경제적 독립의 가능성을 인식하더라도 그 시점을 계속 미루기 때문이다. "음, 맞아, 나도 경제적으로 성공할 수 있지. 하지만 지금은 아니야. 일주일, 한 달 아니면 일 년 정도 후면 시작해도 될 거야."

그들의 발목을 잡는 세 번째 이유는 실패에 대한 두려움이다. "돈을 힘들게 모았는데 몽땅 잃어버리면 어떡하지? 아니, 돈을 모아도 경제적 독립을 이룰 수 없으면 어떡하지?" 하지만 전문가의 조언에 따라 신중하게 투자하면 이러한 두려움을 피할 수 있다. 절대 한 방에 큰돈을 벌려고 해서는 안 된다는 것을 명심하라. 항상 정보를 많이 수집해야 리스크를 피할 수 있다.

게다가 슬프게도 많은 사람이 또 다른 두려움을 지니고 있다. "경제적 성공이 목표라고 하면 친구들이 나를 멸시하지 않을까?"와 같은 것이다. 이에 대한 답은 간단하다. 아무에게도 말하지 않으면 된다. 모든 계획과 목표를 마음속에 조용히 간직하면 된다.

모든 시작하지 못하는 이유가 사라졌으면 당장 시작하라. 가장 먼저 해야 할 일은 은행에 가서 개인 계좌를 개설하는 것이다. 이른바 경제적 자유$^{financial\ freedom}$ 계좌를 개설한 다음 여윳돈이 생기면 전부 집어넣으라. 우리는 소비가 반사적으로 이루어진다는 것을 알고 있다. 계좌 개설은 그것을 멈추기 위한 첫걸음이다. 그다음 현재 이루어지고 있는 소비를 추적해야 한다. 채무 조정을 하러 가서 가장 먼저 해야 할 일이 모든 지출 항목을 하나도 누락하지 않고 상세하게 작성하는 일인 것처럼, 말 그대로 "모든" 소비와 지출을 기록해야 한다. 신용카드든 현금이든 상관없다. 정확하게 기록되지 않을 지출은 허락하지 말라. 구글 플레이스토어나 애플 앱스토어에서 검색하면 소비를 추적하는 데 도움이 되는 훌륭한 앱을 쉽게 찾을 수 있다. 자신이 얼마나 많이 소비하고 있는지 신중히 살펴보는 행위 자체가 소비에 대한 인식을 높이는 효과를 가져올 것이다. 이는 불필요한 소비를 막는 결과로 이어진다.

가장 먼저 제거해야 할 지출 항목

『자동 부자 습관』(마인드빌딩, 2018)의 저자이자 내 친구인 데이비드 바크$^{David\ Bach}$가 언급한 카페라테 효과$^{caffé\ latte\ effect}$는 주목할 만하다. 매일 카페라테를 마시는 데 5달러를 쓰는 사람이 그 습관을 중단하고 돈을 모으면 일주일에 25달러가 되고 한 달이면 100달러가 된다는 것이다. 매일 쓰는 이 작은 돈도 시간이 가면서 쌓이면 커다란 부를 형성할 수 있다는 것을 알려준다.

또한 내가 자수성가한 백만장자들을 연구하면서 알게 된 사실은 이들은 절대 새 차를 사지 않는다는 것이다. 대신 출고 후 2년 정도 되어 상태가 좋은 중고차를 구매한다. 감가상각으로 인해 가치가 떨어진 중고차는 만약 5만 5,000달러짜리 차라면 3만 5,000달러에 살 수 있을 것이다. 그 후 그들은 정비소에서 차량을 점검한 다음 수리하기 힘들어질 때까지 타고 다닌다.

언젠가 렉서스^{Lexus}의 고위 마케팅 임원과 저녁 식사를 함께한 적이 있다. 그는 렉서스가 '인증 중고차 프로그램'을 도입했다고 말했다. 소비자가 새 차를 리스하거나 렌트해서 2년 정도 타고 반납하면, 렉서스가 그 차량을 꼼꼼하게 점검하고 정비해 재인증한 다음 5년의 보증 기간을 적용해서 다시 판매한다는 것이다. 이것을 이용하면 소비자는 상태가 좋은 중고차를 살 수 있다. 나도 이 프로그램을 이용해 사실상 신차 수준의 렉서스를 찾을 때까지 기다린다. 그러한 차량은 안팎으로 렉서스의 철저한 점검을 받았기 때문에 믿을 만하다.

게다가 그 차를 운전하는 것만으로도 나는 돈을 벌고 있는 셈이다. 예를 들어 새 차를 구매하는 대신 중고차를 사서 1만 달러를 절약했다고 가정해보자. 이 1만 달러를 우량 인덱스 펀드에 투자하면 그 차를 타고 다니는 5~10년 사이에 돈은 두세 배로 불어날 수 있다. 그리고 이렇게 불어난 돈은 상업용 또는 주거용 부동산 구매 시 계약금으로 쓰일 수 있다. 그런 다음 구매한 부동산을 임대해 임대료를 받으면, 부동산 구매 시에 대출한 원금과 그에 대한 이자를 사실상 임차인이 내는 효과가 있다. 여기에 더해 부동산 가치가 상승할 때는 투자 수익까지 얻을 수 있다. 이 과정이 정기적으로 반복되면 매우 놀라운 결과를 만들어내는 것은 당연하다.

1980년대 나는 소규모 부동산 개발에 뛰어든 적이 있다. 어느 날 한 아파트 단지에서 각 호실을 분양한다는 공고가 눈에 들어왔을 때였다. 계약금 1,250달러만 내면 아파트를 살 수 있다고 적혀 있었다. 나머지는 몇 년 동안 매달 나눠 내면 되는 조건이었다. 조금 더 자세히 들여다보니 계약금으로 1,250달러를 내는 집의 가격은 3만 5,000달러 수준이었다. 당시 나는 투자에 대한 지식이 거의 없었지만 1,250달러 정도는 마련할 수 있을 것 같았다. 그래서 계약금을 신용카드로 결제하고 작은 아파트 한 채의 주인이 되었다. 아파트를 사고 얼마 뒤에 알게 된 사실은 그 아파트 단지에서 내가 산 것과 같은 크기의 아파트를 월 275달러 정도에 임대하고 있다는 것이다. 나는 지역 신문에 내 아파트를 월 250달러에 임대한다는 광고를 냈고 곧바로 세입자를 구할 수 있었다. 두 어린아이를 키우는 싱글맘이었다. 내가 받는 월세는 250달러였지만 집값으로 매달 내야 하는 돈은 300달러였다. 아파트를 임대한 첫해에는 손해를 봤다. 그러나 다음 해에 임대료를 조금 올리면서 손익분기점을 맞출 수 있었다. 그다음 해에도 월세를 조금 더 올렸다.

얼마 뒤에 내가 싱글맘으로부터 받는 월세는 350달러 수준에 도달했다. 그녀는 여러 해 동안 내 아파트에서 지내면서 아이들을 키웠다. 아이들은 무럭무럭 자라 학교를 졸업하고 대학에 진학했다. 이 가족은 10년 동안 내 아파트에 머물렀으며, 그 기간 나는 주기적으로 임대료를 조금씩 올렸다. 그렇게 매달 임대료를 받아 집값을 모두 상환한 어느 시점이 되자 나는 그 아파트에서 매년 1,250달러의 순이익을 남기고 있었다. 다시 한번 말하지만 내 초기 투자금은 고작 1,250달러였다. 그리고 아이들이 다 커서 학교를 졸업하고 대학으로 떠났다면서 이제 다른 곳으로 이사할 때가 되었다는 말을 그녀에게서 들었을 때, 나는 그 아파트를 팔았다.

지금에 와서 돌이켜 생각해보면, 그 아파트를 매도한 것은 아마 내 인생에서 가장 어리석은 결정 중 하나다. 그 아파트는 초기 투자금 1,250달러 대비 매년 100퍼센트의 수익률을 내고 있었기 때문이다. 연 수익률 100퍼센트 말이다. 만약 내가 해마다 그런 아파트를 한 채씩 샀다면 어땠을까? 아파트를 한 채씩 살 때마다 은행에서는 더 많은 돈을 빌려주려고 했을 것이다. 보유한 아파트의 수량이 부동산 분야에서 성공한 투자자라는 것을 입증하는 셈이기 때문이다.

이것은 워런 버핏이 한 일과 정확히 같은 메커니즘이다. 현금흐름이 좋고 배당을 많이 하는 회사를 산 다음, 그렇게 만든 현금으로 현금흐름이 좋은 또 다른 회사를 사는 것이다. 워런 버핏은 지금 매년 250억 달러를 벌어들이고 있다. 이는 그가 매달 굴릴 수 있는 현금흐름이 20억 달러라는 뜻이다. 물론 은행에서 원하는 만큼 자금을 조달할 수도 있다. 만약 내가 워런 버핏처럼 현명하게 생각했다면 그 아파트를 팔지 않았을 테지만, 당시 나는 그런 생각을 하기에는 너무 어렸다. 당신은 과거의 나와 달리 얼마든지 워런 버핏과 같은 방식으로 부를 쌓을 수 있다. 지금 거주하는 지역 인근에 매물로 나온 깔끔한 아파트를 찾아보고 권리관계, 대출 조건 등을 충분히 알아본 다음 계약금을 내면 그만이다. 그렇게 시작하면 누구나 자신만의 부동산 제국을 시작할 수 있다.

당부하건대 진정으로 부를 쌓고 싶다면 지출 항목에서 월세나 차량 유지비와 같은 고정 비용을 가장 먼저 없애라. 워런 버핏도 이렇게 했다. 그는 처음부터 작은 집에 살았고, 지금도 여전히 그곳에서 살고 있다. 워런 버핏이 그렇게 할 수 있다면 누구나 할 수 있는 것 아닌가? 조금 더 작은 집에 살면서 월세를 줄이면 된다. 사람들은 대체로 수입이 증가하면 더 크고 넓은 집으로 이사해서 월세나 대출 이자를 더 많이 낸다. 물론 전기, 수도 등 각종 공과금이나 관리비도 더 많이 나간다. 더 넓은 공간을 채우기 위해 가구도 더 많이 들이지만 그중 80퍼센트는 거의 사용하지 않는다. 조금 작은 집에 살면서 절약한 돈을 따로 모아 저축하고 투자해야 한다. 시간이 가면서 저절로 불어나 수익을 안겨주는 돈만이 우리에게 가치가 있는 돈임을 반드시 기억하기를 바란다.

소득의 3퍼센트를 자신에게 투자하라

얼 나이팅게일에게는 한 가지 원칙이 있었다. 바로 소득의 3퍼센트를 자신에게 재투자해 기술을 개발하고 역량을 높이는 것이다. 나는 이 원칙에 관한 이야기를 듣자마자 실천하기 시작했다. 그리고 지금은 자기계발을 위해 쓸 수 있는 돈에는 한계가 없다고 생각한다.

한 대학에서 2년간 이그제큐티브 MBA 프로그램(기업 임원 또는 그에 준하는 경력을 갖춘 이들을 대상으로 하는 경영학석사 과정)을 들을 때였다. 어떤 남성이 나에게 다가와 말했다. "8년 전쯤 선생님 세미나에 참석해서 3퍼센트 원칙을 배웠습니다. 소득의 3퍼센트를 자신에게 투자하라는 말씀이 정말 감명 깊었습니다." 세미나 참석 당시 그 남성은 어머니와 함께 살고 있었다. 연 수입은 2만 달러 정도였고 낡은 자동차가 한 대 있었다. 그가 말을 이었다. "2만 달러의 3퍼센트면 600달러였습니다." 그 돈으로 그는 책 몇 권과 차에서 들을 수 있는 오디오 강의 프로그램을 샀다. 그리고 그해 그의 연 소득은 2만 달러에서 3만 달러로 50퍼센트나 증가했다. 세미나에서 내가 일어날 것이라고 말한 일이 실제로 일어난 것이다. 그는 자신에게 투자하는 금액을 3만 달러의 3퍼센트인 900달러로 조정했다. 그리고 그다음 해에는 연 소득이 5만 달러로 증가했다. 이것은 계속 이어졌다. 그다음 해에는 1,500달러를 스스로에게 투자했고 소득은 8만 달러로 늘었다. 그는 3퍼센트 원칙에 대해 확신을 지니게 되었고 그 비율을 5퍼센트로 높였다. 그러자 그해는 소득이 거의 두 배로 증가했다. 나아가 5년 차에는 소득의 10퍼센트를 자기계발에 쏟아부었으며, 다시 한번 연 소득이 두 배로 뛰었다. 그 뒤로도 그는 멈추지 않았고 선순환은 계속 이어지고 있다고 했다.

나는 그에게 현재 소득이 얼마나 되는지 물었다. 그는 지금 연 소득이 100만 달러를 넘었으며, 여전히 10퍼센트를 자신에게 재투자하고 있다고 이야기했다. 나는 깜짝 놀라 물었다. "10퍼센트라고요? 10퍼센트면 1년에 10만 달러인데, 도대체 그 큰돈을 어디에 쓰는 겁니까?"

"물론 쉽지 않죠. 예전에는 세미나에 가곤 했지만, 지금은 세미나 강사를 초빙해서 온종일 1:1 코칭을 받습니다. 분야별 코치도 있고, 자문해주는 분들도 있습니다. 국제 컨퍼런스에도 참석하고, 별도 공간에 개인 도서관을 만들어서 다양한 영상 자료와 책도 들여놓고 시간을 보냅니다. 사실 10만 달러를 쓰는 게 힘들기는 합니다. 그래도 제 소득이 매년 적어도 10퍼센트에서 많으면 30퍼센트씩 계속 증가하는 데다 이 모든 비용은 소득세를 신고할 때 공제가 되니 앞으로도 계속 저에게 투자할 생각입니다."

3퍼센트 원칙이 실제로 효과가 있다는 증거는 또 있다. 인사 분야의 전문 잡지인 『HR 매거진 HR Magazine』에서는 전 세계 다양한 기업을 대상으로 임직원 교육·훈련 투자의 수익성을 분석했다. 그 결과 임직원 교육이나 훈련에 1달러를 투자했을 때 기업이 얻는 수익은 22~33달러에 달하는 것으로 나타났다.

또한 얼마 전에는 부유해 보이는 여성이 내게 이런 말을 한 적이 있다. "22년 전에 트레이시 씨의 오디오 프로그램을 산 기억이 나네요. 남편과 저는 그 프로그램을 계속 반복해서 들었죠. 그때 우리는 결혼한 지 3~4년 되었고 아이도 한 명 있었어요. 그러다 어느 순간부터 '나는 나 자신을 사랑한다. 그리고 나는 1년에 100만 달러를 벌 수 있다. 나는 1년에 100만 달러를 번다'라고 말하기 시작했어요. 우리는 이 말을 수없이 반복했죠. 그리고 무슨 일이 일어났는지 아세요? 그로부터 5년 만에 남편이 월스트리트에서 일하며 연봉으로 100만 달러를 받게 된 거예요. 정말 그 오디오 프로그램 하나 때문에 우리가 부자가 된 거라니까요."

이처럼 많은 사람이 한 권의 책이나 오디오 프로그램 하나, 세미나 한 번으로 다음 해에 소득이 늘어나는 경험을 했다. 이 세상 최고의 투자는 자기 자신에게 투자하는 것이다. 당신도 자신을 더 나은 사람으로 만드는 데 돈을 쓰고 투자하기를 바란다. 만약 어떤 사람이 다가와 "선생님께서 여기에 투자하시면 좋겠어요. 정말 좋은 투자 기회입니다. 미래에 아주 큰 잠재력이 있습니다"라며 제안한다고 생각해보라. 그런데 투자 제안서를 살펴본 다음 우리가 이렇게 답한다고 가정해보라. "아니요, 저는 여기에 투자하지 않을 생각입니다. 제가 보기에는 이 투자에 미래가 없을 것 같습니다. 수익성이 별로 좋아 보이지 않네요. 제 돈을 낭비하고 싶지는 않습니다." 이 상황을 자기계발을 위한 투자 상황에 적용해보면 자기계발을 하고 있지 않은 사람들이 무언으로 하고 있는 말이 보인다. 자신에게 투자하지 않는 사람들은 무의식적으로 스스로를 의심하며 자신에 대한 믿음이 부족하다고 느끼는 셈이다. 투자 대상으로서 자신은 미래가 보이지 않기 때문에 투자할 만한 가치가 없으며, 자기계발에 돈을 쓰는 것은 낭비하는 것으로 판단하는 것이다. 그러므로 스스로 포기한 사람들을 알아보는 일은 전혀 어렵지 않다. 그들은 자신에게 일절 투자하지 않는다. 충격을 받는 사람이 많을 것이다. 하지만 이는 분명한 사실이다.

아리스토텔레스의 "우리는 반복적으로 하는 그 무엇이 된다"라는 말과 장 폴 사르트르Jean-Paul Sartre의 "인간은 자신이 선택한 것들의 총합이다"라는 말은 인류 역사상 가장 위대한 발견 중 하나다. 인간은 언제나 자기 내면 가장 깊숙한 곳에 자리한 믿음이나 가치와 일치하는 것을 선택한다. 예를 들어 카페라테 한 잔과 자기계발을 위한 CD 가운데 한 가지를 살 수 있고, 해외 휴가와 세미나 가운데 한 곳을 갈 수 있는 선택권이 주어졌다고 생각해보라. 만약 당신이 재미있는 것을 선택한다면, 이는 긴장을 풀어주는 활동을 선택했다는 뜻이다. 그리고 그러한 활동이 자신의 개인적인 성장과 발전보다 더 중요하다고 말하고 있는 셈이다.

나는 성장주인가, 저성장주인가

우리가 반복적으로 하는 모든 것은 습관이 된다. 그래서 카페라테 한 잔과 해외 휴가를 고른 선택은 얼마 지나지 않아 자신에게 투자하지 않는 반사적인 습관이 된다. 그렇게 되면 누군가가 다가와 "이 책을 한번 읽어보세요. 이제 페이퍼백으로도 나와서 12달러밖에 안 해요"라고 말했을 때 그 사람에게 화를 내게 될지도 모른다. 그가 전한 평범한 이 말이 "편안한 삶에서 벗어나라"고 권하는 것처럼 들릴 것이기 때문이다. 또한 변화와 자기계발 투자를 권하는 사람에게 부정적인 감정을 품게 될지도 모른다.

영적 문제를 다루는 작가인 루이스 헤이Louise Hay는 언젠가 인류의 가장 큰 문제는 "나는 부족한 사람이야. 그러니 나 자신에게 투자하는 것은 아무런 가치가 없는 일이지. 더구나 내게는 미래가 없으니 나 자신에게 투자한다고 해서 아무런 도움이 되지 않을 거야"라고 느끼는 감정이라고 말했다. 물론 당신은 "나는 그렇게 결정한 적이 없다"라고 반박할 수도 있다. 그러나 이는 틀린 말이다. 실제로 마음먹지 않아도 당신은 무의식적으로 그렇게 결정했기 때문이다. 이를테면 "나는 그렇게 결정한 적이 없어"라고 말하는 것은 "나는 건강하지 않겠다고 결정한 적이 없어"라고 말하는 것과 다를 바 없기 때문이다. 운동하지 않겠다고 선택했다면 무의식적으로 건강하지 않겠다고 결정한 것이나 다름없다. 자기계발에 투자하지 않겠다고 선택했다면 인생에서 실패하겠다고 결정한 것과 같다.

다른 방식으로 생각할 수도 있다. 스스로를 주식이라고 생각해보라. 당신은 그 주식에 투자하겠는가? 한 주라도 살 생각이 있는가? 자신이 성장주라고 생각하는가? 자신은 가치가 계속 상승하고 있으므로 경제적 여력이 크지 않고 주식을 잘 모르는 싱글맘이나 부모 없는 아이들도 안심하고 투자할 수 있는 주식인가? 이 질문도 꽤 충격적일 수 있다.

여러 해 전에 내가 심각한 경제적 어려움에 빠졌을 때였다. 그때 아주 똑똑한 친구가 내게 이렇게 말했다. "내가 돈을 빌려줄게. 그 대신 앞으로 네가 하는 사업에서 나오는 수익의 20퍼센트를 주면 돼." 당시 내 사업은 이익을 내지 못하고 있었고 나는 "물론이지. 문제없어"라고 답했다. 그는 내가 성장주라고 판단했던 것이 아닐까 싶다. 그는 흔쾌히 내게 2만 달러를 빌려주었다. 나는 그 돈으로 사업을 유지해야만 했다. 다행히도 내 사업은 수익을 내기 시작했다. 수익은 3만 달러 이상으로 점점 늘어났고, 나는 약속한 대로 친구에게 20퍼센트를 지급했다. 그러다 나는 친구에게서 내 영혼을 되찾아왔다. 앞으로도 계속해서 내 사업 수익의 일정 비율을 주는 대신 일시불로 4만 달러를 지급한 것이다. 결과적으로 내 친구는 투자금 대비 100퍼센트가 훨씬 넘는 수익을 올렸다. 그리고 나는 지금까지 내가 지급한 모든 투자

수익 가운데 가장 '현명한' 돈을 주고 기존의 수익 배분 계약을 종료했다. 이제 자기 자신에게 질문해보라. "나는 성장주인가?", "나는 사람들이 '투자하겠습니다. 가치가 크게 높아지고 있으니 여기에 투자하면 부자가 될 것 같습니다'라고 말하는 유형의 주식인가?"

무엇보다 현금을 보존하라

재무제표에서 이익잉여금이 기업의 내실과 성장가능성을 가늠하는 지표인 것처럼, 개인에게도 현금 보유는 중요하다. 오래전에 내가 캐나다 서부 일대에서 한 일본 자동차 브랜드의 유통망을 구축하는 일을 했을 때였다. 먼저 나는 조금 낙후된 지역에 있는 창고 몇 곳을 물색했다. 그런 다음 사무실과 차량용 부품 담당 부서를 차리고 중고 사무용 가구를 사서 공간을 채웠다. 얼마 후 일본 도쿄의 본사에서 임원들이 출장을 나와 시설과 사무실을 둘러봤다. 한 고위 임원이 사무실에 들어서자마자 말했다. "오호! 저렴한 사무실에 저렴한 가구라, 아주 마음에 듭니다. 운영비가 적게 들면 수익이 많이 남는 법이죠. 우리 회사는 유통사도 큰 수익을 내기를 바랍니다." 그는 덧붙였다. "은행에서 대출을 크게 받아 임대료가 비싼 오피스 빌딩에 사무실을 얻고 내부를 전부 최고급으로 꾸며 놓은 유통업체를 여럿 봤습니다. 하지만 그들 대부분은 제대로 돈을 벌어보기도 전에 망해버리더군요." 그리고 나는 그 임원이 남긴 이 말을 절대 잊지 않았다. "운영비가 적게 들면 수익이 많이 남는 법이죠." 이는 너무나 중요한 교훈이다.

20세기 말 닷컴 버블이 터지며 파산한 많은 기업은 이 교훈의 의미를 다시 한번 생각하게 한다. 인터넷 산업의 호황으로 대규모 투자를 유치해 돈이 넘쳐나던 닷컴 기업들은 최고급 오피스 빌딩으로 사무실을 옮겼다. 사무실 내부는 최고급 가구와 값비싼 시스템으로 채웠다. 그리고 얼마 뒤에 거품이 가라앉자 현금이 바닥나기 시작했던 것이다.

현금을 보존해야 한다. 가능하면 절대로 돈을 쓰지 않아야 한다. 사업을 시작할 때 가장 중요한 원칙은 현금을 보존하는 것이다. 리스lease(일반적으로 장기간 계약에 따른 임대)할 수 있을 때는 절대 구매buy해서는 안 된다. 렌트rent(일반적으로 단기간 계약에 따른 임대)할 수 있을 때는 절대 리스해서는 안 된다. 대여borrow할 수 있을 때는 절대 렌트해서는 안 된다. 단기로 대여할 수 있을 때는 절대 장기로 대여해서는 안 된다. 따라서 사무실을 구할 때는 리스 계약을 하지 말고 렌트 계약을 해야 한다. 심지어 다시 옮겨야 하더라도 그래야 한다. 사무용 가구도 중고로 사야 한다. 중고 가구는 새것의 10분의 1 가격이면 살 수 있는 데다 당장 쓰기에는 괜찮다. 사업에 있어 현금은 우리 몸이 뇌에 공급하는 산소와 같다. 현금이 있으면 살아남을 수 있다. 하지만 현금이 바닥나면 거친 바다에 떠 있는 배가 뒤집히듯 사업도 한순간에 침몰

할 수 있다. 100년 동안 계속된 사업이나 기업도 현금이 바닥나면 하루아침에 무너지기 마련이다. 이것은 나 역시 똑같은 실수를 저지르면서 뼈저리게 배운 교훈이다.

이제 소비에 관한 세 가지 핵심 원칙을 다시 한번 강조하면서 이번 장을 마무리하려 한다. 첫째, 모든 것을 기록하라. 재무 계획을 세우고 모든 것을 상세하게 기록해야 한다. 예상 비용을 기록한 다음 반드시 다시 확인해야 한다. 많은 기업이 파산하는 이유는 사무용 가구 구매비, 원자재 구매비, 인건비, 광고비 등 각종 비용을 실제보다 적게 예상하기 때문이다. 재무 계획을 수립하는 과정에서 실사, 즉 사전 조사가 충분히 이루어지지 않는 것이다. 나 역시 사업을 하며 실수를 저지른 기억이 많다. 그래서 실사due diligence라는 단어를 가장 좋아하게 되었다.

정보를 충분히 파악하지 않은 채 돈을 얼마나 쓸지 결정하지 말아야 한다. 어디에 얼마를 쓸지 종이에 자세히 적다 보면 신중하게 생각할 수밖에 없다. 상당수의 기업가가 꼼꼼한 성향이 아니다 보니 상세한 예산 수립 과정을 달가워하지 않는다. 혹시 자신이 그러한 사람이라면 다른 전문가를 찾아야 한다. 디테일을 사랑하는 회계 전문가를 고용해 사업을 운영하는 데 필요한 모든 항목을 목록으로 만들어라. 또한 시장 조사를 나가고 여러 차례 확인을 거치면서 비용을 최대한 낮출 수 있도록 노력해야 한다.

두 번째, 큰 규모의 지출은 가능한 한 연기하라. 전산 시스템 등을 새롭게 구축할 필요가 있다는 생각이 든다면 한두 달 정도

시간을 미루는 것도 괜찮다. 그러한 지출이 촌각을 다투는 일은 아니기 때문이다. 물론 고가의 장비를 판매하는 사람들은 잠재 고객이 서둘러 결정하도록 유도하기 위해 온갖 수단을 동원할 것이다. 특히 판매 실적에 따라 월급이 달라지는 경우라면 고객이 제품 구매 대금을 지급해야 자신이 판매 수수료를 받을 수 있으니 더욱 그렇다.

개인이든 기업이든 관계없이 구매를 결정하기 전에 30일을 기다리면 대부분은 구매하지 않게 된다고 한다. 시간 지연이 감정 상태에 영향을 미쳐 신중한 판단을 이끄는 것이다. 우리는 종종 "이거 좋은 생각인데! 새 차나 컴퓨터를 사야겠어"라고 생각한다. 그러나 구매를 결정할 때까지 30일을 기다려 보면 그 물건이 필요하지 않으며 그 결정이 굉장히 충동적이었음을 깨닫고 놀란다. 나 역시 큰 규모의 소비가 필요할 때는 30일의 시간을 두고 지켜보는 습관을 들였더니 애초에 내가 왜 그런 물건을 사는 데 관심이 있었는지 기억조차 하지 못하는 경우가 대부분이었다.

세 번째, 자신보다 경험이 풍부한 사람이나 돈을 신중하게 다루는 사람에게 조언을 구하라. 내게는 돈에 관해서라면 매우 신중한 친구가 여럿 있다. 내가 특정한 지출을 해야 하는지를 물어보면 언제나 현명한 조언을 얻을 수 있다. "이건 사지 않는 게 좋겠군", "여기서는 사면 안 돼", "저기에 가면 더 저렴하게 살 수 있어", "이게 정말 필요할까?", "여기서 대여할 수 있어", "다른 방법도 생각해보면 좋을 것 같군" 등의 대답이었다. 때로는 필요한 시설을 구매하지 않고 리스하는 것도 방법이다. 실례로 제프 베이조스Jeff Bezos도 아마존의 클라우드 컴퓨팅 용량이 과잉 상태가 되자 일부를 임대하기 시작했다. 현재 아마존은 웹 서비스를 통해 전 세계의 기업 수만 곳에 클라우드 컴퓨팅 서비스를 제공하며 연간 수십억 달러의 매출을 올리고 있다.

지금까지 이야기한 이 모든 방법은 반드시 지출해야 하는 순간까지 지출을 늦추고 현금을 보존하는 데 도움이 될 것이다. 지출을 통해 아낄 수 있는 돈이 지출할 비용을 상쇄하고도 남는 시점이 지출해야 하는 때라는 것을 기억하라.

핵심 정리

- "얼마나 버는가"보다 "얼마나 남기는가"가 더 중요하다. 소비를 통한 행복을 추구하지 말라. 부자가 되는 첫걸음은 재무 계획을 세우고 모든 소비와 지출을 상세하게 기록해서 더 많이 남기는 것이다.

- 부자가 되고 싶으면 고정비를 관리하라. 불필요한 고정비에 들어가는 돈을 저절로 수익이 나는 일에 투자하라.

- 큰 규모의 지출은 가능한 한 연기하라. 적어도 30일은 연기하라. 그러면 때로는 그 물건을 사는 데 관심이 있었는지조차 기억하지 못할 때도 있을 것이다.

- 자기 자신에게 질문해보라. "나는 성장주인가?", "사람들이 투자하고 싶어 하는 유형의 주식인가?" 당신을 주식처럼 생각하라. 가능한 한 현금을 보존하고, 소득의 3퍼센트를 자신에게 재투자하라.

|||||||||||||||||| 실행 프로젝트 ||||||||||||||||||

소비 개념 다시 세우기

01 돈이 생기면 당신이 가장 먼저 하는 행동은 무엇인가?

02 당신은 매달 얼마를 벌고 있고 얼마나 남기고 있는가?

03 당신의 지출에서 가장 먼저 제거해야 할 항목은 무엇이라고 생각하는가? 그 이유는?

04 소득의 3퍼센트를 나에게 투자한다면 얼마인가? 구체적인 예산과 계획을 세워보라.

4장

빚을 이용하려다 빚에 잠식되지 말라

도박은 불확실한 것을 얻기 위해
확실한 것을 거는 행위다.

블레즈 파스칼(프랑스의 수학자이자 철학자)

돈의 가치를 알고자 하거든 가서 돈을 조금 빌려보라.
돈을 빌리러 가는 것은 슬픔을 빌리러 가는 것이다.
돈을 빌리러 가는 것은 자유를 팔러 가는 것이다.

벤저민 프랭클린(미국의 정치인)

나는 고등학교도 제대로 마치지 못했고, 그러다 보니 몸 쓰는 일자리만 구할 수 있었다. 당시만 해도 빚 문제는 크게 없었다. 아이러니하게도 아무도 내게 돈을 빌려주지 않았기 때문이다. 신용카드도 없었다. 은행에는 생활비로 쓸 정도의 돈밖에 없었고, 모든 지출은 현금으로 해결해야만 했다. 그렇게 몇 년을 일했다. 일하기 위해 다른 나라로도 나갔다. 튼튼한 두 다리만 믿고 간 80개 국가에서 다음 목적지로 일하러 가기 위해서는 히치하이킹을 하거나 버스와 트럭을 타고 다녀야 했다. 영업 일로 돈을 더 많이 벌기 시작했을 시기도 타국에 있을 때라 수당을 대부분 현금으로 받았다. 은행에 예금한 돈은 있었지만 빚은 전혀 없었다.

시간이 지나면서는 사업을 시작했다. 농담처럼 들리겠지만 자기 사업을 시작하면 다시 '판매의 기술'을 배우게 된다. 나는 집도 팔고 차도 팔았으며 가구까지 팔았다. 내가 가진 모든 것을 처분했을 뿐만 아니라 그동안 어렵게 모은 돈까지 탈탈 털어 사용했다. 작은 사무실을 하나 임대했다. 그런 다음 인쇄물, 우편물, 가구 등 필요한 물품을 주문했다. 모든 일이 순조롭게 진행되고 있다고 생각했지만, 나는 수중에 있던 돈을 모두 써버렸고 남은 게 없었다. 사업을 할 때 모든 비용은 예상보다 두 배 더 들고, 목표를 이루는 데는 세 배의 시간이 걸린다는 법칙이 있다. 만약 6개월 안에 손익분기점에 도달할 것으로 생각한다면 실제로는 12개월이 걸릴 것이다. 아무리 최선을 다해 예산을 수립하고 거기에 50~100퍼센트를 더하더라도 여전히 예상을 뛰어넘는 지출에 놀라게 될 것이다.

나도 마찬가지였으며, 결과적으로 나는 빚더미에 앉았다. 사람들은 우리 집 초인종을 누르고 전화를 걸어대며 끝없이 나를 괴롭히기 시작했다. 각종 청구서가 날아들었고 채무 상환을 독촉하는 사람들을 피해 다녀야 할 정도였다. 나는 극심한 불안에 휩싸였다. 생활비까지 떨어진 상태였다. 당시 우리 가족은 월세를 내고 살면서 하루하루 간신히 버티고 있었다.

좋은 빚 vs 나쁜 빚

새로 사업을 시작하는 많은 사람이 친구나 친척에게서 돈을 빌리고 신용카드도 한도까지 꽉 채워 사용한다. 내 경우에는 자동차와 다른 개인 재산을 담보로 돈을 빌렸기에 이 빚더미에서 스스로 빠져나와야 했다. 그렇지 못하면 파산할 수밖에 없었다. 나는 열심히 일하면 힘든 상황을 극복할 수 있다고 스스로를 다독였다. 가장 먼저 해야 할 일은 은행을 찾아가는 것이었다. 내가 받은 대출은 일종의 1년 만기의 회전대출revolving loan(마이너스 통장처럼 수시로 필요한 금액을 대출하거나 상환할 수 있는 대출)로, 전부 상환해야만 하는 상황이었다. 내 소유의 집을 담보로 제공하고 받은 대출이었고 그때는 집까지 팔아버렸기 때문이다. 그러던 중에 대출 이자만이라도 제때 납부하면 은행에서 해당 대출을 부실 채권으로 분류하지 않는다는 사실을 알게 되었다. 은행이 나의 다른 재산을 압류하지도 않는다는 것이다. 나는 은행 지점장을 찾아가 이렇게 말했다. "지금 당장은 원금을 상환할 수 없지만, 사업이 괜찮아질 때까지 대출 이자는 계속 납부할 수 있습니다. 앞으로 3~6개월 정도면 됩니다." 지점장이 말했다. "트레이시 씨, 이자를 계속 납부하실 수 있으면 문제될 것은 없습니다. 은행에서 볼 때는 우량 채권이니까요."

  은행을 나선 나는 다른 채권자들을 하나하나 찾아가 말했다. "사업에 문제가 좀 있습니다. 갚아야 할 돈이 있는 건 알지만 한꺼번에 상환할 수가 없습니다. 대신 신뢰의 표시로 매달 조금씩이라도 갚아나가겠습니다. 그리고 6~12개월 안에 전부 상환할 테니 조금만 기다려주십시오." 모든 채권자가 하나같이 "괜찮습니다. 매달 조금씩 상환하신다면 믿고 기다려보겠습니다"라고 답했다. 당시 내 빚은 수천 달러였지만 매달 50달러 정도만 갚으면서 시간을 벌 수 있었다.

  나는 다시 열심히 일하기 시작했고, 6개월 만에 사업은 회복해 수익을 냈다. 사람들에게 약속한 대로 모든 빚을 갚았고 은행 대출도 정상적으로 상환했으며, 다른 모든 생활도 제자리를 찾았다. 그 18개월은 끔찍한 시간이었지만 이후로 나는 다시는 빚에 허덕이지 않았다.

"사업을 시작할 때는 절대로 자기 돈을 쓰면 안 된다"라는 조언은 말도 안 되는 소리다. 사업을 시작하려면 그동안 저축해 가지고 있는 모든 돈에다 구걸하든 빌리든 훔치든 상관없이 구할 수 있는 모든 돈까지 투입해야 하는 경우가 많다. 『포브스』에 따르면 신규 창업한 기업의 80퍼센트가 2년 이내에 파산한다고 한다. 결국 모든 사업은 "돈이 바닥나기 전에 들이는 비용보다 더 많은 돈을 벌 방법을 찾아낼 수 있는가?"라는 문제를 푸는 시간과의 싸움인 것이다.

비행기가 추락하고 있다고 생각해보라. 점점 더 빠른 속도로 땅을 향해 돌진하고 있다. 이것이 바로 사업을 하면 일어나는 일이다. 반드시 추락하는 상태에서 벗어날 방법을 찾아야 한다. 그래야만 들이는 비용보다 더 많은 돈을 벌어들일 수 있다. 추락 상태에서 간신히 벗어나야 비로소 다시 상승할 수 있다. 사업을 시작할 때 기억해야 할 법칙은 손익분기점에 도달하는 데 2년이 걸리고 그다음 2년은 첫 2년 동안 빌린 돈을 갚는 데 소요된다는 것이다. 피터 드러커에 따르면 어떤 사업이나 기업도 창업 후 4년이 지나기 전까지는 이익을 내지 못한다. 이보다 짧은 기간을 계획한다면 그것은 무모한 생각이다. 사업이 날개를 펼치고 본격적으로 수익을 창출할 때까지는 또다시 3년이 걸린다. 즉, 2-2-3 법칙이다. 여기서 가장 중요한 것은 최소한 2년 동안 버틸 수 있는 자금이다. 그렇지 않으면 사업은 땅에 추락하고 말 것이다.

2-2-3 법칙을 처음 들었을 때 나는 "말도 안 돼. 그 법칙은 내게 적용되지 않아. 나는 다를 거야. 남들보다 더 뛰어난 사람이니까"라고 자신만만해했다. 그러나 내 사업을 성공시키기까지 정확히 7년이 걸렸다. 내가 생각했던 것보다 비용은 두 배 더 들었고 시간은 세 배 더 걸렸다. 손익분기점에 도달하는 데 2년, 빚을 갚는 데 2년, 사업을 궤도에 올리는 데 3년, 즉 법칙대로 7년이 지나서야 제대로 된 수익을 내기 시작했다.

그렇다면 언제 빚을 활용하는 것이 똑똑한 방법일까? 사업을 시작할 때는 빚을 낼 수 밖에 없으니 무조건 '좋은 빚'이라고 할 수 있을까? 좋은 빚과 나쁜 빚으로 나누어 면면을 살펴보자. 좋은 빚이란 그 이상으로 수익을 창출하는 빚이다. 재판매하기 위해 제품을 사고 고객을 유치할 수 있는 광고에 투자하며, 직원이 제품을 더 많이 팔 수 있도록 교육하고, 고객을 만나기 위해 출장을 가는 데 드는 비용을 신용카드로 결제한다면, 이는 투자 수익return on investment을 기대할 수 있는 좋은 빚이다. 지출한 금액보다 훨씬 더 큰 수익을 가져올 것으로 기대할 수 있기 때문이다.

반면 나쁜 빚은 한번 돈을 쓰고 나면 영원히 사라지는 데 사용하는 빚으로, 대표적인 예가 가구 구매 비용이다. 과거에 나는 사업을 재정비하면서 기존 사무실을 폐쇄하고 보다 효율적인 사무실을 새로 마련했다. 직원들은 현대적인 사무용 가구로 채워진 개방된 공간을 원했다. 기존 사무실은 칸막이로 구분된 전통적인 사무실이었으며 클래식한 가구가 있었다. 나는 수만 달러를 들여 마호가니 원목 책상을 비롯해 멋들어진 최고급 사무용 가구를 구매했다. 사무실을 옮기며 이 모든 가구를 처분할 때가 되어 주변에 혹시라도 사고 싶은 사람이 있는지 알아보았는데 사겠다는 사람은커녕 공짜로 주겠다고 해도 다들 괜찮다고 말했다. 일부 가구의 경우에는 상대방이 무료로 가져가는 조건으로 우리가 배송비까지 부담해야 했다. 사무실 전체를 비우면서 수만 달러를 들여 장만한 최고급 가구에서는 단 한 푼도 회수하지 못했다. 이것이 바로 나쁜 빚의 전형적인 사례다.

또한 너무 많은 재고에 지급하는 대금도 나쁜 빚이다. 다른 많은 회사와 마찬가지로 나도 재고를 너무 많이 주문하는 실수를 저지르기도 했다. 제품이 엄청나게 많이 팔릴 것으로 예상했지만 그렇지 않았던 것이다. 그렇더라도 이미 주문한 제품 대금은 전부 지급해야만 했다. 창고에는 팔리지 않는 제품이 가득 쌓여 있어 창고 임대료도 높이고 있었는데, 대금도 30일 또는 60일 안에 지불해야 했던 것이다. 많은 기업이 파산하는 이유 중 하나가 바로 과잉 재고 문제다. 재고를 많이 주문하는 이유는 무엇일까? 대량으로 구매하면 단가를 낮출 수 있기 때문이다. 하지만 특히 사업 초기에는 단가가 다소 높아서 이윤이 적더라도 소량으로 구매하는 것이 훨씬 더 바람직한 전략이다. 그래야 위험에 노출되지 않을 수 있다. 현금이 사라지지도 않고, 창고에 팔리지 않는 재고가 가득 쌓이는 일도 피할 수 있다. 팔리지 않는 재고는 사업을 망치고 기업을 파산으로 몰아넣는 주범이다. 재고를 빠른 속도로 매출로 전환하지 못하면 사업이 발목을 잡힌다.

빚을 지기 전에 점검해야 할 것들

이제 많은 사람들이 비교적 자주 사용하는 신용카드 빚에 관해 이야기해보자. 신용카드 산업은 신용카드 사용자가 내는 이자로 수익을 창출하는 구조로 유지된다. 신용카드 대금 연체에 부과되는 이자율은 일반적으로 18~23퍼센트이나 그 이상인 경우도 있다. 또한 숨겨진 수수료와 연체료를 비롯해 다양한 추가 비용도 발생한다. 따라서 신용카드를 현명하게 사용하는 유일한 방법은 매달 청구서 대금을 전액 상환하는 것이다. 신용카드 빚은 평범한 사람이 생각할 수 있는 한도 내에서 가장 이자율이 높은 빚이며, 신용카드 회사들은 이자 수익만으로도 매년 수십억 달러를 벌어들인다. 신용카드 빚은 개인 채무 가운데 가장 나쁜 형태의 빚이라 할 수 있다.

흔히 사용하는 장기 자동차 할부금 또한 나쁜 빚이다. 기본적으로 사람들은 너무 비싼 차를 사는 경향이 있다. 최대 36개월 이내에 자동차 할부금을 전부 상환할 수 있어야 한다. 만약 그 이상이 걸린다면 너무 비싼 차를 사려는 것으로 생각해야 한다. 분수에 맞게 조금 더 저렴한 차를 사면 된다. 자존심은 잠시 접어두자.

한편 주택담보대출은 주택을 담보로 일정 한도 내에서 원하는 만큼 자금을 자유롭게 활용할 수 있는 대출 상품이다. 나 역시 주택담보대출을 이용하고 있으며, 이자를 제외한 수수료는 연간 250달러 수준이다. 주택담보대출은 사업을 운영하면서 사업자 한도 대출을 받기 어려운 상황에서 예비 자금으로 활용할 수 있는 좋은 방법이 될 수 있다. 따라서 사업을 하면서 본인 소유의 주택이 있다면 주택담보대출을 고려해보기 바란다. 다만 유지 비용이 낮은지 반드시 확인하고 계약서의 세부 조항을 꼼꼼히 확인해야 한다. 계약서 이면에 작은 글씨로 적힌 내용이 사업에 큰 영향을 미칠 수 있다.

계약의 내용을 꼼꼼하게 점검하지 않아 낭패를 본 일이 내게 있었다. 어린 나이에 세상 물정을 모르던 내가 어느 가구점에 들어갔을 때였다. 마침 대규모 할인 행사가 진행 중이었고, 나는 그 자리에서 아파트 전체를 채울 정도로 다양한 가구를 구매했다. 그 가구점은 자체 할부 프로그램을 제공하고 있었고, 나는 여기저기에 서명만 몇 번 하고 집으로 돌아왔다. 할부 이자율이 연 24퍼센트나 되었지만 당시 나는 이 정도 이자율이면 거의 고리대금업자 수준이라는 것을 몰랐다. 이것이 바로 가구점이 돈을 버는 방식이었다. 가구점은 중고 가구를 판매하는 동시에 자체 할부 프로그램을 통해 연 24퍼센트의 이자까지 챙기고 있었다. 게다가 일정 금액의 계약금까지 이미 받아갔다. 나는 첫 대금 청구서를 받기 전까지는 이러한 사실을 깨닫지 못했다. 청구서를 보며 계산해보니 3년 동안 할부로 내면 가구 구매 대금의 두 배를 내야 할 상황이었다. 결국 나는 수수료를 내고 모든 할부금을 일시에 상환해버렸다.

이 경험에서 내가 얻은 교훈은 돈이 나가는 계약을 체결할 때는 무턱대고 서명하지 말고 서류를 받아 집으로 돌아온 다음 차분하게 앉아서 시간을 가지고 한 줄 한 줄 꼼꼼하게 검토해야 한다는 것이다. 이해하기 어려운 부분이 있다면 반드시 명확하게 설명해달라고 요구해야 한다. 계약서는 평범한 사람들이 헷갈릴 수 있도록 법률 전문가들의 언어로 작성된 경우가 많다. 예를 들어 신용카드 광고에서 "첫 6개월은 이자율 0퍼센트"라고 해도 액면 그대로 받아들여서는 곤란하다. 약관을 자세히 보면 그 6개월 동안 매월 신용카드 대금을 100퍼센트 상환해야 한다거나 매월 최소 2,000달러를 결제해야 한다는 조항이 있을지도 모른다. 이처럼 계약서나 약관 구석에 작은 글씨로 적혀 있는 내용을 주의 깊게 읽어봐야 한다. 그렇지 않으면 신용카드 회사가 준비해놓은 함정에 빠지기 쉽다. 조건을 충족하면 이자율이 월 0퍼센트이고 그렇지 않으면 월 1퍼센트라고 할 때, 큰 차이가 아닌 것처럼 보일 수도 있다. 하지만 이를 연으로 환산하면 그 차이는 0퍼센트에서 12퍼센트로 크게 벌어진다는 것도 기억하자.

텔레마케터가 전화를 걸어 신용카드나 핸드폰 요금제와 관련해 특별한 혜택을 제안할 때도 매우 주의해야 한다. 전화로 제안하는 특별한 혜택은 대개 가격이 터무니없이 비싸고 텔레마케터에게 지급되는 판매 수수료는 매우 크다. 텔레마케터는 보험의 보장 범위를 확대하거나 컴퓨터, 핸드폰 등 전자기기와 자동차의 보증 기간을 연장하는 것처럼 굳이 필요하지 않은 것을 구매하도록 유도하곤 한다.

어떤 빚부터 갚을 것인가

무엇보다 부채는 열등감이나 불안감, 불확실성, 부정적 감정을 불러일으키기에 되도록 지양해야 한다. 여기 두 사람이 있다. 한 사람은 은행에 저축한 돈이 있고, 다른 사람은 빚을 지고 있다. 이 두 사람의 차이는 무엇일까? 은행에 돈이 있는 사람은 자신감이 넘치고 긍정적이며 솔직하다. 반면 빚이 있는 사람은 조금은 열등감을 느낀다. 또한 조심스러우며 돈이 있는 사람에게 비굴한 태도를 보인다. 부채가 우리에게 일으키는 감정이 바로 이런 것들이다.

만약 이미 발생한 빚이 있다면 다음 세 가지 방법을 따르라. 첫 번째는 채무 통합이다. 여러 금융 기관에 퍼져 있는 빚을 한 곳으로 모은 다음 그곳에만 돈을 갚고 상환하는 방식을 뜻한다. 다만 금융 기관은 채무 통합 과정에서 많은 수수료를 부과해서 상당한 수익을 창출하기 때문에 잘 알아봐야 한다. 또한 채무 통합을 이용하면 체감상 빚 문제에서 벗어난 것처럼 보일 수 있다 보니 사람들은 다시 수입을 초과해서 지출하기 시작하고, 결국 채무 불이행과 채무 통합을 반복하는 악순환에 빠지기도 한다.

두 번째는 『돈의 연금술』(다산북스, 2021)을 쓴 금융 전문 작가 데이브 램지Dave Ramsey가 제안한 방법으로 잔액이 가장 적은 빚부터 상환하는 것이다. 이 방법의 장점은 잔액이 가장 적은 빚부터 하나씩 갚아나가면서 목록에서 삭제할 때 성취감을 느끼고 심리적으로 동기부여가 될 수 있다는 점이다.

세 번째 방법은 내가 특별히 선호하는 방법인데 이자율이 가장 높은 빚부터 상환하는 것이다. 예를 들어 리볼빙 신용카드를 살펴보면 이자율이 어떤 것은 18퍼센트이고 다른 것은 23퍼센트이며 심지어 30퍼센트인 카드도 있다. 이 중에서 이자율이 가장 높은 신용카드 빚부터 상환하는 것이다. 저축한 돈을 포함해 가용 자금 대부분을 이자율이 가장 높은 빚을 상환하는 데 투입해야 한다. 그런 다음 나머지는 최소 금액만 상환하면서 연체를 방지하는 편이 바람직하다. 최소한의 금액만이라도 계속 상환하는 한 신용카드 회사에서는 채권 추심에 나설 수 없기 때문이다.

빚을 청산하겠다고 마음먹었다면 추가로 활용할 수 있는 전략이 있다. 바로 저축을 시작하는 것이다. 『바빌론 부자들의 돈 버는 지혜』(현대지성, 2024)를 쓴 조지 클레이슨George Clason의 원칙은 "가장 먼저 자기 자신에게 돈을 지불하라"는 것으로, 이는 매달 수입의 10퍼센트 이상을 저축해야 한다는 의미다. 하지만 빚이 많다면 처음부터 큰 금액을 저축하기는 어렵다. 이 경우에는 적은 금액부터 저축하는 두 가지 방법을 추천할 수 있다.

예를 들어 빚에서 벗어나는 동시에 저축도 하고 싶은데 매달 수입의 10퍼센트를 저축할 여력은 없다고 가정해보자. 이때 내가 추천하는 방법은 우선 1퍼센트만 저축하고 나머지 99퍼센트로 생활하는 것이다. 인간은 습관의 동물이기에 매달 월급을 받자마자 가장 먼저 1퍼센트를 저축하는 습관을 들이는 것이 중요하다. 나머지 99퍼센트로 생활하는 것은 그리 어렵지는 않을 것이다. 이제 다음 달에는 2퍼센트를 저축하고, 그다음 달에는 3퍼센트를 저축하면 된다. 이렇게 1년이 지나면 자연스럽게 월급의 12퍼센트까지 저축할 수 있게 된다. 그리고 그 과정에서 조금씩 줄어드는 생활비의 변화는 너무 미미해서 거의 체감하지 못할 것이다. 어쩌면 그 변화는 한 달에 카페라테 한 잔 정도 줄이는 것과 비슷한 수준일 수 있다. 그렇게 하다 보면 빚에서 완전히 벗어나 다시는 빚을 지지 않는 시점에 도달하는 것이다.

나머지 한 가지 방법은 자신이 어디에 돈을 쓰는지 인지할 수 있도록 모든 지출을 기록하는 것이다. 적는 행위만으로도 소비를 줄이는 효과가 있다. 이때 절약한 돈을 저축하면 된다. 경제적 자유 계좌를 만들고 저축을 시작하는 순간 우리 마음과 생각이 달라지고 빚을 대하는 태도가 달라지며, 더 이상 빚을 늘리지 않게 된다.

혹자는 신용카드를 잘라버리고 모든 결제를 현금으로 하는 방법을 조언하기도 한다. 그러나 나는 그렇게까지 할 필요는 없다고 생각한다. 매번 현금을 챙겨 다닌다는 게 실천가능한 쉬운 일이 아니기 때문이다. 나는 신용카드 세 장과 체크카드 한 장만 사용한다. 대신 신용카드 대금은 매달 전액 상환한다.

주택담보대출의 유지에 관해서도 다양한 관점과 의견이 존재한다. 만약 대출 이자율이 낮다면 대출을 유지하는 편이 훨씬 유리하다. 특히 주택 가격이 대출 상환 속도보다 빠르게 상승하는 부동산 시장에서는 더욱 그렇다. 게다가 주택담보대출은 일종의 투자로 볼 수도 있다. 시간이 지남에 따라 주택 가격은 상승하기 때문이다. 또 다른 전략은 주택담보대출을 매달 갚을 때 원금을 추가로 상환하거나 조기에 전액 상환하는 것이다. 연말 상여금이나 영업 수당을 받을 수도 있고 어디선가 목돈이 생길 수도 있다. 그러면 이 돈을 주택담보대출 상환에 사용하는 것이다. 일부 전문가는 매달 대출 원금을 두 번씩 상환하면 주택담보대출을 만기의 절반 안에 전액 상환할 수 있다고 말하기도 한다. 이 역시 생활 수준을 크게 해치지 않으면서도 채무 상환 효과가 크다는 점에서 훌륭한 전략이다. 물론 어느 정도의 희생이 필요하겠지만, 30년 만기인 주택담보대출을 15년 만에 전액 상환한 다음 주택을 자기 것으로 만들 수 있는 것이다.

학자금 대출에 대한 냉정한 시선

오늘날 우리가 자주 접하는 또 하나의 큰 논쟁거리는 바로 학자금 대출이다. 어떤 사람들은 이를 나쁜 빚으로 보고, 또 어떤 사람들은 좋은 빚으로 여긴다. 대학 교육은 미래의 자신에게 투자하는 것이기 때문이다. 최근에 나는 다양한 전공별 투자수익률

ROI을 깊이 있게 조사했는데, 그 결과 STEM(과학, 기술, 공학, 수학) 계열 전공이 가장 높은 수익을 보장하는 것으로 나타났다. 미국에서 STEM 전공자의 대졸 초임은 대략 연 7만 6,000달러부터 시작하며, 석유공학 전공 졸업생의 경우에는 연봉이 13만 6,000달러까지 상승한다.

그러나 STEM을 제외한 전공은 졸업 후 취업에 거의 도움이 되지 않았다. 지난해만 하더라도 대학 졸업생의 54퍼센트가 졸업 후 1년이 되는 시점까지도 여전히 제대로 된 일자리를 찾지 못하는 상태에 놓여 있었다. 냉정하게 들릴 수도 있지만, 이는 그들이 선택한 전공이 일자리를 찾는 데 쓸모가 없었기 때문이다. 이들 대학 졸업생은 소득 창출 능력, 즉 기업이 기꺼이 돈을 낼 만한 능력을 갖출 수 있는 전공을 선택하지 않은 셈이다. 그렇다면 그들은 과연 무엇을 위해 돈을 빌려서까지 대학을 다니는 것일까?

대학을 다니기 위해 학자금 대출을 받는 것은 라스베이거스에 가는 것과 유사한 측면이 있다. 라스베이거스에서 주택을 구매하기 위해 돈을 빌리는 것은 좋은 투자다. 반면 카지노에서 도박하기 위해 돈을 빌리는 것은 좋은 투자가 아니다. 마찬가지로 쓸모없는 전공을 위해 돈을 빌리는 것은 잘못된 투자를 하는 것이다. 그렇게 대학을 졸업해도 몇 년 동안 최저 임금을 받는 직종에서 일하게 될 가능성이 높다.

더구나 대학생의 80퍼센트는 졸업 후에 전공과 관련 있는 분야에서 한 번도 일하지 않는다. 이들이 전공 분야에서 일하지 못하는 이유는 자신이 선택한 전공이 본질적으로 '파티'와 '오락'이었기 때문이다. 이들에게 대학 진학은 단순히 새로운 친구들과 어울리고 파티를 즐기며 술을 마시기 위한 핑곗거리일 뿐이다. 그리고 이 지점이 바로 좋은 학자금 대출과 나쁜 학자금 대출을 구분하는 기준이다. 의과대학에 진학하거나 공학 학위를 받기 위해 대출을 받는 사람은 매우 현명하다고 할 수 있다. 이들은 졸업 후 몇 년 안에 학자금 대출을 전부 상환할 것이다. 반면 쓸모없는 전공을 선택한 후 안정적인 소득을 얻지 못한다면 학자금 대출은 나쁜 빚으로 남는다. 어떤 이들은 30대가 되고 한참이 지나서도 여전히 자기 집을 장만하지도 못하고, 사업을 시작하지도 못하며, 신용 점수가 나빠 은행에서 대출받거나 할부로 자동차를 사지도 못한다. 이는 학자금 대출이 마치 무거운 바위처럼 이들의 어깨를 짓누르기 때문이다.

얼마 전 미국 연방 정부는 역사상 처음으로 전국의 대학에 전공별 졸업생들의 소득을 일정 기간 추적해 보고하라고 요구했다. 이렇게 취합된 통계는 대중에 공개되어 누구나 확인할 수 있다. 물론 사람들이 이러한 정보를 알기를 원하지 않는 대학들은 필사적으로 정보 공개에 반발하고 있다. 나는 최근에 이와 관련된 연구 자료도 읽은 적이 있다. 여기서 저자들은 투자수익률 관점에서 상위 10개 대학과 하위 10개 대학을 비교했다. 하버드대학교에서 법학, 재무학, 경제학 등을 전공하고 학위를 취득하면 졸업 후 이른 시간 내에 많은 연봉을 주는 직업을 찾을 가능성이 매우 높다. 그 결과, 하버드대학교는 이 연구에서 최고의 대학 중

하나로 선정되었다. 반면 예일대학교는 투자수익률이 가장 낮은 최악의 대학 중 하나로 꼽혔다. 명문 대학에서 학위를 받았더라도 전공이 쓸모없는 분야라면 고임금 일자리를 구하는 데 큰 도움이 되지 않는 것이다.

어떤 대학과 전공이 졸업 후 기대 소득이 가장 높고 낮은지는 조사로 얼마든지 파악할 수 있다. 학자금 대출로 큰 빚을 지기 전에 충분히 알아보는 것은 각자 본인의 책임일 따름이다. 마치 어떤 회사에 투자하기 전에 매출과 수익성이 높은지, 배당을 잘 지급하는지 등을 파악하는 것이 투자자 개인의 책임인 것처럼 말이다.

빚을 갚기 전 연금에 돈을 넣어도 될까

한편 주택담보대출이나 학자금 대출, 신용카드 빚 등 가계 부채가 있을 때 퇴직연금이나 개인연금에 돈을 넣는 것이 좋은 생각인지 궁금해하는 사람들도 종종 있다. 신용카드 빚을 갚는 동시에 퇴직연금에 돈을 넣는 것이 현명한 생각일까? 아니면 우선 모든 채무를 상환한 다음에 퇴직연금에 돈을 넣어야 할까? 이 문제는 개인의 상황에 따라 답이 달라진다. 즉, 자신의 소득 수준과 가처분 소득(세금과 필수 지출을 제외한 후 자유롭게 사용할 수 있는 소득)이 얼마나 되는지에 따라 결정하면 된다. 일반적으로 퇴직연금은 납입금에 대한 소득공제, 세액공제 등 다양한 세제상 혜택 덕분에 최고의 투자 수단 중 하나로 여겨진다. 게다가 퇴직연금의 운용 실적에 따라 상당한 자산으로 성장할 수도 있다. 그래서 많은 사람이 나이가 들고 나서 가장 후회하는 일 중 하나로 퇴직연금에 더 일찍부터 돈을 납입하지 않은 것이라고 말한다. 나도 동의한다. 사회생활을 시작하자마자 가장 먼저 해야 할 일이 바로 퇴직연금 계좌를 만들고 꾸준히 돈을 넣는 것이다. 만약 그렇게 했더라면 뒤늦게 후회하는 사람들도 경제적 독립을 이룰 수 있었을 것이다.

반면 경제적 자유에 관한 전문적인 식견을 자랑하는 데이브 램지는 가능한 한 많은 돈을 빚을 갚는 데 사용하여 빚에서 빠르게 벗어나야 한다고 말한다. 이 방법을 따르려면 엄청난 자기 절제가 필요하다. 즉각적이고 단기적인 만족을 뒤로 미루는 태도 말이다. 데이브 램지의 방식을 따른다는 것은 신병 훈련소에서 엄격한 훈련을 받는 것과 크게 다르지 않다. 그러므로 스스로 절제하고 노력할 줄 아는 사람이라면 이 방법을 사용해도 좋다. 하지만 대부분의 사람들은 그 길을 따르지 못한다.

빚에서 벗어나는 것은 살을 빼는 것과 비슷하다. 체중 감량에 진심인 사람이 일일 섭취 열량을 2,000칼로리로 줄인 다음 1년 동안 예외 없이 이를 유지하는 것처럼 행동해야 한다는 뜻이다. 내 가까운 친구 가운데 뚱뚱한 친구가 있었다. 30년 넘게 알고 지내는 동안 그 친구는 항상 정상 체중보다 15킬로그램 정도 더 나갔다. 그런데 최근에 만났을 때 보니 운동선수처럼 날씬해져 있었다. "너와 평생을 알고 지냈는데, 도대체 무슨 일이 있었던 거야?"라고 나는 물었다. 그는 일일 섭취 열량을 2,000칼로리로 제한하는 데 도움을 주는 앱을 이용했다고 말했다. 이 다이어트 앱을 이용하면 무언가를 먹고 마실 때마다 그 안에 들어 있는 칼로리를 앱에 기록하게 된다. 그러다 어느 시점이 되면 앱에서 오늘은 더 이상 칼로리를 섭취하면 안 된다고 경고하는 알림을 보낸다. 만약 정오까지 모든 칼로리를 섭취해버리면 다음 날 아침 식사 때까지 굶었다고 했다. 내 친구는 이렇게 며칠 하다 보니 자연스럽게 하루를 보내는 동안 칼로리를 적절하게 분배할 수 있었다고 말했다. 그는 자신에게 엄격할 수 있다면 2,000칼로리만 섭취하는 습관을 형성하는 데 시간이 오래 걸리지 않는다고 했다. 내 친구의 달라진 모습은 최근에 내가 목격한 가장 놀라운 일이지만, 주지하다시피 여기서 핵심은 자신에게 엄격해야 한다는 것이다. 이것이 바로 데이브 램지의 방식이다.

경제적 자유를 지탱하는 3가지 기둥

빚을 전부 다 청산했다고 하더라도 예상치 못한 대규모 지출이 발생해서 그간의 노력이 수포로 돌아가고 다시 빚더미에 앉는 경우도 간혹 본다. 이를 방지하기 위해 경제적 자유를 만드는 세 가지 기둥을 알아두면 좋다. 바로 저축, 보험 그리고 투자다. 하나씩 살펴보자.

우선 최소한 두 달에서 여섯 달 치 생활비를 항상 저축해둬야 한다. 그래야만 갑자기 직장을 잃더라도 새로 일자리를 구할 때까지 현재의 생활 수준을 유지할 수 있다. 이렇게 저축할 수 있으면 세상을 대하는 자신감이 커진다. 나는 수많은 사람에게 이렇게 조언했고, 그중 상당수가 이를 따랐다. 내 조언을 따른 사람들은 1년에 걸쳐 두 달 치 생활비를 저축할 수 있었다. 그래서 어느 날 갑자기 직장 상사가 바뀌거나, 직장에서 심한 말을 듣거나, 일하는 시간은 늘었는데 월급이 줄었을 때, 그들은 "더는 못하겠네요!"라고 말하며 회사를 떠날 수 있었다. 그들의 은행에는 저축한 돈이 있었기 때문이다. 반면 모아놓은 돈이 별로 없는 동료들은 어쩔 수 없이 힘든 상황을 참으며 남아 있어야 했다.

한번은 저축 문제에 관해 내게 이메일을 보낸 여성이 있었다. 그녀는 자신이 버는 돈을 외출해서 옷이나 화장품을 사고 친구들과 즐겁게 지내는 데 쓰는 것이 당연하다고 생각했는데, 내 조언 듣고 나서 자신이 덫에 걸려 있다는 사실을 깨달았다고 고백했다 만약 매달 월급이 들어오지 않으면 그녀는 아주 곤란한 상황에 빠질 것이다. 결국 그녀는 그 뒤로 1년 동안 불필요한 지출을 멈추었고 인생이 완전히 달라졌다고 했다. 요컨대 다시 빚을 지지 않기 위해서 지금 가장 먼저 해야 할 일은 가능하면 여섯 달 치, 적어도 두 달 치의 소득을 저축해서 보유하는 것이다.

두 번째로 해야 할 일은 보험에 적절하게 가입하는 것이다. 이는 생각보다 매우 중요한 일이다. 회계사로 일하는 내 친구는 나

중에 자기 돈으로 감당할 수 없는 위험은 반드시 보험으로 대비해야 한다면서 내게 건강보험을 충분히 들어놓으라고 조언한 적이 있다. 실제로 나는 스키를 타러 갈 돈을 모으려고 건강보험을 해지하고 스키를 타러 갔다가 허리를 심하게 다친 사람과 이야기할 기회가 있었다. 그는 6개월 동안 병상에 누워 있었으며, 완벽히 회복할 때까지는 6개월이 더 걸렸다고 했다. 건강보험을 해지한 선택이 그의 인생 전체를 완전히 뒤바꿔놓았던 것이다.

자동차보험의 경우에는 책임보험은 물론이고 대인, 대물, 자차 등 보장 범위를 충분히 설정해야 한다. 주택화재보험도 지진이나 화재로 집이 소실되었을 때를 대비하는 데 필요하다. 언젠가 나는 아내와 보험설계사를 만나 "저희는 이렇게 살고 있습니다. 어떤 보험이 필요할까요?"라고 물었다. 그는 "이 부분에서는 보험이 필요하고, 다른 부분에서는 보험의 보장 범위를 조금 축소해도 괜찮아 보입니다"라고 말했다. 그렇게 상담을 마치고 우리는 여러 보험회사의 다양한 보험 상품을 비교해서 우리에게 맞는 보험을 갖출 수 있었다. 그리고 그 이후로 지금까지 단 한 번도 경제적인 문제를 겪은 적이 없다. 30년 동안 네 명의 자녀를 키우며 예상치 못한 일이 수없이 찾아오기 마련이다. 보험은 그럴 때를 대비해준다. 보험을 두고 자신을 상대로 하는 도박이라고 말하는 이들의 이야기에 현혹되지 말아야 한다.

생명보험도 꼭 필요하다. 가족의 생계를 책임지는 사람이라면, 자신에게 무슨 일이 일어나더라도 남은 가족이 미래에 경제적 문제를 겪지 않도록 보장하는 보험에 가입할 필요가 있다. 게

다가 가족의 경제적 미래를 보장하는 생명보험은 피보험자에게 심리적으로 엄청난 안정과 평화를 선사한다. 자신과 가족이 완벽하게 보호받고 있다는 것을 알게 되면 자신감과 긍정적인 태도로 인생을 주도할 힘도 얻는다. 과거에 나는 엄청난 빚에 짓눌린 적이 있기에 보호받는다고 느끼는 것이 심리적으로 얼마나 큰 영향을 주는지 잘 알고 있다. 집을 압류당할까 봐 밤잠을 설치고, 자동차가 압류되는 일을 피하려고 집에서 한참 떨어진 곳에 차를 세워두고 집으로 걸어와야 하는 삶은 끔찍하고 비참하다.

마지막 기둥은 투자다. 투자에 관해서는 다음 장에서 더 깊이 다룰 것이다. 여기서는 빚에서 벗어나고 부자가 되고 싶다면 재무 계획과 경제적 목표를 세우고 점검하는 데 들이는 시간이 현저히 많아져야 한다는 점만 강조하겠다.

실제로 경제적으로 어려움을 겪는 사람들이 돈 문제를 생각하는 데 어느 정도의 시간을 쓰는지 조사한 연구가 있다. 그들은 말 그대로 24시간 내내 돈 문제에 관한 생각을 떨치지 못했지만, 막상 자리에 앉아서 어디에 돈을 쓰는지 적어보고 재무 계획을 세우며 경제적 목표를 고민하는 데 쓰는 시간은 별로 없었다. 대략 한 달에 1시간 정도로 그나마도 단순히 각종 대금 청구서를 처리하는 데 쓰는 시간이었다. 자리에 앉아 고작 "자, 이번 달에는 이 신용카드 대금 가운데 얼마나 내면 될까? 저 청구서는 얼마나 내라고 하는 걸까?"라고 중얼거리는 정도였다. 그렇게 여기저기 배분하다 보면 수중에 있는 돈은 전부 사라지고, 다음 달

월급을 받을 때까지 또다시 돈 문제를 걱정하며 지냈다.

　반면 자수성가한 백만장자들은 금융 관련 서적이나 자료를 읽고 자신의 재무 상태를 개선할 방법을 고민하는 데 매달 10시간을 투자한다. 결과적으로 이들은 한 달에 1시간도 고민하지 않고 노력하지 않는 사람들보다 1,000퍼센트, 즉 10배 더 유리한 지점을 선점한다.

핵심 정리

- 빚을 이용할 때는 돈이 바닥나기 전에 더 많은 돈을 벌 수 있는지 고려해야 한다. 좋은 빚은 그 이상의 수익을 창출한다. 그렇지 않은 빚은 스스로를 잠식시킬 뿐이다.

- 신용카드 할부, 자동차 할부금, 주택담보대출, 핸드폰 요금제 등 빚의 성격을 띤 모든 것들은 이용하기 전에 항상 신중하라. 자존심은 접어두고 분수에 맞게 생각하라.

- 부채는 열등감, 불안, 불확실성 등의 감정을 불러일으킨다. 빚을 갚고자 마음먹었다면 가장 이자율이 높은 빚부터 청산하라.

- 쓸모없는 전공을 선택하기 위해 학자금 대출을 받는 것은 잘못된 투자다. 전공을 선택하는 것은 주식 투자를 하기 전에 회사의 매출과 수익성을 보는 것과 마찬가지의 절차를 거쳐야 한다.

- 경제적 자유를 지탱하는 세 가지 기둥은 저축, 보험, 투자다. 항상 2~6개월 치 현금은 있어야 하며, 보험은 미래를 대비하는 데 필수다. 그리고 퇴직연금, 주식, 부동산 등에 투자하라.

||||||||||||||||| 실행 프로젝트 |||||||||||||||||

부채 없애기

01 당신에게 빚이 있는가? 당신이 지고 있는 빚을 좋은 빚과 나쁜 빚으로 나누어보라.

좋은 빚	나쁜 빚

02 그중에서 좋은 빚은 언제까지 유지할 것인가? 계속해서 좋은 빚으로 남겨두기 위한 방법을 적어보라.

03 그중에서 나쁜 빚은 어떻게 갚을 것인가? 앞에서 나온 방법을 참고해서 계획을 세워보라.

5장

현금흐름이 있는 인생으로 재창조하라

본전을 생각하지 말라.
언제나 손해가 이익을 끌고 온다.

이건희(前 삼성그룹 회장)

성실한 노력은 항상 보상받는다.

나폴레온 힐(『생각하라 그리고 부자가 되어라』 저자)

현명한 소비 습관과 효율적인 채무 관리 방법을 인생에 적용하기 시작했다면, 다음으로 할 일은 현금흐름을 탄탄하게 만드는 것이다. 누구나 꾸준히 높은 소득을 창출해 자신의 꿈을 이루고 싶어 한다. 또한 누구나 일하지 않아도 돈이 자동으로 벌리고 통장에 돈이 들어오는 삶을 꿈꾼다. 그러나 이는 대부분 환상일 뿐이다. 나는 이러한 환상을 수십 년 동안 마음속에 품고 살아온 사람들을 잘 알고 있다. 그들은 항상 이렇게 말한다. "바로 이거야. 아주 마법 같은 일이 벌어지겠군. 이 방법이면 일하지 않고도 높은 소득을 올릴 수 있겠어." 그러나 이러한 목표를 달성하는 방법은 제품을 생산해서 판매하거나 로열티, 수수료, 배당 등 각종 소득을 창출하는 것뿐이다.

　예를 들어 내가 성공을 목표로 일을 시작했을 때 처음 한 일은 수익형 부동산, 즉 돈을 벌어다 주는 부동산에 투자하는 것이었다. 수익형 부동산 투자는 지금까지 내가 한 모든 투자 가운데 가장 최고의 선택이었다. 부동산 시장은 역사적으로 견고한 모습을 보여왔다. 부동산 가치는 계속해서 상승한다. 부동산 임대료 역시 인플레이션과 물가 상승에 따라 꾸준히 올라간다. 엄청난 규모의 부는 대부분 무언가를 만들어내는 사업을 기반으로 형성되고, 거기서 나온 돈은 수익형 부동산이나 현금흐름을 창출하는 다른 투자 자산으로 흘러들어 간다.

다만 나는 여기서 재테크의 영역에 있는 투자에 대해서는 말할 생각이 없다. 그보다 좀 더 근본적인 투자에 대해 말할 것이다. 그것이 어떤 상황에서도 흔들리지 않는 진정한 펀더멘털이 되는 것을 경험으로 깨달았기 때문이다.

최근 나는 두 가지 분야에서 상당한 규모의 연구를 진행했다. 하나는 비즈니스 모델 재창조business model reinvention다. 현재의 비즈니스 모델을 면밀히 분석하고 개선하는 일이다. 다른 하나는 개인별 인생 모델 재창조personal life model reinvention다. 한 개인의 삶의 방식을 점검하고 최적화하는 일이다. 이 두 가지 모델은 모두 수입 창출 방법론으로 기업에서 수익을 창출하는 방법과 개인이 소득을 창출하는 방법을 다룬다. 어떻게 하면 비즈니스 모델과 인생 모델을 재창조할 수 있을까에 대한 답은 의외로 단순했다. 소득의 90퍼센트는 같은 일을 하는 다른 사람들과 비교했을 때 내가 하는 일의 품질에 따라 결정되었다. 마찬가지로 우리가 사업에서 이룰 수 있는 성공의 90퍼센트는 유사한 기능을 제공하는 경쟁사의 제품과 비교했을 때 내가 제공하는 제품의 품질에 따라 결정되었다. 따라서 사업에서는 언제나 제품이나 서비스의 품질을 높이는 데 초점을 맞춰야 하며, 개인으로서는 자신이 하는 일의 품질을 높이는 데 초점을 맞춰야 한다. 이것이 내가 발견한 근본적인 투자법이다.

당신이라는 제품의 품질을 높이라

구체적인 사례를 통해 조금 더 살펴보자. 내 친구 가운데 매우 부유한 사업가가 있는데, 그가 심장 수술을 받아야 했을 때였다.

"이거 걱정이네. 말로는 요즘 꽤 흔한 수술이라고 하는데 심장 수술을 받다가 죽는 사람도 있다고 하더라고."

그는 자신이 받아야 하는 심장 수술에서 최고의 외과의를 찾기 위해 백방으로 알아보았다. 그러다 세계 최고의 심장 수술 전문가들이 다수 있는 것으로 유명한 클리블랜드 클리닉Cleveland Clinic에서 자신의 기준에 맞는 심장외과 전문의를 찾았고, 주치의를 통해 해당 전문의에게 연락을 취하고 수술 일정을 조율한 후, 직접 클리블랜드로 날아갔다. 수술을 마치고 병원에서 일주일간 입원한 다음에는 자신의 전용기를 타고 집으로 돌아왔다. 그가 내게 말했다.

"만약 심장 수술을 받아야 한다면 반드시 이 사람에게 가야 해. 심장 수술만 5,000번 이상 집도한 데다 성공률도 흠잡을 데 없다니까. 수술 후에 완벽하게 회복해서 정상적인 삶을 살 수 있다는 보장까지 원한다면 이 의사한테 가면 돼."

당연히 클리블랜드 클리닉의 이 심장외과 전문의가 받는 수술 비용은 엄청나게 비싸다. 평범한 도시의 병원에서 일하는 보통 수준의 심장외과 전문의가 5만 달러 정도를 받는다고 할 때 이 전문의는 25만 달러를 받는 식이다. 또한 평균 1시간 30분에서 2시간 정도의 수술 시간이 소요되므로 이 의사는 보통 하루에 네 건의 심장 수술을 집도할 것이다. 내가 이처럼 심장 수술에 관해 자세히 아는 이유는 나 역시 미국 최고의 외과의 중 한 명에게 심장 수술을 받았기 때문이다. 내 심장 수술을 집도한 의사 역시 심장 수술을 5,000건 이상 집도했고 매일 평균 네 건의 심장 수술을 진행한다. 이 의사의 경우 수술받기 전에는 외래로 방문해 한 번만 진료받으면 되고, 다음번에 그를 만날 때는 이미 전신마취 상태라 기억에 없을 것이다. 그리고 수술이 끝나고 나면 다시 볼 일은 없다. 그가 이렇게 일하면서 많은 소득을 올릴 수 있는 이유는 자신의 전문 분야에서 엘리트 집단에 속하기 때문이다.

이 사례를 통해 내가 강조하고 싶은 것은, 만약 돈을 투자하려 한다면 자신이 하는 일에서 탁월한 전문가가 되는 데 투자해야 한다는 점이다. 올림픽에 나가 금메달을 따거나 세계 대회에서 1등이 되라고 말하는 것이 아니다. 단지 자기 분야에서 상위 10퍼센트 안에 들어가기만 하면 된다. 바로 그 10퍼센트에 모든 돈이 몰려 있기 때문이다. 사람들이 자기 분야에서 상위 10퍼센트 안에 들지 못하는 이유는 애초에 잘못된 분야를 선택했거나 끝내 그 분야에서 성공할 역량을 갖추지 못했기 때문이다. 게다가 그보다 훨씬 더 핵심적인 이유는 상위 10퍼센트 안에 들어가겠다고 마음먹은 적이 없기 때문이다. 그저 일정 수준의 역량을 갖추고 나면 현실에 안주해버린다.

엘리트 수행 능력에 관한 핵심 연구로 손꼽히는 플로리다대학교의 K. 안데르스 에릭슨K. Anders Ericsson 박사의 연구는 엘리트 수준의 성과를 내기 위해서는 5~7년 동안 1만 시간의 노력이 필요하다고 시사한다. 연구 대상은 주로 음악가들이었으나 다른 분야에서도 같은 결론에 도달했다. 말콤 글래드웰Malcolm Gladwell은 자신의 저서 『아웃라이어』(김영사, 2019)에 에릭슨 박사의 연구를 인용하기도 했다. 또한 『포춘』의 편집장인 제프리 콜빈Geoffrey Colvin도 정확히 같은 아이디어를 바탕으로 『재능은 어떻게 단련되는가?』(부키, 2010)를 집필했다. 즉, 천부적인 재능이 없더라도 일정 시간 이상 노력을 들이면 탁월한 성과를 내는 수준에 이를 수 있다는 것이다. 자신에게 적합한 분야를 선택한 다음 온 마음을 다해 노력하기만 하면 누구나 점점 발전하는 자기 모습을 즐길 수 있다.

에릭슨 박사가 발견한 또 다른 흥미로운 사실은 상위 20퍼센트를 제외한 나머지 평범한 집단에 속하는 사람들은 자신이 하는 일에서 일정 수준의 역량과 자신감에 도달하고 나면 더 이상 발전하지 않는다는 것이다. 인구의 80퍼센트를 점유하는 이 평범한 사람들은 일을 시작하고 10년이 지나도 생산성은 1년 차 때와 별반 다르지 않다. 한편 노벨 경제학상을 받은 경제학자 게리 베커Gary Becker는 하위 80퍼센트에 속하는 사람들의 평균 소득이 고용 상태를 유지하는 동안 매년 2~3퍼센트씩 증가하는 데 그친다는 사실도 발견했다. 이는 물가상승률과 비슷한 수준이라 경제적 성공으로 이어지기가 매우 어렵다. 반면 상위 20퍼센트에 속하는 사람들의 소득은 평균적으로 매년 11.8퍼센트씩 증가했다.

자, 그렇다면 두 가지 연구를 통해 왜 어떤 사람들이 높은 소득을 올리는지 유추할 수 있을 것이다. 어렵게 생각할 필요 없다. 그들이 자기 일을 탁월하게 잘하기 때문이다.

몇 가지 적절한 예를 들어보려 한다. 뉴욕에서 미슐랭 3스타 레스토랑을 운영하는 알랭 뒤카스Alain Ducasse의 레스토랑을 떠올려보자. 알랭 뒤카스의 식당은 항상 모든 예약이 가득 차 있고 두 사람이 함께 저녁 식사라도 하려면 요일과 시간에 따라 최소 500~1,000달러는 지불해야 한다. 현재 미국에서 이와 같은 위상을 떨치는 또 다른 레스토랑으로 더 프렌치 런드리The French Laundry가 있다. 그 레스토랑은 캘리포니아주 나파 밸리의 작은 마을에 있어 편하게 갈 수 있는 곳이 아니다. 비행기를 타고 오클랜드나 샌프란시스코로 간 다음 두 시간 정도 운전해야 겨우 도착할 수 있다. 그럼에도 불구하고 이 레스토랑의 음식과 서비스는 탁월한 수준이라 대기 명단의 인원이 넘쳐난다. 이곳에서 식사하려면 최소한 1년 전에 예약해야 하며, 예약 시점에 신용카드로 식사 비용을 전액 선불로 결제해야 한다. 예약을 취소하거나 날짜를 변경할 수도 없으며 노쇼no-show도 허용되지 않는다. 기본 저녁 식사 코스의 가격은 350~500달러이며 와인은 별도로 주문해야 한다. 그런데도 전 세계에서 사람들이 비행기를 타고 이곳을 찾아와 셰프의 최고급 요리를 경험하기를 원한다.

변호사가 하는 일도 마찬가지다. 법률 서비스를 제공하는 대가로 보통 시간당 200~300달러를 의뢰인에게 청구하는데, 분야별 최고 수준의 변호사는 훨씬 높은 금액을 책정한다. 시간당 2,000~3,000달러는 기본이고 때에 따라 1만 달러까지 요구한다. 더 나아가 까다로운 사건을 맡게 되면 수임료로 100만 달러를 넘게 받기도 한다. 비싼 수임료에도 의뢰인이 끊이지 않는 이유는 해당 변호사가 사건을 담당하면 더 큰돈을 아낄 수 있다고 여기기 때문이다.

연봉이 적다고 불평하기 전에

다시 말해 높은 소득을 올리는 근본적이고 위험이 따르지 않는 확실한 방법은 자기 분야에서 최고 수준에 도달하는 것이다. 최소한의 비용으로 최대한의 가치를 원하는 소비자가 자신이 제공하는 제품이나 서비스에 망설임 없이 비용을 지불하도록 만드는 것이다. 특히 미국에서는 노동, 자문 등 개인 서비스의 판매는 부의 크기를 결정하는 중요한 요소다. 개인 서비스를 뛰어나게 제공하면 사람들은 기꺼이 많은 돈을 주면서 그를 고용하거나 승진시켜서 큰 책임을 맡긴다. 큰 책임은 큰 보상으로 이어지고, 큰 보상은 많은 기회로 이어지는 선순환 구조가 형성된다.

어떤 사람들은 자신이 회사에 많은 시간과 노력을 투자했으니 더 많은 급여를 받아야 한다고 주장한다. 그러면서 "저는 경력이 20년입니다"라고 근엄하게 말한다. 하지만 HR담당자는 "솔직히 말해서 1년 차에나 하는 일을 20번 반복한 것에 지나지 않는다고 봅니다"라고 답할지도 모를 일이다. 대다수 사람들이 해고당하거나 동료들의 눈총받는 일을 피할 수 있을 정도로만 일한다. 딱 그 정도가 삶과 일의 밸런스를 지키는 데 적당하다고 여기며 편안한 현실에 안주해버린다. 다른 직원들과 어울려 다니며 잡담을 나누고, 커피를 마시거나 점심을 먹으러 나가 자리를 오래 비우기도 한다. 그렇게 자신의 시간을 허비하는 것이다. 그들의 일상을 살짝 들여다보자.

아침에 출근해서 가장 먼저 하는 일은 이야기를 나눌 사람을 찾는 것이다. 그 사람과 이야기를 나눈 후에는 다른 사람을 찾고 그다음에는 또 다른 사람과 이야기한다. 9시부터 일을 시작하는 것이 아니다. 한참 동안 여기저기서 대화를 나누다가 문득 마음속으로 중얼거린다. "이런, 벌써 11시야? 시간이 어느새 이렇게 돼버렸네." 그제야 본격적으로 일을 시작하러 자리로 가지만 곧 점심시간이다. 점심시간이 되면 외부로 나가 길게 식사를 즐긴다. 그리고 사무실로 돌아와서는 다시 동료들과 관계를 다지기 위해 대화를 나눈다. 그렇게 한참을 수다를 떨고 나서 조금 더 일한다. 퇴근시간이 가까워지면 교통체증을 피하려고 서둘러 나선다. 그러면서도 자신이 왜 승진하지 못하는지 의아해한다. 이 패턴은 애석하게도 직장을 옮겨도 반복된다.

브라이언 트레이시 인터내셔널에서는 자기 일을 아주 잘 해내는 직원에게 선제적 연봉 인상을 제공한다. 그 직원을 잃고 싶지 않으며, 유능한 인재는 찾기 어렵기 때문이다. 기업에게 유능한 인재란 가장 구하기 어려운 자산이다. 따라서 유능한 인재라고 판단되면 일단 확보한 다음, 그 자산을 지키는 데 필요한 보상을 아끼지 않아야 한다. 그들은 비용보다 훨씬 더 큰 가치를 제공하므로 기업으로서는 비용이 들지 않는 자산이나 다름없는 셈이다.

성공하는 기업은 고용 유지를 위해 들어가는 비용에 비해 더 큰 비용을 절감하거나 더 많은 수익을 창출하는 인재를 계속해서 채용한다. 그렇게 채용한 직원은 실제로 기업에 순이익을 가져다준다. 10만 명의 직원이 일하는 기업이 수십억 달러를 벌어들이는 이유도 바로 여기에 있다. 직원 한 명, 한 명이 고용 유지 비용보다 더 크게 이바지하기 때문이다. 이것이 가장 중요한 핵심이다. 그런데도 어떤 사람은 자신이 일하는 회사에 돈을 더 벌어다 주지는 못하면서 당당하게 "연봉을 올려주십시오"라고 요구한다.

강연에서 내가 소득을 두 배로 늘리겠다는 목표를 세워야 한다고 이야기했더니 한 남성이 휴식 시간에 다가와 말했다. 아주 오만하고 거만한 사람이었다. "트레이시 씨의 강연이 동기부여에는 도움이 될지 모르지만, 제가 일하는 회사에서 제 연봉을 두 배로 올려줄 가능성은 없습니다. 그러니 강연에서 말씀하신 내용이 옳다는 생각이 들지 않습니다. 참석자들에게 어느 정도 과장이 섞인 이야기라고 말씀하셔야 하지 않을까요?"

"좋습니다." 내가 말했다. "그럼 질문을 하나 해보죠. 지금 일하시는 회사에 선생님보다 연봉을 두 배 많이 받는 직원이 있습니까?"

그가 멈칫하더니 대답했다. "네, 물론 있죠."

"그러면 혹시 선생님보다 세 배, 네 배 아니면 다섯 배로 돈을 많이 버는 사람들도 있습니까?"

"어, 있긴 합니다. 뭐, 대부분 저 위에 있는 고위 임원들이나 최고 경영진이겠죠."

"그러면 말입니다." 내가 말을 이었다. "이제 그 회사에서는 선생님보다 세 배, 네 배 아니면 다섯 배 더 많은 연봉을 줄 의사가 충분히 있다는 결론을 내릴 수 있겠군요. 다만, 선생님께는 그만큼 줄 생각이 없어 보이네요. 그 이유가 뭐라고 생각하십니까?"

그는 마치 뺨이라도 세게 맞은 것처럼 붉어진 얼굴로 말했다. "아마도 제가 그 정도로 생산적이지 않아서겠죠."

"바로 그겁니다." 내가 말했다. "더 많은 연봉을 받지 못하는 이유는 선생님 자신에게 있는 겁니다."

그는 고개를 주억거리며 내게서 멀어져갔다.

나는 사무실 한편에 삼삼오오 모여 자신이 걸맞은 보상을 받지 못한다는 불평을 하는 이들이 요구하는 것을 생존 보너스 survival bonus라고 일컫는다. 마치 "대표님, 저 아직 살아 있습니다. 그러니까 작년보다 연봉이 올라갈 자격이 있는 겁니다"라고 말하는 듯하기 때문이다. 현실은 냉정하다. 더 많은 가치를 창출하는 사람만이 더 많은 돈을 받아 간다. 더 구체적으로 말하면 추가로 창출하는 가치의 일부가 연봉 인상분이 된다. 가치를 더하지 않으면 결코 연봉 인상도 없다.

1950년대에는 미국 전체 노동자의 50퍼센트가 노동조합에 가입해 있었다. 이 노동조합 문화의 핵심은 연공서열제다. 살아 있는 한 급여가 꾸준히 올라가는, 즉 근속 연수가 길어지면 급여가 올라가는 구조다. 당연히 한 직장에서 오래 일한 사람은 더 많은 급여를 받는다. 그에 반해 성실하고 유능한 직원이라도 나이가 젊고 근속 연수가 짧으면 급여가 적을 수밖에 없다. 단순히 직장에 쏟아부은 세월에 따라 급여를 더 많이 받아야 한다는 사고방식에 기반한다. 이는 받을 자격이 없는 돈을 바라는, 다시 말해 더 큰 가치를 창출하지 않으면서 돈은 더 많이 받아야 한다고 생각하는 사람들의 사고방식이다. 여전히 정부 기관과 교사 집단에는 연공서열제가 남아 있지만 현실은 변하고 있다. 내가 아는 모든 기업에서 엄청난 수준의 경제적 보상을 받는 사람들은 단순히 그곳에서 오래 일한 사람들이 아니라 더 많은 가치를 창출하는 사람들이다.

이제 자기 자신에게 질문해보기 바란다. 나는 지난주, 지난달 아니면 작년보다 현재 더 많은 가치를 창출하고 있는가? 사람들이 가치 있다고 생각하고 기꺼이 돈을 내고 살 만한 결과를 만들어내고 있는가? 다른 직원들의 노력과 결합해서 더 많은 제품과 서비스를 판매함으로써 매출과 수익성을 높이는 가치를 창출하고 있는가? 이 모든 질문에 대한 답이 부정적이라면 연봉 인상을 기대할 근거는 없다.

근속 연수에 따라 자동으로 급여가 인상되는 시대는 20년 전에 사라졌다. 그런데도 여전히 상당수 사람은 여기저기 모여서 수다를 떨며 시간을 낭비하다 퇴근 시간이 가까워지면 도망치듯 나가면서 자신이 더 많은 돈을 받지 못한다고 불평한다. 더 높은 연봉을 받고 더 많은 돈을 벌고 싶다면, 방법은 아주 간단하다. 조금 더 일찍 하루를 시작하면 된다. 조금 더 열심히 일하면 된다. 조금 더 늦게까지 남아 노력하면 된다. 성공의 마스터키는 일하는 시간에는 항상 일하는 것이다. 이는 과거에도, 현재에도 그리고 미래에도 변하지 않는 원칙이다. 일하러 왔으면 일해야 한다. 한눈팔지 말고 집중해서 일해야 한다.

가끔 나는 이런 질문을 던진다. "당신이 맥도날드에서 최저 임금을 받으며 감자튀김을 만드는 일을 한다고 생각해보라." 실제로 많은 사람이 맥도날드에서 사회생활을 시작한다. 이곳에서는 제시간에 출근해서 동료들과 협력하며 지시 사항을 준수하는 법을 배운다. 또한 성실하게 일하고 일한 자리를 정리하는 법도 배운다. 어찌 보면 맥도날드는 매우 훌륭한 직업 교육 프로그램을 제공한다고 할 수 있다. 만약 당신이 맥도날드에 일자리를 구했다고 할 때 출근 시간이 15~20분이나 지났는데도 태연히 한 손에는 커피를 들고 다른 손으로는 페이스북을 확인하며 맥도날드 매장 안으로 미끄러지듯 들어올 수 있을까? 그렇게 출근한 다음 동료들과 구석에 웅크리고 앉아 어젯밤에 무슨 일이 있었고 어떤 TV 프로그램을 봤는지 수다를 떨면서 30분 동안 커피를 마신 뒤에 한 시간 동안 점심을 먹으러 나갈 수 있을까? 맥도날드에서 최저 임금을 받고 일한다고 해서 그렇게 할 수 있을까? 절대로 불가능하다. 제시간에 맞춰 출근 도장을 찍어야 한다. 출근 도장을 찍지 않으면 일자리를 잃게 된다. 출근 도장을 찍었으면 일을 해야 한다. 오전과 오후에 각각 10분간 휴식 시간이 주어지고 점심을 먹는 데 30분을 쓸 수 있지만, 8시에 출근해서 5시에 퇴근할 때까지 기본적으로 일하는 데 집중해야 한다. 이는 모두가 알고 있는 사실이다. 최저 임금을 받는 직장에서도 이렇게 해야 한다.

그렇다면 훨씬 더 많은 돈을 받아 가는 화이트칼라 직장인은 과연 어떻게 해야 할까? 이들은 최저 임금보다 몇 배나 더 많은 급여를 받는다. 그런데도 한 손에는 카페라테를 들고 느지막이 사무실에 나타나 수다나 떨며 사람들과 어울리고 신문을 보다 이메일을 확인한 다음 제대로 일하지도 않고 퇴근할 수 있다는 생각을 어떻게 할 수 있다는 말인가?

내가 세미나에서 이 이야기를 하면 참석자들은 겸연쩍은 표정을 짓는다. 내 이야기에서 자기 모습을 떠올리기 때문일 테다. 그들은 이렇게 말한다. "맥도날드에서 일하고 있다면 그러지 못할 텐데, 지금 직장에서는 아무렇지도 않게 그렇게 하고 있었습니다. 그러면서 늘 나는 왜 일을 제시간에 끝내지 못하고, 왜 승진에서 밀리며, 왜 지난 3년 동안 월급이나 커리어가 제자리걸음을 하는지 궁금해했네요." 이제 알겠는가? 그 이유는 당신이 제대로 일하지 않았기 때문이다.

매출을 올리려면 무엇을 해야 할까

그렇다면 사업을 하는 사람들이 회사의 매출을 올리려면 어떻게 해야 할까? 모든 답은 영업에 있다.

IBM은 1989~1991년까지 심각한 경제적 위기를 겪었다. 그 기간 주가는 80퍼센트나 폭락했다. 회사를 쪼개야 한다는 말까지 나올 정도였다. 엄청난 일이었다. 1980년대의 IBM은 전 세계에서 가장 존경받는 기업이었다. 높은 수익률과 훌륭한 리더십, 최첨단 기술력, 최고의 고객 서비스에 깊이 감명받은 『포춘』, 『포브스』, 『비즈니스위크』 등 유수의 경제 전문지들은 열광적인 찬사를 쏟아냈다. 그러나 불과 2~3년 만에 IBM은 추락했다.

당시 IBM는 맥킨지에 오래전부터 컨설팅을 받아오고 있었다. 맥킨지로 말하자면 기업에서 자문을 의뢰받아 프로젝트를 개시하면 고객사로 들어가 순식간에 사무실 이곳저곳으로 퍼져나가 장악하는 것으로 유명했다. 그런 다음 문제를 찾고 답도 찾아낸다. 항상 효과적인 해결책을 제시하기 때문에 고객사는 비싼 만큼 돈값을 한다고 생각하는 곳이다. IBM이 6개월 동안 약 300만 달러의 컨설팅 비용을 투입한 후 맥킨지의 컨설턴트들과 마주앉아 말할 때였다. "문제점을 발견했습니다. 바로 저조한 매출입니다." IBM 경영진은 어이없다는 듯이 말했다. "우리도 이미 압니다. 매출이 부진하니 수익성도 나빠지고, 그래서 주가도 하락하는 거겠죠." 경영진은 해결할 방법이 무엇인지 물었다. 이때도 컨설턴트들은 "정답은 '높은 매출'입니다"라고 답했다.

기업 정보 전문 기업인 던 앤 브래드스트리트Dun & Bradstreet에서 지난 수년 동안 파산한 기업 수만 곳을 분석한 결과, 기업이 파산하는 가장 근본적인 이유는 기술력 부족이나 자본력 한계, 강력한 경쟁사의 등장이 아니라 '저조한 매출' 때문이라는 사실을 밝혀냈던 것도 함께 참고할 만하다.

맥킨지의 컨설턴트들은 저조한 매출 문제에 대한 해결책은 간단하다고 말했다. "영업 부문의 직원들이나 관리자들이 근무 시간을 어떻게 쓰는지 파악했더니 놀라운 사실을 발견했습니다. 전임 CEO 아래에서 그들은 거의 회계사처럼 일하고 있었습니다." 실제로 전임 경영진의 상당수가 회계사 출신이었다.

IBM의 영업 부문 직원들은 밖으로 나가 고객을 만나거나 고객에게 전화하는 대신 각종 서류를 작성하는 데 근무 시간의 4분의 3을 쓰고 있었다. 고객과 만나거나 전화 통화라도 하면, 그때마다 다섯 장짜리 영업 보고서를 작성해야 했다. 그러면 또 관리자들은 담당 직원이 작성한 보고서를 검토하는 데 시간을 써야 했다. 정작 고객과 만나고 대화하는 시간은 사실상 없었다.

맥킨지 컨설턴트들은 덧붙였다. "맥킨지의 제안은 이 구조를 완전히 뒤집어야 한다는 겁니다. 즉, 영업 부문의 직원들이 사무실에서 보내는 시간을 25퍼센트 이내로 줄이고 고객을 '직접' 만나는 데 75퍼센트 이상을 쓰는 겁니다. 관리자들 역시 고객을 만나는 직원들과 함께하는 데 75퍼센트의 시간을 써야 합니다."

IBM은 신임 CEO로 루 거스너Lou Gerstner를 앞히고 이 '75퍼센트 법칙'을 즉시 도입했다. 그동안 회사를 살리기 위해 했던 대규모 구조조정도 중단했다. 대신 영업 직원들을 사무실 밖으로 내보내 고객과 직접 만나 대화하게 유도했다. 그리고 루 거스너는 고객 중심 통합 IBM이 될 것을 선언했다. 그 결과 IBM은 실적을 반전시킬 수 있었다. 단 1년 만에 회사의 손익이 15억 달러 손실에서 16억 달러 이익으로 반전된 것이다. 주가는 당연히 다시 날아올랐다. 그렇게 IBM은 오늘날에도 전 세계에서 가장 기업 가치가 큰 곳으로 자리 잡고 있다.

75퍼센트 법칙은 IBM의 턴어라운드를 이끈 마법으로 널리 알려지면서 현재 많은 글로벌 기업이 이를 채택하고 있다. 아주 간단한 원리다. 영업 부문의 직원과 관리자는 전체 업무 시간의 75퍼센트를 영업 활동에 투자하라는 것이다. 소규모 사업을 운영하는 사람도 마찬가지다. 본인이 직접 고객과 함께하는 시간을 75퍼센트 이상 확보해야 한다. 영업의 중요성을 이야기하면 많은 중소기업의 대표들은 이미 본인은 그렇게 하고 있다고 답한다. 그러나 내가 지켜봐온 바는 달랐다.

최근 중소기업을 경영하는 이들을 대상으로 진행한 어느 세미나에서 있었던 일이다. 마케팅과 영업, 신규 고객 창출이 사업에 얼마나 중요한지 참석자들에게 물었다. 모든 경영자는 하나같이 "당연히 가장 중요하죠. 영업이나 마케팅보다 중요한 것은 없습니다. 뇌로 가는 혈액 속에 산소가 없으면 우리가 살 수 없는 것처럼, 영업과 마케팅이 제 기능을 못 하면 비즈니스는 큰 어려움에 빠지고 말거든요"라고 말했다.

"그러면 기업 오너이자 최고 의사결정권자로 대표님은 영업이나 마케팅에 얼마나 많은 시간을 투자하고 있습니까?"

"항상, 온종일입니다. 아침, 점심, 저녁 가릴 것 없이 영업과 마케팅은 제가 생각하는 전부입니다."

그러자 세미나에 참석한 연구원들이 물었다. "저희가 시간 및 동작 분석 전문가와 회사로 찾아가 대표님과 함께 다녀도 괜찮을까요? 복잡한 일은 아니고, 단지 수첩과 스톱워치를 들고 다니면서 대표님이 매일 그리고 일주일 동안 시간을 어떻게 보내는지 관찰할 생각입니다."

"물론이죠. 전혀 문제 될 게 없습니다."

그렇게 연구원들은 각 중소기업을 방문했고 한 달 뒤에 분석 결과가 나왔다. 연구에 참여한 중소기업 경영자들이 영업과 마케팅에 할애하는 시간은 전체 업무 시간의 11퍼센트에 불과했다. 나머지 시간은 이메일이나 소셜 미디어를 확인하고, 직원과 대화하며, 점심을 먹으러 나가고, 은행에 가서 상담하는 등 영업이나 마케팅과 전혀 상관없는 일로 채워지고 있었다. 이것이 바로 이들 기업이 어려움을 겪고 있는 이유였다. 기업의 대표가 자기 시간의 단 11퍼센트만 영업과 마케팅에 투자한다면, 당연히 직원들은 그보다 훨씬 더 적은 시간을 할애할 거라고 봐야 한다. 기업이라는 조직에서는 대표가 기준을 설정하고 다른 모든 직원은 그것을 따르기 때문이다.

나는 이와 같은 조언을 수많은 기업 경영자에게 끊임없이 전달해왔다. 대개는 얼마 뒤에 많은 사람이 깜짝 놀란 표정으로 나를 다시 찾아온다. 과거에 어려움을 겪던 사업이 갑자기 높은 매출과 수익률을 달성했기 때문이다. 이것이 가능한 이유는 직원들이 온종일 나가서 제품과 서비스를 판매했기 때문이다. 다시 한번 명심해야 한다. 고객을 만날 기회가 있을 때는 절대 서류작업에 시간을 써서는 안 된다. 또 고객을 만날 기회가 있을 때 해야 할 일은 바로 그 고객을 만나는 것뿐이다.

어느 날 한 기업의 경영자가 나의 하루짜리 전략 상담 프로그램에 등록한 다음 찾아왔다. 우리는 그 사업가가 시간을 가장 잘 활용하는 방법을 찾고자 했다. 그는 자신의 시간을 가장 잘 활용하는 방법은 검색 엔진 최적화에 시간을 투입하는 것이라 여겼고, 실제로 그 일에 집중하고 있었다. 내가 물었다. "혹시 검색 엔진 전문가이신가요?"

"아닙니다. 저는 기술 쪽 배경이 없습니다. 하지만 검색 기술은 온라인에서 우리 회사가 더 많은 고객을 창출할 수 있도록 해주니까요."

"물론 중요한 일이라고 생각합니다." 내가 이야기했다. "하지만 경영자로서 선생님에게 중요한 일은 아닙니다. 가장 최근에 매출을 일으키기 위해 어떤 일을 하셨습니까? 구체적으로 어떤 활동인가요?"

나는 그가 하는 다양한 일을 자세히 검토했다. 그리고 우리는 최고의 신규 사업 기회는 대부분 기존 고객 가운데 상위 20퍼센트에 속하는 고객들이 소개해준 잠재 고객에게서 나온다는 사실을 깨달았다. 그래서 나는 제안했다.

"그렇다면 기업 경영자로서 선생님의 시간을 가장 잘 활용하는 방법은 기존 최우수 고객들과 직접 만나거나 전화 통화를 자주 하는 것이 아닐까요? 그 고객들에게 새로운 서비스를 제안하거나 교육, 자문, 정보 등을 제공해 고객 만족도를 올리는 겁니다."

내 생각에 동의하며 그가 말했다.

"정말 맞는 말씀입니다. 고민할 게 없네요. 제가 우량고객과 더 많은 시간을 보낼수록 그들은 우리 회사의 서비스를 더 많이 이용하겠죠. 게다가 잠재 고객까지 소개하거나 데리고 올 것이고요. 그렇게 되면 사업이 완전히 달라질 것 같습니다."

나아가 사업가는 나와 이야기를 나눈 이 전체 프로세스를 회사의 모든 임직원에게 교육해달라고 요청했다. 결과적으로 이 기업은 세계 경제가 위기에 빠져 있던 2008~2009년 사이에 매출이 1,000~2,000만 달러로 두 배나 성장했다. 사업의 지형이 완전히 달라진 것이다. 조직 전체가 고객에 집중하면서 매출이 높아졌고 수익성은 더 빠르게 상승했다.

기업이 실패하는 주된 이유는 무엇일까? 제품과 서비스를 적극적으로 판매하지 않기 때문이다. 게으름에는 항상 핑곗거리가 있다. 온라인 광고에만 의존하려는 경우도 있다. 하지만 이미 뭐라도 팔아보기 위해 온라인 광고에 뛰어든 사람만 미국에 3,600만 명이 된다. 그런데도 인터넷에 광고만 올리면 돈을 많이 벌 수 있을 것으로 착각한다. 일은 그렇게 되지 않는다. 대부분은 사람들과 직접 만나는 과정이 필요하다. 사람들이 사는 것은 단지 제품이나 서비스만이 아니다. 제품이나 서비스를 판매하는

'사람'을 사는 것이다. 사람을 사는 이유는 비슷한 제품이나 서비스를 제공하는 다른 사람보다 그 사람을 더 좋아하고 신뢰하기 때문이다. 이 점에 집중해야 한다.

기업이 실패하는 두 번째 이유는『포브스』가 진행한 연구에서 찾을 수 있다.『포브스』는 기업이 애초에 고객이 원하지 않는 제품을 만들어 시장에 공급하기 때문에 외면받는다고 했다. 제품을 팔려는 사람들은 자기 제품이 훌륭하다고 생각하기 마련이다. 심지어 남들도 자기 제품을 꼭 사야 한다고 생각한다. 그러나 제품을 팔려는 자신조차 그 제품을 사용하지 않으며, 회사 내에서도 아무도 사용하지 않는 경우가 다반사다. 그런데도 그 제품이 다른 사람들에게는 좋을 것이라는 환상에 사로잡혀 있다.

나는 한때 성공 가도를 달리던 기업과 함께 일하며 깜짝 놀랐던 경험이 있다. 그 회사는 최고의 동기부여 강사들의 오디오 프로그램을 판매하는 곳이었다. 그런데 내가 회사 전체를 돌아다녀 봐도 직원들 가운데 그 오디오 프로그램을 듣는 사람은 단 한 명도 볼 수 없었다. 직원들은 자신들이 만든 오디오 프로그램이 남들에게는 도움이 된다고 생각하면서도 정작 자신은 전혀 활용하지 않았다. 회사에서는 물론이고 출퇴근하는 자동차 안에서도 듣지 않고 있었다. 대신 음악이나 라디오 토크쇼를 들으며 출퇴근 시간을 보냈다. 그 기업은 어떻게 되었을까? 이제는 놀랍지도 않다. 회사는 결국 사업에서 철수하고 문을 닫았다. 흔히 말하듯 자기가 만든 음료수를 잘 팔려면 마셔봐야 한다.

나는 기업 경영진을 만나면 "회사 직원들 가운데 자사 제품을 사용하는 사람의 비율이 얼마나 되는지 아십니까?"라는 질문을 던지곤 한다. 조사 결과는 충격적이다. 평균적으로 50~70퍼센트의 직원이 자사 제품이 아닌 경쟁사 제품을 사용하는 것으로 나타난 것이다. 자신들이 판매하는 제품을 사용할 의사가 별로 없다는 의미다. 이런 상황이라면 회사 제품을 홍보하고 판매할 때 진정성이 느껴지지 않는 것은 당연하다. 자신이 직접 사용해보고 정말 좋다고 느꼈다면 그 제품을 소개할 때 확신과 열정을 담아 이야기할 수 있다. 그러나 반대의 경우라면 영업과 마케팅 활동은 빈껍데기처럼 공허할 뿐이다.

차라리 내 사업을 하겠다는 이들에게

경제 잡지 『Inc.』의 조사에서 흥미로운 사실을 알 수 있다. 잡지는 매년 가장 빠르게 성장하는 500대 기업을 조사하는데, 상당수가 50~100배가량 성장했고, 이 가운데 가장 빠르게 성장한 기업은 최근 3년 동안 4,200배 성장한 것으로 나타났다. 이를 성장률로 환산하면 무려 42만 퍼센트에 달한다. 여기에 선정되지 못하는 대다수 기업은 아마 연 10~20퍼센트만 성장해도 만족할 것이다. 나아가 『Inc.』는 초고속 성장 기업의 창업자들 사이에서 두 가지 공통점을 발견했다. 창업자 스스로가 제품을 너무나 좋아했으며, 그래서 자기 자신과 가족을 위해 사업을 시작하고 회사를 창업했다는 것이다. 또한 자신말고 다른 이들도 자신의 제품을 매우 좋아한다는 사실을 일찍 깨달았다는 점이다.

이를테면 앞서 말한 3년 사이에 4,200배나 성장한 기업은 초등학생을 위한 조기 교육 프로그램을 개발한 회사였다. 창업자들이 회사를 만든 이유는 돈이나 명성 때문이 아니라 본인의 자녀들에게 도움을 주고 싶었기 때문이었다. 아이들이 우수한 학업 성취도를 달성하는 데 도움을 주는 이 앱을 접한 미국의 학부모들은 이렇게 말했다. "우리 아이에게도 시도해보고 싶네요. 아이가 좋은 성적을 받으며 학교를 다니면 좋겠다고 생각하거든요. 어릴 때 공부 습관이 인생을 결정한다고 하잖아요. 어려서 좋은 성적을 거둔 아이들이 커서도 결과가 좋을 가능성이 큰 것도 사실이고요."

자신의 제품을 사랑한 또 다른 예로 기업가 함디 울루카야 Hamdi Ulukaya를 들 수 있다. 그는 초바니Chobani 요거트를 창업했다. 창업의 이유는 단순했다. 자신이 터키 출신이고 그릭 요거트, 즉 그리스식 요거트를 정말 좋아했기 때문이다. 그릭 요거트는 단백질 함량이 높아 건강에 좋았지만 당시 미국에서는 쉽게 구하기 어려웠다. 미국 시장에서 판매되는 요거트는 묽고 연한 제품밖에 없었다. 울루카야는 자기 집에서 그릭 요거트를 직접 만들어 지역 상점에 판매하기 시작했다. 일반 요거트보다 가격이 두 배나 비쌌지만 시장에 내놓자마자 불티나게 팔렸다. 가능성을 확인한 울루카야는 온갖 돈을 끌어모아 뉴욕주 북부에 있는 망한 요거트 공장을 인수한 다음 그릭 요거트를 대량으로 생산했다. 그리고 현재 초바니 요거트는 북미 지역에서 가장 빠르게 성장하고 가장 많이 팔리는 요거트 브랜드 중 하나가 되었다. 우리 가족도 초바니 요거트만 먹는다. 가격은 두 배 비싸지만 맛과 품질이 뛰어나기 때문이다. 이 사실을 꼭 기억하기 바란다. 울루카야가 초바니 요거트를 시작한 이유는 바로 그 자신이 그릭 요거트를 너무나 좋아하기 때문이다.

사람들이 내게 "사업을 시작하고 싶습니다"라고 이야기하면 나는 이렇게 답한다. "반드시 자기 자신과 가족에게 사 주고 싶은 제품이나 서비스를 선택해서 시장에 선보여야 합니다. 그 제품이나 서비스가 너무 좋아서 어머니와 아버지는 물론이고 가장 친한 친구에게도 판매할 수 있어야 합니다." 가족에게 사 주고 싶고 가장 친한 친구에게도 팔 수 있는 아이템을 선택하는 것, 바로 이것이 사업의 출발점이다. 물론 이것만으로 성공이 보장되는 것은 아니다. 다만 제품과 서비스에 대한 확신이 없다면 사업에 전력을 다할 가능성이 현저히 줄어든다는 것만은 확실하다. 금요일마다 골프를 치고 수시로 휴가를 내며 회사에서는 직원들과 잡담이나 하면서는 절대로 성공할 수 없다는 이야기다.

사업의 8할은 영업이다

경기 침체로 해고된 직원들은 많은 경우에 수십만 달러에 달하는 상당한 금액의 퇴직금을 받는다. 대개 10~20년 정도 일하면서 어느 정도 여유 자금을 확보한 데다 거기에 더해 넉넉한 퇴직금까지 받아서일까? 이들 중 상당수는 회사를 떠나며 "못 해 먹겠네, 정말. 이제는 내 사업을 해야겠어"라고 마음먹는다. 이러한 모습은 점점 더 흔해지고 있다. 실제로 창업하는 사람들 가운데 가장 큰 비중을 차지하는 연령대가 50대다. 더욱 놀라운 점은 그보다 훨씬 더 큰 비중을 차지하는 집단이 여성이라는 사실이다. 모든 연령대에서 여성 창업자가 남성 창업자보다 많다는 점도 눈여겨볼 만하다.

  새롭게 사업을 시작한 사람들에게 가장 먼저 일어나는 사건은 다름 아닌 '충격을 받는 일'이다. 전화를 받고, 쓰레기통을 비우며, 커피를 타고, 택배 상자를 포장하는 등 모든 일을 자신이 직접 해야 하기 때문이다. 대기업은 물론이고 심지어 중소기업에서도 모든 직원에게는 각자 자신이 담당하는 직무가 있다. 분업이 존재한다. 그러나 이제 막 사업을 시작한 사람들에게는 본인 외에는 아무도 없는 경우가 허다하다. 사업이 본격적으로 궤도에 오르고 나서야 비로소 직원을 고용해서 도움을 받을 수 있다.

  내가 처음 사업을 시작했을 때도 마찬가지였다. 다만 나는 환상 같은 것이 없었다. 타자기 한 대를 구매해 직접 영업 편지를 쓰고 고객과 계약서를 작성했다. 우편도 직접 발송했다. 물론 전문적인 문서를 작성해야 할 때는 타이피스트에게 맡기기도 했다. 무언가 제작이 필요하면 직접 디자인하거나 인쇄소에 의뢰했다. 나는 1년 동안 정말 쉬지 않고 열심히 일했다. 직접 영업 전화도 돌렸다. 사람들을 내 세미나에 초대할 때도 직접 연락을 돌렸다. 세미나 참석자에게 나눠줄 명찰도 손수 만들었다. 당연히 세미나도 사회자 없이 내가 혼자 진행했다. 휴식 시간에도 쉬지 않고 커피와 다과를 준비해야 했다. 그리고 세미나가 끝나면 테이블과 의자를 정리하는 사람도 나였다. 이 모든 일을 직접 했다.

그렇게 맨손으로 사업을 시작하고 1년 반이 지나서야 나는 파트타임 비서를 쓸 수 있게 되었다. 당시 그녀는 두 명의 영업 전문 컨설턴트와도 일하고 있었기에 나는 '3분의 1' 비서를 고용했던 셈이다. 그로부터 6개월이 지나고 사업이 더 성장하면서 나는 모니카를 풀타임 비서로 고용할 수 있었다. 마침내 그동안 내가 해온 자잘한 업무를 처리해줄 정규직 직원이 처음으로 생긴 것이다. 이후 두 번째, 세 번째 직원도 채용하면서 사업을 확장해나갔다.

이것이 바로 사업을 시작할 때 일어나는 일이다. 자금 상황이 좋다고 해서 처음부터 너무 많은 직원을 채용해서는 놀랄 정도로 빠르게 자금을 소진할 수 있다. 또한 모든 책임이 창업자 본인에게 있다는 사실을 깨달아야 한다. 특히 매출을 일으키는 일은 다른 누가 할 수 있는 것이 아님을 반드시 기억해야 한다.

나는 지금껏 수많은 사업가가 모든 것을 잃는 모습을 수없이 지켜봤다. 그들은 "좋은 영업 담당 직원을 채용할 생각입니다"라고 말한다. 아니다. 그럴 수 없을 것이다. 진짜 실력 있고 평판 좋은 영업 전문가는 이미 안정적인 기업에서 탄탄한 고객 기반 위에 검증된 제품을 판매하며 돈을 잘 벌고 있다 보니 굳이 신생 기업으로 옮길 이유가 없다.

나도 한때 같은 실수를 저질렀다. 영업 담당으로 데니스라는 직원을 채용한 적이 있는데, 정말 끔찍한 경험이었다. 그는 그럴듯한 이야기와 함께 자신이 매우 뛰어난 영업 전문가라고 포장했지만, 결과적으로 보면 내 회사를 거의 말려 죽일 뻔했다. 수많은 고객과 엄청난 매출, 끊이지 않는 현금흐름을 약속했으나 전부 말뿐이었다. 입사 후 처음 3개월 동안 단 한 건의 매출도 올리지 못했다. 심지어 월급도 상당히 많이 받아 간 데다 실제로 성사되지 않은 판매 계약에 대한 수수료까지 챙겼다. 3개월이 지난 시점에 나는 문제를 제기했고, 그는 사무실을 박차고 나가 다시는 돌아오지 않았다. 이 경험을 통해 나는 결국 모든 영업 활동은 내가 직접 해야 한다는 점을 뼈저리게 깨달았다.

나는 영업의 중요성을 매우 강조하는 사람이다. 만약 여러분이 사업을 시작할 때 자신은 영업 전문가가 아니라는 생각이 든다면, 반드시 영업 역량을 갖춘 사업 파트너를 찾아야 한다. 성공적인 파트너십의 대표적인 사례로는 휴렛 팩커드Hewlett-Packard를 들 수 있다. 뛰어난 엔지니어였던 빌 휴렛Bill Hewlett은 회사의 첫 제품인 오실로스코프(전기 신호를 시간의 흐름에 따라 표시하는 장치)를 개발했다. 그리고 데이브 팩커드Dave Packard는 역량 있는 영업 및 마케팅 전문가였다. 이 둘의 조합은 비즈니스 역사상 가장 훌륭한 파트너십 중 하나였다. 빌 휴렛과 그가 이끄는 수많은 엔지니어는 혁신적인 제품을 끊임없이 개발해 시장에 선보였다.

그러면 데이브 팩커드와 그가 이끄는 영업 및 마케팅 조직은 사무실을 박차고 나가 전 세계에 HP의 혁신적인 제품을 판매했던 것이다.

월급받는 생활이 지겹고 못 해먹겠으니 내 사업을 해야 겠다고 생각하는가? 먼저 자신의 영업력을 냉정하게 판단해보라. 본인에게 영업 능력이 현저히 부족한데 영업을 정말 잘할 수 있는 파트너마저 구할 수 없다? 그렇다면 사업을 시작해서는 안 될 것이다.

영업에 대해 빠삭하다고 여긴 나도 사업을 시작했을 때 처음 2년 동안은 소득을 전혀 가져가지 못했다. 회사가 살아남을 수 있을 정도의 수입밖에 창출하지 못했다. 집과 자동차를 팔아야 했고, 내가 아는 모든 사람에게 돈을 빌려달라고 매달려야 했다. 이후 사업 기반을 캐나다에서 미국으로 옮기면서부터는 직원 수를 20명까지 늘릴 수 있었다. 하지만 미국으로 옮기고 처음 2년 동안 나는 다시 한번 소득을 전혀 가져가지 못했다. 인세를 받고 책과 오디오 프로그램을 파는 등 다른 모든 수입원에서 생활비를 충당해야 했다. 사업을 지속하게 위해 또다시 돈을 빌려야 했다. 그러다 마침내 수익을 내도 그것이 끝이 아니었다. 나는 제품 개발에 막대한 자금을 투입해야 했다. 제품 개발 비용에는 후불이라는 개념이 존재하지 않는다. 제품 개발과 재고 확보에 드는 비용은 100퍼센트 선지급해야 한다. 물론 언젠가는 확보한 재고가 팔릴 수도 있다. 하지만 사업을 시작한 입장에서 판매와 매출은 불확실성으로 점철된다. 사업을 시작하겠다면 사업 초기 몇 년간은 소득을 전혀 가져가지 못할 각오를 해야 한다.

핵심 정리

- 일정 수준의 역량과 자신감에 도달하고 나면 더 이상 발전하지 않는 태도를 경계하라. 계속해서 성장하는 사람은 전체 인구의 20퍼센트에 불과하고, 그 20퍼센트만이 평균적으로 매년 11.8퍼센트씩 소득이 증가한다.

- 연봉이 적다고 불평하기 전에 스스로 얼마 만큼의 가치를 창출하고 있는지 질문해보라. 경력이 많다고 연봉을 많이 받아야 하는 이유는 어디에도 없다. 연공서열제는 사라지고 있고, 미래에는 완벽히 사라질 것이다.

- 기업의 오너라면 직원이 열심히 일해주길 기대하지 말고, 자기 자신부터 열심히 일해야 한다. 쉬운 방법에 의존하면 쉽게 망한다.

- 사업을 시작하겠다면 반드시 자기 자신과 가족에게 사 주고 싶은 제품이나 서비스를 선택해야 한다. 또한 처음에는 모든 일을 혼자서 하겠다는 각오가 있어야 한다. 영업 없이 제품력으로만 승부하겠다는 생각은 무모하다. 사업의 8할은 영업이다.

| | | | | | | | | | | | | | | | | 실행 프로젝트 | | | | | | | | | | | | | | | |

현금흐름을 만드는 가장 빠른 방법

01 당신의 인생에서 현금흐름을 만들 수 있는 가장 빠른 방법은 무엇이라고 생각하는가?

02 당신의 연봉은 얼마인가? 연봉을 올리기 위해 지금 당장 당신이 해야 할 일은 무엇인가?

03 차라리 사업을 하겠다면 처음 2년 동안 월급을 가져가시 못해도 괜찮은가, 당신은 그 시간을 어떻게 견딜 것인지 계획해보라.

6장

성공적인 사업의 조건

부자가 되는 쉬운 방법이 있다.
내일 할 일을 오늘 하고
오늘 먹을 것은 내일 먹어라.

탈무드(유대교 경전)

우리는 반복하는 행위로 이루어진다.
따라서 탁월함은 단일 행위가 아니라 습관이다.

아리스토텔레스(고대 그리스 철학자)

부자들은 대부분 돈을 버는 일, 즉 소득 창출에 자신의 초점을 맞추지 않는다. 이들이 집중하는 것은 부의 형성creation of wealth이다. 소득의 창출과 부의 형성 사이에는 매우 중요한 차이가 존재한다. 전자는 돈을 획득해야 하는 대상으로 보고, 후자는 돈을 생산적 활동의 부산물로 보는 것이다.

지금까지 이 책에서는 경제적 자유와 안정적인 삶을 실현할 수 있는 여러 가지 아이디어를 다루었다. 그러나 엄청난 부를 원한다면 즉, 상위 1퍼센트 안에 들고 싶다면, 생각의 폭을 넓히고 깊이를 더해야 한다. 성공에 도움이 되는 사고방식에는 경쟁적 사고방식competitive mindset과 창조적 사고방식creative mindset이 있다. 경쟁적 사고방식을 지닌 사람은 다른 사람들을 밟고 위로 올라가는 것이 성공의 방법이라 믿는다. 반면 창조적 사고방식을 지닌 사람은 자신의 일에 가치를 더하고 때론 완전히 새로운 분야를 만들어내는 것에 집중한다. 이 두 가지 사고방식 모두 중요하지만, 창조적 사고방식이 더 큰 보상을 가져다줄 뿐만 아니라 궁극적으로 훨씬 더 안전한 길이다. 당신이 만약 창조적 사고방식을 택하고, 자신의 사업을 하기로 마음먹었다면 가장 먼저 해야 하는 질문은 "어떤 것이 내 제품이 될 것인가?"다. 내가 판매할 제품을 정할 때는 시장과 고객에게 제안하는 가치의 관점에서 접근해야 한다. "이 제품이 고객의 삶에 어떠한 변화를 가져올 것인가?"가 바로 그것이다.

짐 콜린스Jim Collins는 자신의 저서 『좋은 기업을 넘어 위대한 기업으로』(김영사, 2021)에서 기업의 성공을 결정하는 두 가지 요인을 강조한다. 그중 첫 번째는 의미 있는 제품이나 서비스가 있어야 한다는 것이다. 당신이 팔 제품은 사람들이 원하고 필요로 하며 관심을 두는 것이어야 한다. 만약 고객에게 별다른 의미가 없는 제품이라면, 이를 판매하는 유일한 방법은 교묘한 광고나 저렴한 가격에 기대는 것뿐이다. 반면 사람들에게 정말 중요한 제품을 가지고 있다면, 더 높은 가격을 책정할 수 있으며 그들은 기꺼이 더 많은 돈을 지불할 것이다. 성공을 결정하는 두 번째 요인은 제품이 차별화되고 우수해야 한다는 것이다. 제품의 품질이 매우 분명하게 뛰어나야만 사람들은 경쟁사들이 제안하는 다른 유사한 제품이 아닌 당신의 제품을 선택할 것이기 때문이다.

역사적으로 이 두 가지 요인을 갖춘 완벽한 기업 사례가 바로 애플의 아이폰이다. 애플이 아이폰을 처음 출시했을 때 핸드폰 시장의 선두 주자는 블랙베리와 노키아로, 전 세계 시장의 49퍼센트를 점유하고 있었다. 그럼에도 애플은 메시지 전송, 이메일 확인, 음식점 검색, 다양한 앱 이용, 사진 촬영, 음악 감상 등 사람들이 원하는 모든 기능을 하나의 기기로 통합한다면 지금까지 누구도 제공하지 못한 가치를 만들어낼 수 있음을 깨달았다. 처음 아이폰이 출시되었을 때 블랙베리와 노키아는 아이폰을 10대 청소년이나 가지고 놀 장난감이라고 무시했다. 또한 아무도 아이폰을 원하지 않을 것이며 품질 좋고 안정적인 정통 핸드폰을 찾는 시장은 항상 존재할 것으로 내다봤다. 그 결과 모두 알다시피 5년 뒤에 블랙베리와 노키아는 파산했다.

혹시 아침에 집을 나서 차를 타고 몇 블록을 운전하다 핸드폰을 두고 왔다는 사실을 알아차린 적이 있는가? 1,000명에게 이 질문을 하면 모두 고개를 끄덕인다. 그런 다음 "그래서 어떻게 하셨나요?"라고 물어보면 하나같이 "차를 돌려서 집으로 다시 갔죠"라고 말한다. 이것이 바로 고객에게 의미 있는 제품이다. 자신에게 없다는 사실을 깨달으면 오던 길을 돌아가서 찾을 만큼 중요한 제품 말이다.

성공적인 사업을 시작하려면 의미 있는 제품, 즉 사람들의 삶에 차이를 만드는 제품을 확보해야 한다. 우리 회사의 제품은 사람들이 기꺼이 돈을 내고 살 만한 역할을 하는가? 사람들이 그 서비스에 기꺼이 비용을 지불할 만큼 중요한 문제를 해결하는가? 사람들이 제품을 소유하기 위해 다른 무언가를 희생할 만큼 중요한 혜택을 제공하는가? 사람들이 달성하고자 하는 어떤 목표에 도움이 되는가? 이 제품이 해소하는 불편이나 고통은 삶에서 큰 의미가 있는가? 나는 놀라울 정도로 많은 제품과 서비스에 별다른 특징이 없다는 사실에 놀란다. 아마도 그러한 제품과 서비스는 위의 질문에 적절한 답을 제시하지 못할 것이다.

시장이 존재하는지 확인하는 방법

판매할 제품에 대한 아이디어를 가지고 있다면 반드시 잠재 고객을 대상으로 시험해봐야 한다. 내가 판매할 제품의 아이디어에 적합한 이상적인 고객은 누구인가? 가장 먼저 제품을 구매하고 가장 높은 가격을 지불할 고객은 누구인가? 타깃을 파악했다면 실제로 그들을 직접 찾아가 대화를 나눠야 한다. 이것이 오늘날 마케팅에서 일어나는 혁명적인 변화다. 과거에는 기업이 신제품을 개발한 다음, 마치 시사회에서 처음 공개하는 영화처럼 깜짝 놀랄 만한 소식을 전하듯 발표하는 방식이 일반적이었다. 하지만 요즘은 점점 더 많은 기업이 제품을 정식으로 출시하기 전에 잠재 고객을 찾아가 이렇게 말한다. "저희가 보기에는 이 제품이 여러분의 삶의 질이나 업무의 질을 높이는 데 많은 도움이 될 것 같습니다. 어떻게 생각하십니까?" 그러면 고객도 피드백을 제공한다. "이 부분은 좋지만, 저 부분은 별로네요", "이 기능을 추가하거나 강화하면 좋을 것 같아요", "저 기능은 빼도 괜찮을 것 같아요." 이렇게 잠재 고객의 의견을 수렴하고 나면 다시 사무실로 돌아가 제품 아이디어를 조정하는 과정을 거치는 것이다.

일련의 과정은 마치 새로운 요리법을 개발하는 것과 비슷하다. 요리법을 개발할 때 가장 먼저 하는 일은 가족들에게 음식을 맛보게 하는 것이다. "맛이 어때? 괜찮아?"라고 물어보고 "너무 짜", "너무 매워", "너무 달아"라는 반응을 듣고 나면 주방으로 가서 요리법을 수정하고 다시 맛보는 과정을 거친다. 이 과정을 몇 번 거치다 보면 결국 모두가 "너무 맛있어!"라고 말하는 때가 온다. 그리고 그 순간 "이제 됐어. 완벽해!"라고 말할 수 있다. 이것을 고객 공동 창조customer co-creation라고 부른다.

이 과정의 최종 목표는 금전적 거래, 즉 제품을 사기 위해 돈을 지불하는 행위가 동반되어야 한다는 것이다. 좋은 제품이라는 고객의 이야기만으로는 충분하지 않다. 고객이 매장 앞에 가장 먼저 줄을 서서 돈을 내고 제품을 구매해야 한다. 애플이 신제품을 출시하면 볼 수 있는 광경을 떠올려보자. 사람들은 애플스토어 앞 길거리에서 사흘 밤낮을 줄을 서서 기다린다. 나는 사업을 하는 사람들에게 묻곤 한다. "여러분 회사에서 신제품을 출시할 때 이렇게 줄을 서는 사람이 몇 명이나 있습니까?" 돌아오는 것은 조금은 허탈한 웃음과 함께 "없죠. 단 한 명도 없네요"라는 답이다.

성공할 가능성이 큰 제품을 만들기 위해서는 가장 먼저 제품을 판매할 시장이 존재하는지 철저하게 확인해야 한다. 그런 다음 한정된 범위에서 제품을 출시하고 얼마까지 가격을 책정할 수 있는지 파악해야 한다. 목표 시장과 가격을 결정하고 나면 제품을 본격적으로 출시하는 단계로 넘어가서 최단 시간 내에 최적의 가격으로 최대한 많은 고객에게 제품을 제공할 수 있는 비즈니스 모델을 구축해야 한다. 그리고 이 과정을 반복하면서 고객과 시장, 더 나아가 사업을 확장해나가면 된다.

이것이 바로 성공적인 사업을 시작하는 방법이다. 진정으로 혁신적인 제품이나 서비스를 떠올리고 만들어내야만 엄청나게 많은 돈을 벌 수 있기 마련이다. 마이크로소프트의 빌 게이츠Bill Gates가 선보인 소프트웨어가 바로 이 혁신적인 제품의 대표적인 사례다. 윈도우Windows는 사실상 전 세계 모든 컴퓨터가 작동하는 표준이 되었다. 그런데 빌 게이츠가 마이크로소프트의 소프트웨어를 처음부터 개발한 것은 아니라는 사실을 아는가? 그는 어느 개발자가 이미 만든 소프트웨어를 사들인 다음 이를 획기적으로 개선했다. 또한 소프트웨어의 소스코드를 전 세계의 개발자들에게 개방해 누구나 마이크로소프트의 플랫폼을 기반으로 그 소스코드를 바탕으로 소프트웨어를 개발할 수 있도록 했다.

반면 조금 다른 행보를 보여준 이도 있다. 바로 스티브 잡스다. 스티브 잡스는 1980년대 초반 빌 게이츠가 사업을 시작한 시기와 거의 비슷한 때에 사업을 시작했다. 그런데 빌 게이츠와 달리 스티브 잡스는 애플의 소프트웨어 아키텍처를 폐쇄적으로 운영하고 독점적인 시스템을 구축함으로써 가능한 한 많은 이익을 챙기겠다고 결정했다. 그렇게 10년이 지난 시점에 빌 게이츠는 시장의 90퍼센트를 차지했으나 애플의 시장 점유율은 2퍼센트로 떨어졌다. 애플의 매킨토시 컴퓨터가 더 우수하다고 이야기하는 사람이 많았음에도 시장은 다르게 판단한 것이다. 2006년 애플이 아이폰을 출시했을 때도 마찬가지였다. "애플은 아이폰에 설치할 앱을 자체적으로 개발할 계획입니다"라고 발표했다. 그러나 애플은 몇 가지 앱을 개발한 후, 외부 개발자들에게 소프트웨어 접근을 열어줘야 한다는 주장을 받아들일 수밖에 없었다. 고객이 원하는 다양한 종류의 앱을 자체적으로 개발할 만한 자원이 부족하다는 점을 인정한 것이다.

스티브 잡스의 이 결정은 비즈니스 역사상 가장 위대한 의사 결정 가운데 하나로 손꼽힌다. 덕분에 수십억 달러의 매출을 창출했으며, 애플은 전 세계에서 가장 많은 현금을 보유한 부유한 기업으로 성장했다. 모든 것은 비즈니스 모델 변화, 즉 앱 개발 환경을 접근 가능한 것으로 바꿔 이루어낸 성과였다. 물론 빌 게이츠는 사업 초기부터 이 전략을 선택했기 때문에 이미 오래전부터 세계 최고의 부자가 되어 있었다.

상위 1퍼센트에게 있는 위험을 감수할 용기

때로는 독특하고 차별화된 마케팅 방식에 제품이나 서비스를 결합해서 기업을 완전히 다른 모습으로 탈바꿈시키기도 한다. 레이 크록Ray Kroc이 캘리포니아주 샌버너디노에서 맥도날드 형제가 운영하는 햄버거 가게를 보고 떠올린 생각이 바로 그랬다. 당시 밀크셰이크 제조기를 판매하던 레이 크록은 이 햄버거 가게에서 계속 주문이 들어오는 것을 보고 궁금한 마음이 들었다. 그는 직접 차를 몰고 햄버거 가게로 찾아갔다. 그리고 놀라운 광경을 목격했다. 맥도날드 형제의 햄버거 가게에는 고품질의 햄버거와 감자튀김, 밀크셰이크를 제조하는 일종의 생산 라인이 구축되어 있던 것이다.

깜짝 놀란 레이 크록은 이렇게 중얼거렸다. "이건 굉장한 아이디어야. 저들은 햄버거를 만드는 프로세스를 마치 기계가 하는 것처럼 바꿔버렸어." 햄버거 가게 앞에는 줄을 선 사람들로 가득했다. 사방에서 자동차가 몰려들었고, 맥도날드 형제는 상당히 많은 돈을 벌고 있었다. 레이 크록은 그들에게 가서 말했다. "저와 동업해보시겠습니까?" 그리고 돌아온 답은 "물론입니다"였다.

"자, 그러면 이제 본격적으로 이야기를 시작해봅시다. 먼저 사업 지분은 저와 두 분이 50대 50으로 하면 어떻겠습니까? 그리고 저는 제 사무실이 있는 일리노이주 데스플레인스로 돌아가서 여기 이 햄버거 매장의 시스템을 그대로 복제한 매장을 열 생각입니다."

얼마 후 레이 크록은 사업을 확장해보고 싶은 마음에 맥도날드 형제들을 다시 만나 부동산담보대출을 받아 여러 지역으로 사업을 확장하자고 제안했다. 그러나 맥도날드 형제들은 대출까지 받아 가면서 사업을 하고 싶지는 않다며 제안을 거절했다. 그들은 샌버너디노라는 농촌 마을에서 나고 자란 마음씨 좋은 사람들이었을 뿐이다. 그러자 레이 크록은 "그러면 제가 두 분의 지분을 사겠습니다"라고 제안했다. 그렇게 맥도날드 형제는 맥도날드라는 회사 이름과 햄버거 가게의 운영 방식을 헐값에 레이 크록에게 넘겼다. 그 후에 일어난 일은 모두가 아는 역사가 되었다. 맥도날드는 폭발적으로 성장했으며, 레이 크록은 세계에서 가장 부유한 사람 중 한 명이 되었다.

많은 기업가가 자신의 사업을 맥도날드처럼 프랜차이즈로 운영하고 싶어 한다. 하지만 첫 번째 프랜차이즈 매장을 여는 데는 평균적으로 대략 7~8년이 걸린다는 것을 사실은 모르는 듯하다. 사업 운영 시스템에서 각종 문제점을 찾아내 제거하는 데만 평균 7년이 걸린다. 그 정도의 시간이 있어야만 사업의 운영 방식이 상당히 표준화되어, 마치 스위스 시계처럼 정교하게 돌아가는 보장된 돈벌이 시스템으로 자리 잡을 수 있다.

이처럼 표준화된 시스템을 구축할 수 있는지 확인하려면 먼저 새로운 사업장을 하나 더 열어보면 된다. 새로운 사업장에 첫 번째 사업장의 운영 방식을 복제한 뒤 모든 시스템을 똑같이 적용해야 하며 어떠한 변화도 시도해서는 안 된다. 그래야만 두 번째 사업장도 돈벌이 시스템이 될 수 있는지 확인할 수 있다. 만약 두 사업장이 똑같은 시스템으로 작동해 수익을 창출한다면, 프랜차이즈 사업을 본격적으로 시작할 만하다고 할 수 있다. 그 후 세 번째, 네 번째 등으로 사업장을 확장하면 된다. 여기서 한 가지 알아둬야 할 것은 프랜차이즈로 사업화할 수 있는 제품이 매우 드물다는 사실이다. 일단 사업화 대상 제품이 소비재여야 한다. 사람들이 반복해서 구매해야 하기 때문이다. 그리고 다른 많은 경쟁 제품과 비교할 때 무언가 우월한 점이 있어야 한다.

레이 크록은 우연히 찾아온 기회를 놓치지 않고 꽉 붙잡아 부자가 되었다. 반면 우연히 찾아온 기회를 걷어차버려서 두고두고 후회할 듯한 또 다른 기업의 사례도 있다. 원래 빌 게이츠는 IBM의 개인용 컴퓨터PC에 사용할 소프트웨어를 라이선스 형태로 공급하는 사업을 하고 있었다. 그러던 중 경기 침체기에 다른 많은 기업이 그렇듯 마이크로소프트에도 재무 상태에 빨간불이 들어왔다. 빌 게이츠는 IBM을 찾아가 이렇게 제안했다. "매번 PC에 우리 소프트웨어를 설치할 때마다 로열티를 지급하는 대신, 일시불로 35만 달러를 내고 IBM이 소프트웨어의 소유권을 가져가면 어떨까요?" IBM의 경영진이 내놓은 답은 "제안은 고맙지만, IBM은 소프트웨어를 개발하거나 소유하는 사업을 하는 곳이 아닙니다. 마이크로소프트의 소프트웨어를 35만 달러에 구매하는 데는 관심이 없습니다"였다.

오늘날의 IBM과 마이크로소프트의 위상을 고려하면 과연 이런 대화가 가능했다고 상상이나 할 수 있을까? 빌 게이츠는 위기를 벗어나기 위해 최선을 다해야 했고, 실제로 얼마 뒤 마이크로소프트는 정상 궤도로 복귀했다. 그리고 오늘날 마이크로소프트는 IBM과 비슷한 회사의 재무제표도 보지 않고 아침 식사 전에 가벼운 마음으로 사고팔 수 있는 기업으로 성장했다. 나는 요즘도 가끔 IBM에서 그러한 결정을 내린 '위대한 천재'가 과연 누구였는지 궁금하다.

세상에서 가장 부유한 사람으로 여겨지는 빌 게이츠도 과거에는 부자와는 거리가 먼 인물이었다. 레이 크록도 한낱 판매원에 불과했다. 특징이라면 그 둘은 자신이 가진 모든 것을 걸고 도박을 했다는 것이다. 피터 드러커는 "성공한 기업이 있는 곳에는 언제나 과거 한때 인생을 건 도박을 하고 그 판에서 이긴 사람이 존재한다"라고 이야기한 바 있다.

이것은 대다수 자수성가한 억만장자들의 특징과도 일치한다. 그들은 성공의 첫 번째 요건으로 성실한 노력과 자기 절제를 꼽는다. 두 번째 요건으로는 끊임없는 학습을 강조한다. 마지막 세 번째 요건이 바로 위험을 감수하는 용기다. 마치 카지노의 포커 테이블에서 특정한 순간이 오면 가지고 있는 모든 칩을 걸고 "올인!"이라고 외치는 것처럼 말이다. 부자들에게는 과거에 기꺼이 모든 것을 걸 용기가 있었고, 운 좋게도 원하던 카드가 눈앞에 모습을 드러냈던 것이다. 이것이 바로 상위 1퍼센트에 진입하는 방법이다. 모든 것을 걸지 않고도 억만장자가 된 사람의 이야기는 존재하지 않는다. 그리고 기꺼이 모든 것을 걸었던 사람 가운데 대다수는 그 모든 것을 잃고 다시 시작해야 했다.

운영하지 말고 일하라

여기서 우리는 또 다른 통찰에 다다른다. 모든 것을 걸어도 성공이 보장되지 않는다면 상위 1퍼센트를 만드는 결정적 차이는 위험을 감수하는 용기가 아니라는 것이다. 이제 억만장자들이 스스로 꼽은 세 가지 성공 요건 중 나머지 두 가지 요건인 성실한 노력과 끊임없는 학습에 주목해야 한다. 사람들은 모두 같은 출발선에서 시작한다. 타고난 능력도 엇비슷하며 좋은 학교를 나왔을 수도 있지만 그렇지 않을 수도 있다. 그럼에도 그들이 평범한 사람들보다 10배 더 많은 소득을 올리고, 10배 더 많은 자산을 형성하며, 훨씬 더 나은 삶을 살아가는 이유는 바로 무엇보다 열심히 일하기 때문이다. 이와 관련해서 미국경영협회American Management Association의 연구는 참고할 만하다. 미국경영협회는 상위 3퍼센트의 성공한 사람들과 나머지 집단의 차이를 연구했는데, 그 결과 성공한 사람들이 반드시 더 똑똑하거나 IQ가 높지 않았다. 반드시 학창 시절에 성적이 좋았거나 좋은 대학을 졸업한 것도 아니었다. 이들은 단지 다른 방식으로 행동했다는 결과가 나왔다. 그중 하나가 자신의 목표와 계획을 문서로 작성했다는 점이다. 사업을 시작할 때도 명확한 사업계획을 문서로 작성한 후 단계별로 확인하면서 자신에게 적합한 제품이나 서비스를 찾아 나갔다. 마치 건축가가 아름다운 건물을 설계하고 계속해서 도면을 수정하는 것처럼 말이다.

    때로 어떤 사람들은 '사업에서 직접 일하는 것work in the business'이 아니라 '사업을 운영하는 것work on the business'이 중요하다고 말하기도 한다. 정작 그들 자신은 평생 사업에 성공했던 경험이 없다는 점을 숨기면서 말이다. 그리고 그들의 조언을 따른 사람 중에서도 사업에 성공한 사람은 전혀 없다. 나와 가까운 친구 중에서도 사업이란 직접 일하는 것이 아니라 운영하는 것이라는 환상에 푹 빠진 사람이 있다. 그는 이렇게 말했다. "사실 내가 그 생각에 완전히 빠져서 믿고 따랐잖아. 그리고 결국 망했지, 뭐. 그러고 나서야 다시 직접 일하기 시작했어."

성공한 사업가는 모두 사업에서 자신이 직접 일한다. 여기에 예외는 없다. 빌 게이츠를 보라. 그는 현역에서 물러나기 전까지 마이크로소프트의 최고 소프트웨어 설계 책임자Chief Architect Officer로서 직접 개발 과정에 참여했다. 언제나 전력을 다해 마이크로소프트의 사업에 관여했다. 일상적인 경영 관리와 감독 업무는 최고경영자CEO와 최고운영책임자COO에게 맡겼지만, 빌 게이츠는 언제나 자신의 사업에서 직접 일하고 있었다.

내게는 경영 컨설턴트로 일하는 친구가 있는데, 이 친구는 지난 12년 이상 기업의 성공과 실패 사례를 연구했다. 수백 개 기업을 연구한 끝에 성공한 기업들의 공통점으로 그가 찾은 결론은 명확했다. 바로 현장 경영hands-on management이다. 이들 기업의 경영자들은 마치 환자의 상태를 확인하기 위해 회진을 도는 의사처럼 현장을 샅샅이 돌아다닌다. 환자의 맥박을 재고 눈과 코, 안색, 혈압을 살펴보며, 환자를 직접 돌보는 의사처럼 모두 총괄해서 행동한다. 사업을 시작한다는 것은 응급실에 들어오는 환자를 맞이하는 것과 같은 것이다. 환자에게는 언제든 긴급한 순간이 찾아오기 때문이다.

나는 얼마 전 어느 병원의 벽에 붙어 있는 포스터를 본 적이 있다. 그 포스터에는 뇌졸중이 발병하면 첫 30분이 환자의 생사와 신체적 및 정신적 기능을 좌우하므로 신속하게 가까운 병원의 응급실을 찾아야 한다고 적혀 있었다. 또한 뇌졸중의 증상, 발병 시 즉시 해야 할 조치, 가까운 병원 등 다양한 정보도 함께 적혀 있었다. 그 포스터를 보며 사업을 시작할 때도 이와 같은 대처법을 벽에 붙여놓는 것이 좋겠다는 생각을 했다. 특히 사업 초기에는 항상 적색경보가 울리고 있기 때문이다. 하루하루가 사업의 생존을 좌우하기에 단 하루도 평온할 리가 없다.

사업에 성공하고 싶다면 전력을 다해 직접 참여해야 한다. 그럴 필요까지는 없다고 말하는 사람은 한 번도 사업에서 성공한 적이 없는 사람이다. 그렇게 해도 성공 가능성을 높일 뿐이지 절대 성공이 보장되는 것은 아니다.

돈을 만들어내라

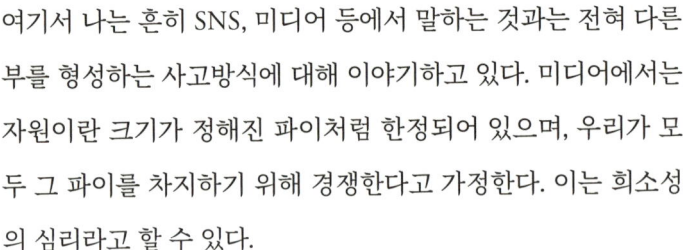

여기서 나는 흔히 SNS, 미디어 등에서 말하는 것과는 전혀 다른 부를 형성하는 사고방식에 대해 이야기하고 있다. 미디어에서는 자원이란 크기가 정해진 파이처럼 한정되어 있으며, 우리가 모두 그 파이를 차지하기 위해 경쟁한다고 가정한다. 이는 희소성의 심리라고 할 수 있다.

반면 풍요의 심리는 돈이란 나누는 것이 아니라 만들어내는 것이라고 말하는 쪽이다. 미국의 작가이자 철학가인 아인 랜드 Ayn Rand는 1957년 "돈을 만든다 make money"라는 표현에 담긴 의미를 재조명했다. 부는 누군가의 손에서 다른 이의 손으로 옮겨지는 정태적 자산이 아니라, 인간의 생산적 창조 행위를 통해 만들어지는 것이라고 본 것이다. 또한 돈을 악悪이라 규정하는 통념에 반박하며 돈이란 생산된 가치를 교환을 통해 나타낸 도구라고 보았다. 단, 이 도구가 기능하려면 생산할 수 있는 사람과 교환하고자 하는 가치가 전제되어야 한다고 했다. 즉 돈을 만드는 것은 누군가의 사고와 노력이 투입된 생각의 결과이며, 단순히 다른 사람의 것을 빼앗거나 강제로 취득하는 방식이 아니라는 것이다.

다르게 말하자면 부를 형성한다는 것은 다른 사람들에게 도움이 되는 새로운 방법을 찾는 것이다. 다른 이들의 일과 삶이 나아지게 만들 제품이나 서비스로 그들이 기꺼이 돈을 내서 구매하도록 하는 것이다. 물론 경쟁은 피할 수 없다. 다만 풍요의 심리는 인간에게는 무한한 욕구가 있으므로 무한한 기회가 존재한다고 이야기한다. 이는 내가 배운 가장 중요한 사실 중 하나다. 인간에게 충족되지 않은 욕구나 해결되지 않은 문제, 처리되지 않은 필요가 존재하는 한, 창조적인 소수에게는 언제나 기회가 열려 있다.

마크 저커버그는 하버드대학교의 기숙사 방에서 지금은 메타Meta로 회사명을 변경한 페이스북Facebook을 생각해냈다. 하버드대학교의 신입생은 함께 입학한 모든 학생의 사진과 정보가 담긴 책자를 받기에 이를 통해 서로를 알아갈 수 있는데, 그들은 이 책자를 페이스북이라고 불렀다. 마크 저커버그가 처음 한 일은 이 페이스북을 단순히 웹사이트로 전환하는 것에 불과했다. 하버드대학교 학생들은 서로의 얼굴을 온라인에서 확인할 수 있었다. 이는 단순했지만 매우 훌륭한 아이디어였다. 점점 더 많은 사람이 웹사이트를 이용하기 시작했다. 처음에는 돈을 벌 생각이 전혀 없었다. 그저 컴퓨터를 좋아하는 괴짜들이 재미를 위해 시작한 프로젝트일 뿐이었다. 하지만 얼마 지나지 않아 하버드대학교 학생 대부분이 페이스북 웹사이트를 이용했다. 다른 학생들과 활발하게 교류하고 싶거나 다른 학생들이 자신의 관심사와 정보를 알게 되기를 원한다면, 이 웹사이트에 접속하는 것이 당연한 일이 되었다. 또한 사람들은 페이스북 웹사이트를 통해 메시지를 주고받았다. 하버드대학교의 페이스북 웹사이트가 큰 성공을 거두고 유명해지자 예일대학교의 한 학생이 마크 저커버그에게 "예일대학교 페이스북도 만들어줄 수 있을까?"라고 묻기까지 했고, 마크 저커버그와 그의 팀은 "물론이지!"라고 답했다. 그들은 같은 기술을 활용해 또 하나의 페이스북을 만들었다. 그러던 중 마크 저커버그는 대학에 다니지 않는 사람들도 페이스북을 좋아할 것이라는 생각에 이르러 사업을 키울 수 있었다.

　이처럼 페이스북의 시작과 초기 성장은 철저한 계획보다는 우연에 우연이 더해진 결과였다. 인터넷 시장이 폭발적으로 성장하던 시기에 누구나 온라인에서 서로 소통하며 사진과 이야기를 공유하고 싶어 한 경향과 맞물린 것이다. 그리고 시간이 흐른 지금 페이스북은 전 세계에서 수십억 명이 사용하는 소셜 미디어가 되었다. 페이스북이 거둔 이 엄청난 성공은 정말로 운명의 장

난이었을지 모른다. 페이스북 이전에도 마이스페이스^{MySpace}와 같은 소셜 미디어 웹사이트는 있었지만, 지금은 모두 사라졌으니 말이다.

가치 투자를 하기로 유명한 워런 버핏도 풍요의 심리를 지지하는 쪽으로 볼 수 있다. 사람들의 일과 삶이 나아지게 만드는 기업을 발굴해서 투자한다는 점에서 그렇다. 워런 버핏의 이러한 철학은 컬럼비아대학교 재학 시절, 가치 투자의 아버지로 불리는 벤 그레이엄^{Ben Graham}의 강의를 수강하면서 형성되었다. 벤 그레이엄은 어떤 기업이 판매하는 제품이나 서비스가 고객에게 진정한 가치를 창출하는지 파악하기 위해서는 해당 기업의 펀더멘털을 깊이 들여다봐야 한다고 가르쳤다.

여기서 중요한 개념으로는 가치 창출^{value creation}과 가치 확보^{value capture}가 있다. 벤 그레이엄은 "시장은 가격을 매기지만, 진짜 가치는 기업이 만든다"라고 했다. 즉, 가치 창출은 기업의 몫이며 가치 확보는 투자자의 몫이라는 뜻이다. 벤 그레이엄은 기업을 분석할 때 기업의 근본 가치의 측면으로 접근해서 어떤 기업이 경쟁사보다 더 낫거나 차별화된 가치를 제공하는 이유를 파악해야 한다는 철학을 가르쳤고, 그 가치가 시장에 완전히 반영되지 않았을 때 매수하라고 했다. 또한 동시에 여러 연관된 질문을 던질 것을 강조했다. 기업에는 어떤 사람들이 일하고 있는가? 경영진은 관리자로서 유능한가? 연구원이나 개발자는 신제품 개발 능력이 뛰어난가? 임직원은 야심이 있으며 항상 제품을 개선하려는 의지가 있는가와 같은 것들이었다. 워런 버핏은 벤 그레이

엄의 가르침을 그대로 흡수했다.

집안의 가세가 기울며 어렸을 때부터 신문 배달을 해야 했던 워런 버핏은 신문 배달로 모은 2,000달러를 투자의 종자돈으로 사용했다. 벤 그레이엄의 철학을 이어받아 가치 있는 기업에 투자했다. 즉, 사람들이 좋아하고 원할 뿐만 아니라 경쟁사보다 우월한 가치를 전달하며 수익까지 창출하는 제품과 서비스를 제공하는 기업에 투자했다. 그리고 이들 기업에 투자해 거둔 이익은 다시 사람들이 원하고 수익을 내는 유사한 제품이나 서비스를 판매하는 다른 기업에 투자하는 데 사용했다. 이러한 과정을 계속 반복해서 오늘날 워런 버핏은 역사상 가장 성공한 투자가가 되었다. 사실 가치 있는 기업에 투자하라는 벤 그레이엄의 투자 원칙은 매우 간단한 개념이다. 다만 워런 버핏이 원칙에서 한 번도 벗어나지 않았기에 가능했던 일이다.

또 다른 예로는 여성용 보정속옷 브랜드로 출발한 스팽스Spanx를 창업한 사라 블레이클리Sara Blakely를 들 수 있다. 그녀는 많은 여성과 같은 고민을 하고 있었다. 바로 더 아름답게 보이고 싶다는 것이었다. 당시 여성용 속옷 브랜드는 매우 다양했지만, 몸매를 탄탄하게 잡아주는 플라스틱 성형 기술을 활용한 제품은 없었다. 그리고 이를 파악한 사라 블레이클리는 스팽스를 창업했다. 그녀는 직접 디자인한 모델을 개발하고 생산했다. 그런 다음 수많은 여성용 속옷매장을 찾아다니며 위탁 판매 방식으로 판매할 매장을 확보했다. 처음에는 제품을 입점시키기 위해 엄청난 노력을 기울여야 했지만, 스팽스는 적절한 시기에 등장한 적절한 제품이었다. 게다가 사라 블레이클리는 똑똑한 사업가였다. 우수한 디자이너를 다수 영입했으며, 여전히 모든 제품의 디자인에도 직접 참여하고 있다. 스팽스의 보정 속옷을 원하는 사람들이 너무나 많은 데다 제품의 품질까지 우수하기 때문에 스팽스는 폭발적으로 성장할 수 있었다. 오늘날 스팽스는 업계 최고의 브랜드로서 최고의 품질을 갖춘 제품을 제공한다는 평가를 받고 있다.

매일 나아지기 위해 노력하라

마지막으로 사업에서 반드시 따라와야 하는 것은 지속적인 개선이다. 모든 분야에서 성공의 가장 큰 적은 안전지대에 머물려는 유혹, 즉 안일함이다. 많은 기업이 훌륭한 제품과 함께 시장에 진입해도 항상 경쟁자들이 몰려와 유사한 제품이나 서비스를 선보이며 이익을 나눠 먹으려 하기 때문이다. 지속적이고 끝없는 개선Continuous And Never-ending Improvement만이 사업을 유지하게 만든다. 수많은 경쟁사 중에서 어떤 기업이 엄청난 성공을 거두고 있다면 그들이 지속적인 개선에 힘쓰고 있다는 증거다. 우리는 매일 모든 면에서 점점 더 나아져야 한다. 더 많이 배워야 한다. 아침에 눈을 떴을 때보다 아는 것이 더 많지 않다면 절대 잠자리에 들어서는 안 된다. 성공한 사람들은 지금 이 순간에도 오디오 프로그램을 듣고 책을 읽으며 새로운 기술을 익히고 있다.

　기업은 지속적이고 끝없는 개선을 통해 더 편리하고 좋은 제품을 더 빨리, 더 싸게 그리고 더 쉽게 만들 수 있게 된다. 계속 앞으로 나아가며 끊임없이 개선할 방법을 찾는다면 지금까지 아무도 본 적 없는 또 다른 스팽스, 또 다른 페이스북, 또 다른 마이크로소프트를 만나게 될 것이다. 그리고 이처럼 위대한 성공이 가능한 것은 가장 선두에서 위험을 감수하고 한계를 뛰어넘으며 더 나은 제품을 만들었기 때문이다. 여기에 더해 운까지 따라준다면 더없이 좋다. 이것이 바로 한 세대 만에 억만장자가 된 사람들의 비결이다.

핵심 정리

- 돈은 획득해야 하는 경쟁적 대상이 아니라 창조해야 하는 대상이다. 가치를 더하거나 새로운 분야를 만들어내는 사람만이 엄청난 부를 가져갈 수 있다. 돈을 만들어내라. 부는 그렇게 형성된다.

- 사업으로 돈을 벌고 싶다면 위험을 감수할 용기가 있어야 한다. 시스템을 갖추기까지 7~8년이 걸리는 시간을 견딜 수 있어야 하고, 때로는 모든 것을 걸어야 한다.

- 사업을 시작한다는 것은 응급실에 들어오는 환자를 맞이하는 일과 같다. 한시도 환자의 곁을 떠나서는 안 된다. 사업을 운영할 생각을 하지 말고 사업에서 일해야 한다.

- 사업을 시작하는 방법은 실제 고객을 대상으로 제품을 테스트해서 시장이 존재하는지 확인하고 한정된 범위에서 제품 출시해서 가격을 책정한 뒤, 최단 시간 내에 비즈니스 모델 구축하는 것이다.

- 부의 형성에서 가장 중요한 원칙은 지속적인 개선이다. 자기 개선, 제품 개선 나아가 기업 개선까지 안전지대에 머무르지 않는 태도가 한 세대 만에 억만장자가 된 사람들의 특징이다.

|||||||||||||||| 실행 프로젝트 ||||||||||||||||
사업 시작에 도움이 되는 질문

01 사업에 필요한 요건인 성실한 노력과 자기 절제, 끊임없는 학습, 위험을 감수할 수 있는 용기 중 당신에게 있는 것은 무엇인가?

02 위의 요건 중에 당신에게 없는 자질은 어떻게 개발해야 할까?

03 자질이 갖추어졌다면 이제 당신의 사업 아이템을 찾을 차례다. 당신이 지닌 아이디어를 떠올리며 181쪽 맨 마지막 문단의 질문에 답해보라.

7장

경제적 자유를 위해
꼭 알아야 할 돈의 속성

성공은 대개 그를 좇을 겨를도 없이 바쁜 사람에게 온다.

헨리 데이비드 소로(『월든』 저자)

돈이 돈을 벌고
그 돈이 또 돈을 벌게 하라.

벤저민 프랭클린(미국 건국의 아버지)

내가 처음 사업을 시작했을 때는 백만장자가 약 100만 명 있었고 억만장자는 손에 꼽을 수 있을 정도였다. 하지만 지금은 1,000만 명의 백만장자와 2,000명의 억만장자가 존재한다. 특히 억만장자는 매년 40~50명씩 증가하고 있는데, 이는 믿을 수 없을 만큼 빠른 속도로 부가 축적되고 있음을 의미한다. 아무것도 없는 상태에서 시작해 10억 달러를 축적한 사람들이 이렇게나 많고 계속해서 늘어나는 중이다. 이제 우리의 목표는 많은 사람이 '인류의 황금기'라고 부르는 이 시대에 적극적으로 동참하는 것이어야 한다. 인생의 주요 목표 중 하나는 분명 경제적 자유financial independence다. 더 이상 돈 문제를 걱정할 필요가 없을 정도로 충분한 돈을 가지고 있는 상태다.

돈에는 에너지가 있어 돈을 잘 다루는 사람에게 끌리는 성질이 있다. 그래서 돈은 가치 있는 제품과 서비스를 생산하고 고용과 기회를 창출하여 타인에게 혜택을 주는 일을 하는 사람을 향해 흘러간다. 동시에 돈을 제대로 활용하지 못하거나 비생산적인 방식으로 소비하는 사람에게서는 멀어진다. 그렇다면 우리가 할 일은 명확하다. 정직한 방법으로 최대한 많은 돈을 벌어 자신과 소중한 사람들의 삶을 더 낫게 만드는 일이다. 그러기 위해서는 돈이 지니고 있는 속성을 제대로 알아야 한다.

언제나 원인이 있기에 결과가 있다

돈은 인과 법칙에 따라 움직인다. 인과 법칙은 인간의 운명을 결정하는 철칙으로, 모든 일에는 이유가 있으며 모든 결과에는 원인이 있다고 말한다. 즉, 우리가 사는 세상은 우연이 아니라 인과관계가 지배하는 곳이다. 성공이나 실패, 부나 빈곤에도 우리가 알든 모르든 하나 이상의 구체적인 원인이 존재한다는 뜻이다. 모든 것은 특정한 원인이나 행동의 직접적이거나 간접적인 결과다. 따라서 자신이 원하는 결과를 명확히 안다면, 이를 성취하는 것도 가능하다. 누구나 자신과 같은 목표를 이미 달성한 사람들을 연구할 수 있고, 그들이 한 일을 행동에 옮겨서 같은 결과를 얻을 수 있기 때문이다.

우리의 경제적 목표는 투자한 돈이 버는 돈보다 더 많은 수익을 창출할 때까지 돈을 축적하는 것이다. 따라서 목표를 빨리 설정하고 행동에 옮길수록 경제적 자유라는 목표를 더 빨리 달성할 수 있다. 반대의 경우도 자명하다. 그렇게 하지 않으면 돈은 오지 않는다.

아주 작은 노력이 쌓여 부를 만든다

경제적 자유를 목표로 정했다면 무엇보다 축적의 법칙law of accumulation을 가슴에 새겨야 한다. 모든 위대한 경제적 성취는 누구도 알아차리거나 인정하지 않는 수백 번의 작은 노력과 희생이 축적된 결과다. 경제적 독립을 이루기 위해서는 엄청나게 많은 작은 노력이 필요하다. 그리고 절제와 끈기가 꼭 필요하다. 처음에는 변화나 차이가 거의 없는 것처럼 보이겠지만, 시간이 지나면서 점차 노력은 결실을 보기 시작할 것이다. 그렇게 동료들보다 한발 앞서 나갈 것이다. 재무 상태가 개선되고 채무는 사라질 것이다. 은행 계좌의 잔고가 늘어나고 전반적인 삶의 질도 좋아질 것이다. 저축이 쌓일수록 가속도가 붙어서 경제적 목표에 점점 더 빠르게 다가갈 것이다. 처음에는 돈을 모아 저축하고 투자하는 축적의 과정을 시작하기가 힘들 것이다. 하지만 일단 시작하고 나면 점점 더 쉬워진다. 처음에는 엄청난 에너지가 필요하지만, 일단 시작하고 나면 계속 앞으로 나아가는 데는 훨씬 적은 에너지가 들어가기 마련이다.

수입의 10~20퍼센트를 저축해야겠다는 생각이 처음 찾아올 때는 아마도 그 즉시 그렇게 할 수 없는 온갖 이유가 머릿속에 떠오를 것이다. 지금 상태로는 생계 유지에 들어가는 돈만 해도 빠듯하다거나, 빚을 갚는 데 들어가는 돈이 얼만데 저축은 언감생심이라거나 하는 생각들이 그것이다.

만약 이러한 상황에 부닥친 자신을 발견한다면, 여기 아주 훌륭한 해결 방안이 있다. 우선 수입의 1퍼센트만 저축하는 것부터 시작해보라. 그리고 이 돈을 절대 손대지 않겠다고 정해놓은 경제적 자유 계좌에 넣으라. 다음으로 매일 저녁 집으로 돌아오면 지갑 속 잔돈을 큰 유리병에 넣어보라. 그 유리병이 가득 차면 은행에 가져가 계좌에 입금하라. 물건을 팔고 받은 돈, 예전에 빌려주고 되돌려받은 돈, 예상치 못한 보너스 등 여윳돈이 생길 때도 이 계좌에 넣어라.

얼마 안 되는 돈들도 모이면 깜짝 놀랄 정도의 규모가 된다. 이렇게 1퍼센트를 저축하는 것에 익숙해지면 그 비율을 2퍼센트, 3퍼센트, 4퍼센트, 5퍼센트 등으로 계속 늘려보라. 1년 안에 빚에서 벗어나는 것은 물론이고, 생활 방식에 별다른 영향 없이 수입의 10~15퍼센트, 심지어 20퍼센트까지도 저축할 수 있게 될 것이다.

복리의 마법을 믿어라

이것이 바로 복리의 법칙이다. 복리는 인류 역사와 경제에서 가장 위대한 기적 중 하나라고 할 수 있다. 알베르트 아인슈타인은 "세계 8대 불가사의 중 마지막은 복리다. 복리를 이해하는 자는 돈을 벌겠지만 그렇지 못하는 자는 되레 빼앗길 것이다"라는 말을 남겼다. 충분히 오랜 기간 동안 복리로 돈을 모으면, 상상 이상으로 돈이 늘어나는 모습을 보게 될 것이다.

복리의 법칙을 이해하는 데는 72의 법칙이 도움이 된다. 특정 이자율 또는 수익률에서 원금이 두 배가 되는 기간을 계산하는 공식이다. 계산 방법은 아주 간단하다. 72를 이자율 또는 수익률로 나누기만 하면 된다. 예를 들어 투자 원금에 연 8퍼센트의 수익이 발생하는 경우 72를 8로 나누면 9가 되는데, 이는 8퍼센트의 수익률로 투자하면 9년 뒤에 원금이 두 배가 된다는 뜻이다.

복리의 핵심은 돈을 넣어두고 절대 건드리지 않는 것이다. 일단 돈이 쌓이기 시작해서 복리로 불어나면, 어떠한 이유로도 돈을 인출하거나 소비해서는 안 된다. 만약 그렇게 하면 복리의 힘은 사라져버릴 것이다. 오늘 소액을 인출해 쓴다는 것은 미래에 엄청난 액수가 될 수 있는 돈을 포기하는 것이나 다름없는 일이다.

가능한 한 일찍 투자를 시작해서 꾸준하게 투자하되 절대 자금을 인출하지 않는다면, 누구나 부자가 될 수 있다. 만약 평범한 소득을 올리는 사람이 21~65세까지 매달 100달러를 투자해서 연 10퍼센트의 복리 이자를 받는다고 치자. 그렇다면 은퇴 시점에 그의 순자산은 111만 8,000달러에 이를 것이다.

매달 정기적으로 투자하는 계좌를 개설하면서 앞으로 5년, 10년 아니면 20년 동안 일정한 금액을 투자하겠다고 다짐해보라. 그리고 뮤추얼 펀드 등 적절한 투자 상품을 선택하라. 그런 다음 매달 투자한 돈이 계속 열심히 일하도록 내버려두면 된다.

투자의 핵심은 절대 잃지 않는 것이다

돈이 어느 정도 모였다면 투자를 시작하는 것이 좋다. 이때는 투자의 법칙을 알고 있으면 도움이 된다. 투자의 법칙에서 가장 중요한 것은 절대로 돈을 잃지 않는 것이다.

어떠한 투자든 의사를 결정하기 전에는 해당 투자의 모든 측면을 자세히 조사해야 한다. 투자 대상의 세부 사항을 완전하고 상세하게 공개할 것을 요청하고, 솔직하고 정확하며 적절한 정보를 요구해야 한다. 만약 조금이라고 의심스럽거나 불안하다면, 손실의 위험을 감수하는 것보다 은행이나 단기금융시장 계좌에 돈을 넣어두는 편이 더 나을 것이다.

돈에 관한 한 유일하게 쉬운 일은 돈을 잃는 것이다. 경쟁이 치열한 시장에서 돈을 벌기는 어렵고 돈을 잃는 것은 할 수 있는 한 가장 쉬운 일이다. 일본 속담에도 "돈을 버는 것은 못으로 땅을 파는 것과 같고, 돈을 잃는 것은 모래에 물을 붓는 것과 같다"라는 말이 있을 정도다. 자수성가한 억만장자 마빈 데이비스Marvin Davis도 『포브스』와 진행한 인터뷰에서 돈을 잃지 않는 것의 중요성을 강조했다. 그는 자신에게는 돈을 버는 한 가지 간단한 원칙이 있다며 바로 돈을 잃지 않는 것이라고 했다. 그러니 돈을 잃을 가능성이 있다면 애초에 투자에 나서서는 안 된다. 이 원칙은 너무나 중요하기 때문에 반드시 종이에 적어 언제든 볼 수 있는 곳에 놓아두기를 바란다. 그리고 이 원칙을 읽고 또 읽기 바란다.

돈을 자기 삶의 일부라고 생각해야 한다. 일정 금액의 돈을 저축하거나 투자하는 것은 몇 시간, 몇 주 혹은 심지어 몇 년의 시간을 그 대가로 내주는 것과 같다. 그렇게 내준 시간은 다시 돌아오지 않는다. 돈을 잃는다는 것은 삶의 일부를 내주는 셈이다. 혹시 조금은 잃어도 괜찮다고 생각하는가? 예로부터 "어리석은 자와 돈은 곧 이별한다"라는 말이 있다. 조금 잃어도 괜찮다라는 마음은 결국 많은 것을 잃게 만든다. 그렇기에 항상 자신에게 물어봐야 한다. 만약 이번 투자에서 100퍼센트 손실을 본다면 어떻게 될까? 감당할 수 있을까? 감당할 수 없다면 애초에 투자해서는 안 된다.

특히 이 문제는 현재 전 세계를 뜨겁게 달구고 있는 암호화폐 열풍과 관련이 있다. 최근 암호화폐는 가치의 변동성이 매우 심각한 수준이라는 점에서 지극히 투기적인 투자 수단으로 볼 수밖에 없다. 일부 소수의 투자자가 상당수의 암호화폐를 보유하고 있으며, 이를 무기로 암호화폐 시세를 조종하는 과정에서 막대한 이익을 얻고 있다는 사실은 암호화폐 투자가 가진 위험의 한 가지 요소일 뿐이다. 최근 몇몇 대형 금융기관들이 암호화폐 시장에 진출하고 있지만, 여전히 보수적인 투자 전략으로는 적합하지 않다. 그런데도 암호화폐 시장의 가능성을 놓칠 수 없다고 생각한다면 가장 신중한 접근방법은 이른바 호들링 HODLing 투자다. 원래 '보유'를 뜻하는 홀딩 holding의 오타에서 유래한 이 용어는 "필사적으로 버텨라 Hold On for Dear Life"라는 암호화폐 투자 전략으로 재해석되어 유명해졌다. 다시 말해 호들링 투자란 암호화폐를 장기적인 투자 수단으로 매수한 다음 그 가치가 상승할 것이라는 믿음을 가지고 계속 보유하는 전략을 의미한다.

하지만 이는 검증된 투자 전략이 아니다. 따라서 나는 위에서 다룬 여러 원칙을 암호화폐 투자에 적용하기를 권한다. 투자에 나서기 전에 철저히 조사하고 전부 잃어도 감당할 수 있는 범위 내에서만 투자하는 것이다. 만약 어떤 투자에 대한 유혹을 느낀다면 그때마다 이 원칙을 다시 살펴보고 자신이 가진 것을 계속 보유하겠다고 마음을 굳게 먹기를 바란다.

스스로가 충분히 이해하고 믿을 수 있는 대상에만 투자해야 한다. 또한 실제로 경제적으로 성공한 사람들에게만 투자 조언을 구해야 한다. 경기 침체기에 투자 조언이나 재무 상담을 제공하는 사람들 가운데 상당수는 빈털터리나 노숙자, 실업자가 아니면 맥도날드에서 일하는 자들이다. 엄청난 경제적 성공 사례와 함께 하룻밤 사이에 부자가 되는 법을 파는 사람들은 대부분 그 허무맹랑한 이야기를 아무것도 모르는 사람들에게 팔아서 얻는 것 말고는 가진 것이 없는 이들이다.

결국 돈이 돈을 부른다

당신이 돈을 잃지 않고 계속해서 모으게 되면 돈이 돈을 부르는 상황을 마주할 것이다. 돈이 많아질수록 더 많은 돈이 삶으로 끌려 들어온다. 흔히 끌어당김의 법칙이라고 불리는 이것은 역사적으로 부를 형성하는 데 있어 중요한 원리로 작용해왔다. 또한 삶의 모든 영역에서, 특히 경제적인 측면에서 성공과 실패를 설명하는 핵심 원리 중 하나다. 돈은 자신이 사랑받고 존중받는 곳으로 가는 법이다. 돈에 긍정적인 감정을 가질수록 더 많은 부를 얻을 기회가 자연스럽게 따라온다. 마치 자석이 쇳가루를 끌어당기듯이 돈을 끌어당기는 것이다. 어떤 상황에서도 반드시 돈을 모으기 시작하는 것이 그토록 중요한 이유가 바로 이것이다. 작은 돼지저금통에 동전 몇 개라도 넣어보라. 그렇게 아주 작은 돈이라도 저축하기 시작해야 한다. 우리 마음속 간절함과 희망이라는 감정이 자석처럼 돈을 끌어당겨 상상하는 것보다 더 빠르게 더 많은 돈을 끌어당길 것이다. 돈을 모으기 시작하면 더 많은 돈이 우리 삶으로 끌려 들어올 뿐만 아니라 돈을 벌 수 있는 더 많은 기회까지 자연스럽게 따라온다. 그러니 매일, 매주 그리고 매달 시간을 내서 자신의 재무 상태를 점검하고 더욱 현명하게 자신을 운용할 방법을 찾아보기 바란다.

 자수성가한 백만장자들은 가난한 사람들보다 돈을 모으고 자산을 형성하는 일에 대해 10배 더 많이 생각한다. 매주 그들은 시간을 내서 자신이 얼마나 많은 돈을 가지고 있으며 어떻게 투자하고 있는지 복기한다. 또한 어떻게 하면 더 많은 돈을 벌고 더 효율적으로 투자할 수 있는지 고민한다. 자신이 가진 돈과 자신의 재무 상태에 대해 깊이 생각할수록 더 나은 의사결정을 할 수 있으며, 나아가 어떻게 운용할지 결정해야 할 돈도 많아진다. 저축과 투자에 대해 더 많이 생각할수록 더 많은 돈을 자기 삶으로 끌어들일 수 있다. 여기에는 이중 가속의 법칙이 적용된다. 우리가 경제적 자유를 향해 빨리 다가갈수록 경제적 자유도 다양한 방향에서 우리를 향해 빨리 다가온다는 뜻이다. 오늘날 경제적으로 성공한 사람들은 모두 기회를 얻기 전까지 극도로 열심히 일했지만, 일단 그 기회를 잡고 나니 사방에서 점점 더 많은 기회가 밀려들었던 경험이 있다.

부동산을 보유하라

나는 현금흐름을 창출하지 못하는 부동산을 매입한 적이 있다. 손익분기점에서 부동산에 투자한 것이다. 당장 그 투자에서 남는 것은 없었다. 부동산담보대출을 갚아야 했고, 개인 자산을 담보로 제공해야 했다. 부동산에서 나오는 현금도 매달 내야 하는 대출금을 겨우 상환할 정도였다. 그럼에도 내가 투자했던 이유는 해가 갈수록 임대료를 조금씩 올릴 수 있기 때문이다.

즉 부동산의 가치는 해당 부동산이 가장 높은 수준으로 개발되어 최적의 용도로 활용될 때 창출할 수 있는 수익에 따라 결정된다. 뉴욕이나 런던, 서울과 같은 대도시 면적에 버금가는 광활한 토지도 미래의 수익 창출 능력이 존재하지 않는다면 아무런 가치가 없을 수 있다는 뜻이다. 미국에서는 한때 자동차 산업의 메카였던 미시간주 디트로이트가 그 예다. 디트로이트에는 개발과 성장의 시대가 있었지만 지금은 사라졌고, 앞으로도 다시 돌아오지 않을 가능성이 크다. 이곳에서는 매일 많은 사람이 자신이 구매한 가격보다 낮은 가격에 주택이나 부동산을 매각하고 있고 압류로 인해 삶의 터전을 잃고 있다.

부동산에 투자할 때 가장 중요한 요소는 첫째도 입지, 둘째도 입지, 셋째도 입지다. 입지를 고려했다면 전반적인 경제 활동, 일자리의 수 그리고 임금 수준을 검토하길 바란다. 일반적으로 부동산의 가치는 인구 증가율의 세 배 또는 물가상승률의 두 배의 속도로 상승하는 경향이 있다. 따라서 빠르게 성장하는 지역의 부동산을 매입하면 평균 이상의 가치 상승을 확신해도 좋다. 예를 들어 캘리포니아주 샌타클래라 카운티에 있는 실리콘밸리는 고용과 첨단 기술 산업, 고임금 기업이 폭발적으로 증가했다. 그 결과, 실리콘밸리 지역의 부동산 가치는 불과 몇 년 전보다 5~10배 이상 상승했다.

현재 나는 수백만 달러 규모의 부동산 투자를 하고 있다. 지금은 간신히 손익분기점을 맞추는 수준이지만, 성장 가능성이 큰 지역에 있는 부동산이기 때문에 버텨내기만 하면 3~4년 차에는 작게나마 돈을 남길 것이다. 당신도 오늘부터 투자를 목적으로 부동산을 매입하겠다고 결정하기를 바란다. 부동산 투자를 제대로 배울 수 있는 유일한 방법은 실제로 부동산 소유주가 되어 경험해보는 것뿐이기 때문이다.

주식으로 인생 역전은 불가능하다

이제 주식에 대해 이야기할 차례다. 어떤 기업의 현재 가치, 즉 주식의 가치는 기업이 미래에 창출할 것으로 예상되는 현금흐름을 현재 가치로 할인한 금액이다. 주식 한 주를 갖는다는 것은 기업의 소유권 일부를 갖는 것이다. 결과적으로 주식을 소유한 자에게는 기업의 이익과 손실, 주가 상승과 하락, 경영의 성패, 기업이 판매하는 제품이나 서비스에 대한 수요의 증감 등 기업의 소유권에 수반하는 모든 혜택과 위험이 따른다. 주식을 매수하는 순간 해당 기업에서 발생하는 모든 일을 함께하게 되는 것이다.

주식시장의 법칙을 이해하면 투자에 따른 위험을 줄이는 데 도움이 될 것이다. 황소(강세장)도 돈을 벌고 곰(약세장)도 돈을 벌지만, 탐욕스러운 돼지는 도살당한다는 사실을 알아두라. 시장이 상승할 때 공격적으로 투자하는 사람들은 돈을 번다. 시장이 하락할 때 공매도 등 방어적인 전략을 취하는 사람들도 돈을 번다. 하지만 시장에서 한 방에 큰돈을 벌려는 탐욕스러운 사람들은 거의 항상 돈을 잃는다. 오늘날 하루, 한 시간 또는 그보다 짧은 시간 사이에 주식시장을 드나들며 수시로 주식을 사고파는 데이 트레이더Day trader나 플래시 트레이더Flash trader의 70퍼센트 이상이 돈을 잃는다. 그리고 그중 상당수는 모든 것을 잃는다는 사실을 기억하자.

미국 주식시장에서 장기 투자하는 것은 경제적 안정에 도달하는 가장 좋은 방법이다. 미국 주식시장에서 거래되는 주식의 가치는 지난 80년 동안 연평균 11퍼센트 상승했다. 따라서 스무 살에 투자를 시작해서 연평균 10퍼센트의 수익률을 내는 뮤추얼 펀드에 매달 100달러를 투자한 사람은 100만 달러 이상의 순자산을 가지고 은퇴하게 된다.

장기 투자를 염두에 두었다면 실천법은 달러 코스트 에버리징dollar cost averaging(일정 금액을 정기적으로 특정 자산에 투자하여 평균 매입 단가를 낮추는 투자 전략)을 택하는 것이 좋다. 주가가 낮을 때 주식을 매수한 다음 주가가 높을 때 매도하는 과정을 꾸준히 반복하는 것은 사실상 불가능하다. 가치 있고 존중받는 제품과 서비스를 판매하는 탄탄한 우량기업의 주식을 일정한 금액 내에서 계속 매수해서 장기적으로 보유하는 것이 부를 형성하는 좋은 전략이다. 적립식 펀드, 적립식 ETF 매수도 여기에 속한다.

나아가 주식시장은 전문가들에 의해 조성되고 운영된다는 것을 잊지 말았으면 한다. 주식을 매수하는 사람은 주가가 상승할 것이라고 기대한다. 반면 주식을 매도하는 사람은 주가가 하락할 것이라고 예상한다. 즉 모든 주식 매매는 한 사람이 자신의 지혜와 판단을 다른 사람과 겨루는 제로섬 게임인 셈이다. 게다가 상대는 대부분은 매주 50~60시간 동안 주식을 매매하며 때로는 수십 년 동안 그 일을 해온 전문가들이다. 때문에 평범한 사람들에게 가장 안전한 투자 방법은 인덱스 펀드Index Fund에 투자하는 것이다. 인덱스 펀드는 특정 주가지수를 추종하는 주식으로 포트폴리오가 구성되며, 기본적으로 전체 시장의 평균적인 흐름에 따라 펀드의 수익률이 오르내린다. 가장 대표적인 인덱스 펀드로는 S&P 500이 있다. 이러한 인덱스 펀드가 투자 전문가들이 수년에서 수십 년 동안 운용한 뮤추얼 펀드보다 꾸준히 80퍼센트가량 좋은 수익률을 달성했다는 사실도 알아두라.

위대한 투자자에게 배우는 10가지 교훈

마지막으로 왕관 없는 월가의 영웅이라고 불리는 20세기 초의 인물 버나드 바루크Bernard Baruch를 소개하며 이번 장을 마치고자 한다. 그는 주식시장에서 증권 중개인 사이 주문서를 전달하는 심부름꾼으로 일을 시작했다. 그런데 그는 심부름과 심부름 사이 시간이 나면 자신이 주문서를 전달한 중개인에게 매도 주문을 했는지 매수 주문을 했는지 묻곤 했다. 그러다 보니 시간이 가면서 주식시장에서 좋은 투자를 만드는 요인이 무엇인지 감을 잡게 되었고, 매주 1달러씩 투자하기 시작했다. 그리고 몇 년 지나지 않아 버나드 바루크는 미국에서 가장 부유한 사람 중 한 명이 되었다. 그는 여섯 명의 미국 대통령에게 자문을 제공했으며 여러 권의 책과 수많은 글을 남겼다. 생애 말년에는 '투자에서 성공하는 10가지 원칙'을 정리했는데, 이것을 살펴보는 것도 의미 있는 일일 것이다.

1   전업 투자자가 될 생각이 아니라면 투기성 주식 투자에 뛰어들어서는 안 된다. 우리가 하는 모든 투자 의사결정은 매주 주식시장을 40~60시간씩 연구하는 누군가의 판단을 상대로 내기를 하는 것이라는 점을 명심해야 한다.

2   내부 정보나 소문을 전달하는 사람을 조심해야 한다. 주식시장에서 돈을 잃는 가장 빠른 방법은 택시 기사나 바텐더는 물론이고 가까운 직장 동료처럼 자신이 무슨 말을 하고 있는지도 모르는 사람들의 조언에 따라 행동에 나서는 것이다.

3   주식을 매수하기 전에 경영진, 경쟁사, 수익성, 성장 가능성 등 투자 대상 기업에 대한 가능한 모든 것을 찾아봐야 한다. 인내심을 가지고 원칙을 지키며 감정을 배제한 채 객관적인 자세로 투자해야 한다.

4   바닥에서 사서 천장에서 팔려고 하면 안 된다. 이는 불가능한 일이며, 가능하다고 말하는 이가 있다면 거짓말을 하고 있다고 생각하면 된다. 주식을 매수할 때 얼마에 매도할 것인지를 미리 정한 다음, 그 가격에 도달하면 더 욕심을 부리지 말고 매도해야 한다. 요즘은 자동 매도 기능을 활용하면 미리 설정한 주가에 도달했을 때 자동으로 매도할 수 있다. 이렇게 이익을 실현한다면 빈털터리가 되는 일은 결코 없을 것이다.

5   손실을 빠르고 깔끔하게 정리하는 방법을 배워야 한다. 자신의 판단이 항상 옳을 것이라고 기대하면 안 된다. 만약 잘못된 판단을 했고 주가가 하락하고 있다면, 신속하게 손절매하여 손실을 줄여야 한다.

6 너무 많은 종목에 분산 투자하지 않아야 한다. 지나치게 많은 종목보다는 주의 깊게 지켜볼 수 있는 몇 가지 종목만 가지고 있는 편이 낫다. 분산 투자가 위험을 분산시킬 수는 있지만, 반대로 어느 한 종목의 주가가 급등할 때는 큰 이익을 얻을 기회를 놓칠 수도 있다. 다만, 이는 주식시장에 적극적으로 투자하려는 사람에게 해당하는 원칙이다. 일반 투자자라면 차라리 인덱스 펀드를 매수하고 장기적으로 보유하는 편이 훨씬 나은 방법이다.

7 주기적으로 모든 투자 상품을 재평가하고, 시장 상황의 변화에 따라 투자 전망이 달라졌는지 확인해야 한다. 제로 베이스 사고 zero-base thinking를 활용해야 한다. 즉, 새로운 정보를 접하면 항상 자신에게 질문해야 한다. "만약 이 종목을 매수하지 않았다면, 지금 알고 있는 정보를 바탕으로 이 종목을 매수할 것인가?" 만약 그 대답이 "아니오"라면 이는 매도할 타이밍이라는 신호다.

8 세금 문제를 고려해 최적의 매도 시점을 파악해야 한다. 자신의 거래에 적용되는 소득세 관련 규정을 잘 알고 있어야 한다. 결국 중요한 것은 세금을 내고 나서 실제로 계좌에 들어오는 금액이라는 것을 잊어서는 안 된다. 그래서 자본 이득을 확대하고 자본 손실을 축소하기 위해 주식시장에서 매수하거나 매도할 타이밍을 판단하는 일에 완벽하게 익숙해져야 한다.

9 항상 투자 자본의 일정 부분을 현금으로 보유하고 있어야 한다. 절대 가지고 있는 모든 자금을 투자하면 안 된다. 일정 규모의 현금을 보유하고 있으면, 예상치 못한 투자 기회가 눈앞에 나타났을 때 신속하게 대응할 수 있다. 또한 시장에서 무슨 일이 일어나든 충격을

완화하고 버틸 수 있는 비상금을 가지고 있는 셈이 된다.

10 모든 분야에 투자하려 해서는 안 된다. 자신이 가장 잘 아는 분야에 집중해야 한다.

실제로 버나드 바루크는 철도주 하나를 깊이 분석해 시장의 흐름을 읽는 방식으로 부를 쌓았다. 버나드 바루크가 월스트리트의 중개회사에서 일할 때인 1890년대 말에 가장 인기 있던 주식이 철도회사 주식이었다. 그러나 그중 일부는 부실하거나 재무가 엉망이었고, 단순히 철도 붐에 편승한 투기성 회사도 많았다. 대부분의 투자자들이 그런 주식을 묻지마로 사는 상황이었을 때 바루크는 "나는 철도 산업 전체가 아니라 실제로 돈을 버는 회사를 알고 싶다"며 직접 재무제표를 분석했다. 그리고 바루크는 철도회사들의 노선 길이, 화물 운송량, 부채 규모, 운임 정책 등을 꼼꼼히 비교하면서 "철도 길이가 긴 회사가 아니라, 부채비율이 낮고 노선이 효율적인 회사가 돈을 번다"라는 결론을 내렸다. 그중에서도 그는 노던 퍼시픽 철도 Northern Pacific Railway를 주목했고 집중 투자했다.

그런데 1901년, 노던 퍼시픽 철도주 전쟁이 터진다. J.P모건과 제임스 힐, 에드먼드 해리먼이 서로 주식을 쓸어 담으면서 주가가 폭등하고 공매도자들이 몰락한 역사적 사건이다. 이때 대부분의 투자자들은 공황 상태에 빠졌지만, 바루크는 자신이 투자한 철도주의 실제 가치를 알고 있었기 때문에 패닉에 휩쓸리지 않고 묵묵히 보유했다. 그리고 그는 여기서 막대한 수익을 거두며 불과 20대 중반에 백만장자가 된다.

반드시 기억하기를 바란다. 성공적인 투자의 핵심은 투자하기 전에 조사하는 것이다. 신중하게 투자해야 한다. 필요한 모든 정보를 확보해야 한다. 적극적인 투자자가 될 생각이라면 항상 자기 돈을 주시하고 있어야 한다. 적극적으로 투자할 계획까지는 아니라면, 가장 좋은 방법은 인덱스 펀드에 투자하는 것이다. 인덱스 펀드는 시장의 움직임에 따라 성장하며 별도의 관리가 필요하지 않기 때문이다. 이렇게 하면 투자를 맡겨두고도 밤에 편안히 잠을 잘 수 있으며 걱정 따위는 하지 않아도 될 것이다.

핵심 정리

- 인과 법칙: 모든 일에는 이유가 있으며, 모든 결과에는 원인이 있다.

- 축적의 법칙: 모든 위대한 경제적 성취는 누구도 알아차리지 못하거나 인정하지 않는 수백 번의 작은 노력과 희생이 축적된 결과다.

- 복리의 법칙: 가능한 일찍 투자를 시작해서 복리의 힘으로 불어나도록 두면 누구나 부자가 될 수 있다.

- 투자의 법칙: 투자하기 전에 조사해야 하고 절대로 돈을 잃지 않는 것이 가장 중요하다.

- 끌어당김의 법칙: 돈을 저축하고 축적할수록 더 많은 돈이 자기 삶으로 끌려 들어온다.

- 이중 가속의 법칙: 우리가 경제적 자유를 향해 더 빨리 다가갈수록 경제적 자유도 다양한 방향에서 우리를 향해 더 빨리 다가온다.

- 부동산의 법칙: 부동산의 가치는 미래의 수입 창출 능력을 보고 판단해야 한다.

- 주식시장의 법칙: 주식의 현재 가치는 기업이 미래에 창출할 것으로 예상되는 현금흐름을 현재 가치로 할인한 금액이다.

|||||||||||||||||| 실행 프로젝트 ||||||||||||||||||

경제적 자유를 위한 포트폴리오 짜기

01 당신이 투자하고 있는 분야나 종목을 모두 적어보라.

02 그 투자는 어떤 과정으로 하게 된 것인가? 동료의 권유인가 자신의 조사에 의한 것인가? 각각 적어보라.

03 당신의 투자가 경제적 자유를 가져다줄 수 있다고 생각하는가? 지금 여기 투자 포트폴리오를 다시 작성해보라.

8장

당신이 쌓은 부를 지키는 방법

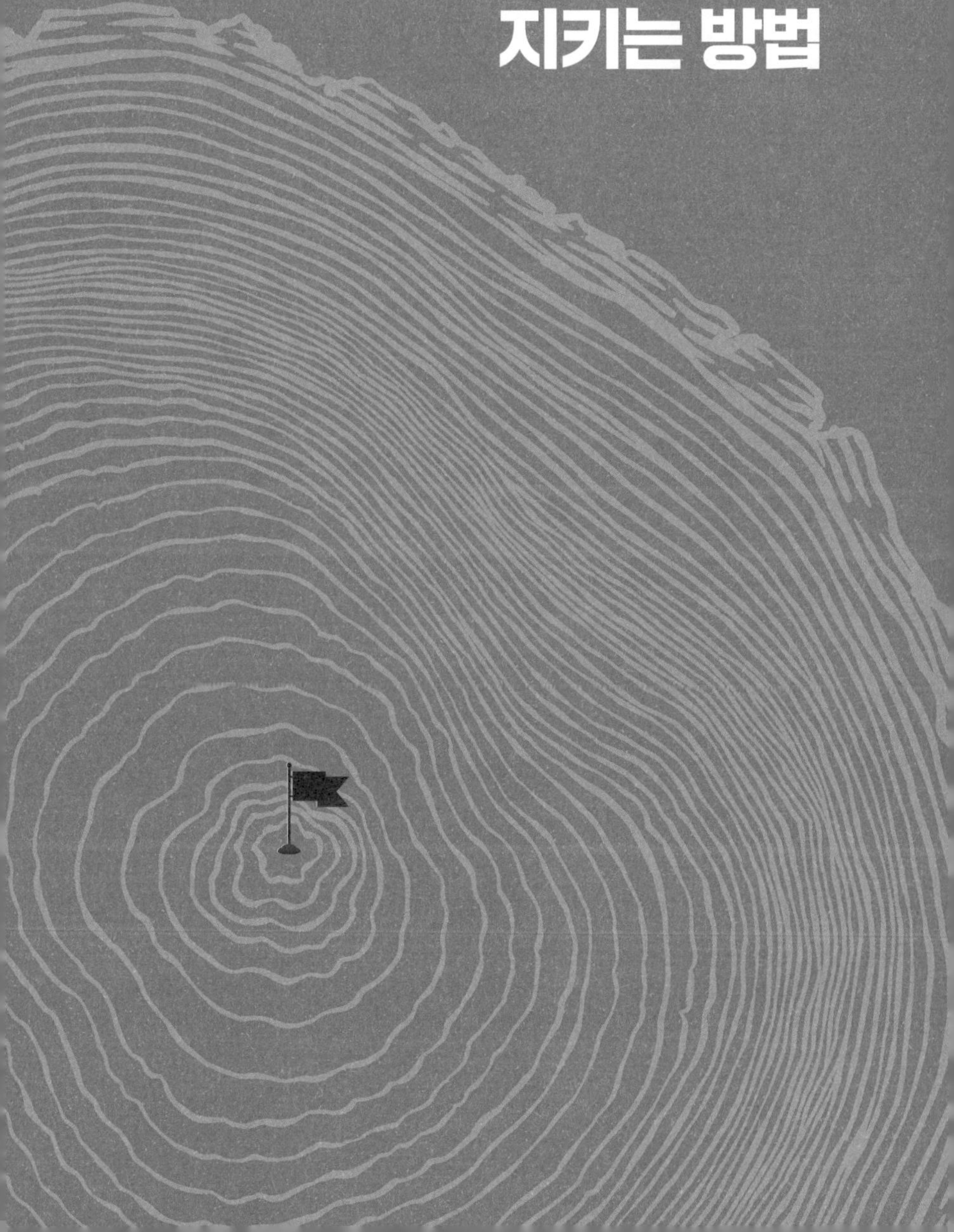

사람들은 돈을 잃는 것을 두려워하지만
진정으로 두려워해야 할 것은 시간을 잃는 것이다.

스티브 잡스(애플 창업주)

돈은 준비된 사람에게만 기회를 준다.

세네카(고대 로마 철학자)

상당한 수준의 부를 얻었다고 해서 할 일이 끝나지는 않는다. 오랜 시간에 걸쳐 쌓아 올린 부를 단기간에 잃지 않으려면 다양한 형태로 부를 보호하는 수단을 구축해야 한다. 경제적 성공을 이룬 이들이 저지르는 대표적인 실수는 이른바 초능력 목회자 신드롬walk-on-water syndrome에 빠지는 것이다. 과도한 자신감을 경계해야 한다. "난 능력 있는 사람이니까 이 분야에서 쌓은 지식이나 능력, 기술, 자신감을 다른 분야에도 적용하면 똑같이 성공할 수 있을 거야"라는 착각에 빠져서는 안 된다.

나도 한때 초능력 목회자 신드롬에 빠진 적이 있다. 2000년대 초 부동산 시장이 호황이던 시절에 어떤 사람이 내게 다가와 제안했을 때였다. "엄청난 투자 기회가 있습니다. 빠르게 성장하는 지역에 셀프스토리지 시설을 짓는 겁니다. 수요는 충분하니 만들어놓기만 하면 순식간에 다 채워질 겁니다. 현금흐름이야 말할 것도 없고 부동산 가치도 계속 오를 테니 돈 벌 일만 남지 않겠습니까?" 실제로 그 사람은 인맥도 좋았고 직접 일도 많이 했다. 얼마 후 그는 재무성과 예측이 포함된 투자 제안서를 보내왔다. 나는 제안 내용이 마음에 들었기에 투자했다. 처음에는 큰 금액이 아니었으나 투자액은 점점 늘어나 결국 셀프스토리지 사업에 약 2,000만 달러나 투입하게 되었다. 그중 내 돈은 일부였지만, 나머지도 모두 내가 투자한 자산을 담보로 차입한 자금이었다. 나중에 알게 된 사실은 그 사람이 이전에 셀프스토리지 사업을 해보지 않았는 것이다. 제안서에 담긴 숫자도 정확하지 않았다. 재무성과 예측에서는 이자 비용뿐 아니라 중요한 비용이 대규모로 누락되어 있었다. 하지만 당시 나는 알아차리지 못했다. 내 전문 분야가 아니었기 때문이다. 결국 나는 셀프스토리지 사업에서 철수하면서 큰 손실을 보고 지분을 매각했으며 많은 돈을 잃고 말았다.

부를 지키는 방법에서 내가 가장 좋아하는 단어는 실사다. 모든 것을 다시 한번 점검하고, 외부 전문가에게 검토를 의뢰하며, 회계사나 은행 직원 혹은 업계 전문가를 만나 이야기해봐야 한다. 사업을 함께하는 사람은 물론이고 제삼자의 의견도 구해야 한다. 당시에 내가 이 가운데 일부라도 했다면 엄청난 시간과 돈을 허공 속에 날려버리지는 않았을 것이다.

전지적 성공 시점에서 벗어나라

젊을 때는 많은 위험을 감수할 수 있다. 열심히 일하면서 공격적으로 투자할 수 있다. 하지만 50세가 넘어서면 조금 속도를 늦추면서 더 신중하고 조심스럽게 돈을 대하기 시작해야 한다. 다시 한번 강조하지만 돈을 잃지 않는 것이 무엇보다 중요하다. 돈을 잃을 가능성이 조금이라도 보인다면 잠시 멈춰서 자신에게 물어봐야 한다. "잠깐만, 이 돈을 잃어도 괜찮을까?" 만약 그 답이 "그렇지 않다"라면 그 일은 하지 말아야 한다.

여러 해 전에 나는 크게 성공한 어떤 사람에게서 배운 것이 있다. 바로 자신이 가진 돈을 누구도 손댈 수 없는 곳에 보관하라는 것이다. 보다 구체적으로는 모든 자산을 가족 신탁에 넣어 가족 소유로 만드는 동시에 자산 관리 권한이 온전히 자신에게 귀속되도록 설정하는 것이다. 만약 그때 당신의 돈을 노리는 누군가가 소송을 제기한다고 해도 상대방의 변호사가 모든 자산이 가족 신탁에 들어가 있다는 사실을 알고 나면 소송을 포기할 것이다. 가족 신탁에 있는 자산에는 손을 댈 수 없기 때문이다(미국에서는 경제적으로 성공하면 소송을 쉽게 당한다).

예를 들어 소송 결과 상대방이 100만 달러를 받을 권리가 있다는 판결이 내려졌다고 가정해보자. 만약 모든 재산이 가족 신탁에 귀속된 상태라면 이렇게 말하면 된다. "알겠습니다. 재판에 이기셨네요. 하지만 그 돈을 지급할 방법은 제가 결정할 수 있습니다. 가족 신탁의 이해관계자들 사이에서 논의한 결과, 과반수가 매년 10달러씩 지급하는 데 찬성했습니다." 상대방도 가족 신탁에서 이렇게 할 수 있다는 것을 알기 때문에 굳이 항소하는 일까지 벌이지는 않을 것이다. 아쉬운 마음을 애써 감춘 채 발걸음을 돌릴 것이다. 이처럼 부를 지키는 데 있어 가족 신탁은 상당히 좋은 전략이다. 고소와 고발이 난무하고 수많은 변호사가 어떤 방식으로든 돈을 벌기 위해 달려드는 세상이라면 특히 더 그럴 것이다. 이길 수 있다는 생각이 들면 어떤 근거로든 소송을 제기하는 자들이 변호사라는 것을 잊어서는 안 된다.

보험은 얼마나 들어야 할까

부를 지키는 또 다른 중요한 수단은 보험이다. 나는 누구나 경제활동을 하는 동안에는 반드시 생명보험에 가입해야 한다고 생각한다. 그 가운데 가장 좋은 선택은 가장 낮은 보험료로 보장 범위를 극대화할 수 있는 정기보험이다. 반면, 종신보험이나 적립식 보험에는 가입하지 않는 편이 낫다. 이러한 보험은 사실상 '강제 저축'이나 다름없기 때문이다. 특히, 종신보험에 가입하고 처음 3~5년 동안 납입하는 보험료는 거의 모두 보험설계사에게 수수료로 지급된다.

차라리 정기보험만 가입한 다음 종신보험 등에 납입하려던 보험료를 인덱스 펀드에 투자하면 훨씬 더 나은 수익을 기대할 수 있다.

내 친구 중에는 실력 있는 보험설계사도 있다. 그는 생명보험의 목적은 꿈을 보장하는 것이라는 말을 입버릇처럼 했다. 만약 자신의 꿈이 배우자와 자녀를 평생 부양하는 것이라면, 설령 어떤 일이 닥치더라도 그 꿈을 실현할 수 있도록 생명보험에 충분히 가입하면 된다. 그러나 내 친구는 우리가 할 일은 생명보험이 필요 없는 상태에 도달하는 것이라고 강조했다. 즉, 생명보험 없이도 배우자가 경제적으로 보호받을 수 있도록 충분한 자산을 형성해야 한다는 뜻이다. 실제로 나이가 들수록 생명보험의 보험료는 터무니없이 비싸진다. 예를 들어 70대에 100만 달러짜리 생명보험에 가입하려면 연간 50만 달러를 보험료로 내야 할지도 모른다. 이는 경제적으로 전혀 합리적인 선택이 아니다.

한편 상해보험에 대해서는 나는 특별한 견해가 있지 않다. 다만 생명보험 회사에서는 상해보험 판매를 선호한다는 것은 알고 있다. 보험설계사에게 지급되는 판매 수수료가 많기 때문이다. 정기보험의 판매 수수료가 상당히 낮은 수준이라는 점도 보험설계사들의 상해보험 선호도에 영향을 미칠 것이다. 하지만 의료보험이나 종합보험을 적절하게 설계하면, 상해로 인한 경제적 손실을 어느 정도는 보장받을 수 있을 것이다.

나이가 들면 장기 요양보험에 가입하는 것도 괜찮은 생각이다. 자녀들이 직접 돌볼 수 없는 상황이 올 수 있기 때문이다. 여생을 편안한 요양 시설에서 지낸다고 보장받을 수 있다면 상당히 현명한 선택이다. 장기 요양보험도 될 수 있으면 젊은 나이에 가입하는 것이 보험료를 낮추는 방법이다. 장기 요양 시설에 들어가는 시점 이후의 기대 수명을 바탕으로 보험료가 산정되기 때문이다.

지난 수십 년 동안 나는 훌륭한 보험설계사의 도움을 받아왔다. 그는 내게 어떤 보험이 필요한지를 살펴본다. 그런 다음 내 관점에서 보험 제안을 함으로써 가장 적합한 상품을 선택하는 데 도움을 준다. 이 과정은 어떤 비타민을 먹어야 하는지, 또는 어떤 운동 프로그램을 선택해야 하는지 결정하는 것과 상당히 비슷하다. 최적의 보험 역시 성별, 현재 소득, 자산 규모 등 개인의 상황에 따라 달라진다. 전문가의 도움과 함께 이 모든 요인을 종합적으로 고려해 최적의 보험을 선택하기를 바란다.

가족과 죽음 이후를 이야기하라

자신과 가족을 지키는 또 다른 중요한 수단은 유언장이다. 아내와 나는 유언장을 작성해두었다. 이미 오래전에 작성해서 그동안 유언장 집행인이 바뀌는 것은 물론이고 자녀들은 성장해서 독립하고 결혼과 출산으로 가정을 이루었다. 한마디로 인생이 달라진 것이다. 처음 유언장을 작성하던 시점에는 우리의 재무 상태를 단순하게 만들고 싶었다. 그래서 리걸줌LegalZoom이라는 온라인 서비스를 이용해 아주 간단한 유언장 양식을 다운로드했다. 양식에서 빈칸을 채운 뒤에 담당 회계사와 장성한 아이들에게 사본을 전달했다. 간단하고 깔끔했으며 명확하고 복잡하지 않은 과정이었다.

이제 나와 아내는 유언장을 보다 구체적으로 작성하려 한다. 상속법은 수시로 바뀌기 때문에 이 분야의 전문 변호사를 찾아가 곤란한 상황을 피하려면 어떻게 해야 하는지 자문을 구할 생각이다. 먼저 국세청은 재판 등 별다른 과정을 거치기 전에 상속인이 오랜 기간 형성한 자산의 절반 이상을 가져갈 수 있기 때문에 이에 대비해야 한다. 그래서 상속세로부터 부를 지키는 데 도움이 되는 최신 법령과 판례를 잘 파악하고 있는 변호사가 필요하다.

무엇보다 피해야 할 상황은 유산이 가족을 파괴하는 것이다. 흔히 유산의 상속과 배분만큼 가족을 망가뜨리는 것은 없다고 한다. 나는 이러한 일이 발생하는 모습을 아주 가까이서 지켜본 적이 있다. 부모가 세상을 떠나고 얼마 되지 않는 돈을 나누기 전까지 자녀들은 대개 별문제 없이 지낸다. 그러다 30~40대를 지나 50대가 되면 마치 고기 한 덩어리를 두고 싸우는 하이에나들처럼 서로 대립하고 등을 돌린다.

결국 부모로서 할 수 있는 최고의 선택은 매우 신중하게 준비하는 것이다. 내 어머니는 돌아가시기 전 가구, 보석, 도자기, 미술품 등 자신이 소유한 모든 자산을 빠짐없이 목록으로 만들고 각각의 가치를 산정했다. 그런 다음 이 모든 자산을 네 자녀에게 공정하게 배분했다. 특히 어머니는 변호사인 셋째 형을 유언장 집행인으로 지정했다. 어머니가 돌아가신 후 우리 가족은 한자리에 모여 유언장을 집행했다. 어머니가 남긴 모든 것이 서류상으로나 실물로 배분되었다. 그런 뒤에는 우리는 필요에 따라 재산을 서로 교환하거나 처분하기도 했다. 그 과정에서 어떤 말다툼이나 서운함은 없었다. 어머니가 미리 신중하게 계획했기 때문이다. 어머니는 가족들이 사소한 물건 하나를 놓고 싸우는 일이 없기를 바랐던 것이다.

유언장 작성은 부모로서 반드시 해야 하는 중요한 일이다. 특히 60~65세 무렵에는 본격적으로 유언장을 준비하기 시작해야 한다. 비행기도 산에 충돌할 수 있고 자동차 사고도 예기치 않게 발생하는 법이다. 따라서 자신이 평생 쌓아온 모든 것을 미리 신중하게 정리하여 사랑하는 가족을 지켜야 한다.

오늘날 사람들 사이에 논란이 많은 또 하나의 주제는 연명치료다. 65~70세가 되면 연명치료를 주제로 대화를 시작해야 한다. 물론 자녀들은 이러한 대화를 꺼릴 것이다. 부모님의 죽음을 생각하고 싶지 않은 것이 당연하다. 그러나 연명치료에 관한 논의는 꼭 필요하다.

"애들아, 영원히 살 수 있는 사람은 없단다. 우리에게 무슨 일이 생긴다면 연명치료는 너희가 생각해볼 만한 주제야"라고 자연스럽게 대화를 시작하는 것도 괜찮다. 이 주제를 금기시하거나 쉬쉬하며 피할 이유는 없다. 죽음은 삶의 일부이자 자연스러운 과정일 뿐이다. 이처럼 연명치료 이야기를 자연스럽게 하다 보면, 아이들은 내 자녀들이 그런 것처럼 "아빠, 아빠가 죽으면 이거 내가 가져도 돼요? 저건 어떻게 할까요?"라면서 부담 없이 이야기할 수 있게 된다. 딸은 자신에게 특별한 의미가 있는 물건을 원할 수 있다. 아들은 다른 것을 원할지도 모르며, 또 다른 자너는 또 다른 무언가를 바랄 수도 있다. 이러한 대화는 가족들 사이에 꼭 필요한 주제다. 그리고 이를 통해 많은 것이 명확해지면 자신이 부모로서 모든 것을 잘 정리했다는 사실에 커다란 안도감과 평온함을 느낄 수 있다.

우리 사회의 중산층 노동자 계층은 소득 의존도가 매우 높다. 그러다 보니 실직에 대비해 소득을 지킬 방법을 궁금해하는 이들의 질문을 많이 받았다. 하지만 생계를 위해 일하던 노동자가 일자리를 잃었을 때 자신과 가족을 지킬 방법으로 내가 아는 유일한 것은 가능한 한 일찍 일을 시작하고 꾸준히 저축해서 최소 두 달에서 가능하면 여섯 달 치 이상의 소득을 예비 자금으로 확보하는 것뿐이다. 그리고 이렇게 돈을 모을 수 있는 길은 책임감을 가지는 것 외에 다른 방법이 없다. 즉, 스스로 "만약 예기치 않은 일이 발생하거나 일정 기간 일을 할 수 없게 된다면, 나 자신과 가족을 위해 이 정도의 돈은 따로 가지고 있어야 할 거야. 물론 금액이 많을수록 더 좋고"라고 다짐해야 한다는 뜻이다.

상해보험의 한 가지 형태로 소득보장보험도 있지만 권장하지는 않는다. 일하지 못해서 수입이 없더라도 매달 생활비로 일정 금액을 지급해주는 보험인데, 가입 즉시 보장 혜택이 적용되는 것이 아니라 일반적으로 최소 6~12개월이 지나야 보장이 개시되기 때문이다. 또한 보험회사에서 소득 손실분을 기다렸다는 듯이 줄 리가 없다. 보험 가입자가 장애 등으로 인해 경제 활동을 할 수 없거나 장기간 실직 상태가 이어진 때에만 보험사는 지급을 개시한다.

사업하기 전에 꼭 알아야 할 법인의 종류

나는 "새로 사업을 시작하려고 생각하는데, 어떤 형태로 법인을 설립해야 할까요?"와 같은 유형의 질문도 받는다. 사업을 하는 사람이라면 개인 사업자, S 법인(미국에서 허용되는 법인 형태로, 주식회사와 달리 법인 단계에서 과세되지 않고 주주 개인에게 소득이 흘러가 과세되는 특징이 있다), 주식회사, 유한책임회사LLC 등 다양한 형태의 법인의 성격과 특징을 이해할 필요가 있다.

개인 사업자는 가장 간단한 형태로 사업을 하는 방식이다. 자기 명의로 사업자등록을 신청하기만 하면 사업을 시작할 수 있다. 이렇게 개인 사업자가 된다는 것은 사업에 투자하는 금액이나 사업에서 가져가는 금액 모두 과세 대상이 된다는 뜻이다. S 법인은 개인 사업자와 유사하지만 조금 차이가 있다. 직원을 고용하고 사무실을 임대하는 등 대기업처럼 회사를 운영하면서도 여전히 S 법인의 모든 순이익은 매년 그 소유주에게 흘러 들어간다. 현재 나도 S 법인을 운영하고 있다. 예를 들어 A가 S 법인의 지분 50퍼센트를 가지고 있고 다른 두 사람은 각각 25퍼센트씩 가지고 있다고 가정하자. 만약 회사가 10만 달러의 순이익을 올렸다면 그 절반에 해당하는 5만 달러는 자동으로 A의 과세 소득으로 흘러 들어가고 A는 그에 해당하는 소득세를 납부해야 한다.

반면 미국에서 C 법인으로 불리는 주식회사는 그렇지 않다.

주식회사는 돈을 벌어 회사 내에 돈을 쌓아둘 수 있지만, 법인세를 내야 한다. 어떤 주식회사가 10만 달러의 순이익을 남겼으며, 현재 법인세율은 21퍼센트라고 가정해보자. 이 회사는 법인세로 2만 1,000달러를 납부해야 하고, 회사에는 7만 9,000달러가 남는다. 만약 이 돈을 주주들에게 배당하면, 주주들은 각자 자신의 소득세율에 따라 소득세를 다시 한번 납부해야 한다. 결과적으로 이와 같은 이중과세로 인해 전체 과세 금액이 매우 커질 수 있다. 반면, 이익을 전부 배당하기보다는 회사 내에 남겨둘 수도 있다. 예를 들어 애플과 같은 대기업은 법인세를 납부한 후에도 수억 달러를 이익잉여금으로 사내에 유보한 다음 이를 원하는 방식으로 활용하기도 한다.

향후 자신이 설립한 회사의 주식을 매각할 생각이 있다면, 주식회사는 적합한 형태의 법인이다. 많은 수의 주주와 외부 투자자로부터 투자를 유치하고 회사의 지분을 그들과 공유할 수 있기 때문이다. 또한 그 과정에서 기업 가치와 주가의 상승을 기대할 수도 있다. 주식회사 형태는 상대적으로 규모가 큰 회사에 유리하다.

주식회사의 단점 중 하나는 회사에 투자한 돈에서 손실이 발생하더라도 개인 소득세를 신고할 때 공제 항목으로 반영하여 세금을 줄일 수 없다는 점이다. 반면 투자 대상이 개인 사업자이거나 S 법인, 유한책임회사라면 투자금 손실은 공제 항목으로 반영될 수 있기 때문에 소득세 감면 효과가 있다.

마지막으로 유한책임회사는 주식회사보다는 개인사업자나 S

법인과 유사한 측면이 많다. 유한책임회사와 S 법인은 둘 이상이 함께 자본을 투입해 회사를 운영하지만, 회사의 모든 수입은 투자의 성과로서 각 구성원에게 배분되어 개별적으로 과세된다는 점에서 닮았다. 또한 유한책임회사는 나름의 방식으로 자본을 조성하고 개인사업자는 개인이 단독으로 운영한다는 점에서 차이가 있을 뿐, 양쪽 다 세제상 이점은 없다는 점에서 유사하다.

요컨대 주식회사와 나머지 세 유형 사이에 유일하게 의미 있는 차이점은 주식회사에는 돈을 투자할 수 있고, 투자한 돈을 세금과 관련된 문제 없이 그대로 회수할 수는 없다는 점이다. 또한 주식회사에 투자한 돈은 전부 잃을 수도 있다. 그에 반해 나머지 세 가지 형태의 법인에 돈을 투자해 손실을 본다면, 이는 사업을 하는 데 드는 비용으로 간주되어 해당 연도의 개인 소득에서 손실로 공제 가능하다.

핵심 정리

- 부를 단기간에 잃지 않기 위해서는 다양한 형태의 장치가 필요하다. 무엇이든 할 수 있다는 초능력 목회자 신드롬에서 벗어나 준비해야 한다.

- 경제적 성공은 소송에 휘말릴 위험을 높이기에 자산을 가족신탁에 넣어두는 것도 방법이다.

- 종신보험과 적립식 보험은 추천하지 않는다. 낮은 보험료로 최대한의 범위를 보장해주는 정기보험을 들어라. 남은 돈은 다른 보험에 들 생각하지 말고 인덱스 펀드에 투자하라.

- 돈이 가족을 파괴하지 않게 하려면 미리 유언장을 작성하라. 죽음에 대해 빨리 이야기할수록 가족도 지키고 부도 지킬 수 있다.

- 사업의 형태는 개인사업자, 주식회사, 유한책임회사 등이 있다. 각각의 차이를 잘 알아두면 세금을 절약해 정당하게 부를 지킬 수 있다.

|||||||||||||| 실행 프로젝트 ||||||||||||||

보험·상속·절세 알아두기

여기 당신의 유언장을 작성해보라. 가지고 있는 자산을 어떻게 물려줄지 보험, 상속 등의 영역에서 구체적으로 쓰라. 배우자나 자녀에게 작성하는 편지 형식으로 적어도 좋다.

9장

돈이 많으면 무조건 행복할 거라는 착각

일하지 않는 자 먹지도 말라.

신약성경 데살로니가후서 3장 10절

당신이 저지를 수 있는 가장 큰 실수는
자신이 누군가를 위해 일하고 있다고 믿는 것이다.

얼 나이팅게일(20세기의 가장 위대한 성공학 멘토)

'돈과 행복'이라는 논란의 여지가 다분한 주제를 이야기하지 않고는 이 책에서 전하는 이야기를 완성할 수 없을 것이다. 아무리 많은 소득을 올리고 막대한 부를 형성한다고 하더라도, 인간으로서 행복과 성취감을 느낄 수 없다면 무슨 의미가 있을까?

인간은 비교를 통해 행불행을 결정한다. 영국 가구패널조사에 따르면 절대 소득보다 소득 순위가 삶의 만족도에 더 강한 영향을 미친다. 즉 내가 다른 동료, 친구보다 못 벌면 삶을 더 불만족스럽게 느낀다. 단순히 더 많이 버는 것으로 행복은 보장되지 않고, 주위 사람들과의 비교를 통해 자신이 어떤 위치에 있는지가 중요하다는 뜻이다.

소득 비교가 행복감에 미치는 영향을 분석한 또 다른 연구 결과도 있다. 2010년 프랑스 파리경제학교의 클라크 교수와 스닉 교수는 '유럽사회조사 European Social Survey'에서 얻은 데이터를 바탕으로 심층 연구를 진행했다. 2006~2007년까지 18개 유럽 국가의 16~65세 사이 고정 수입이 있는 1만 9,000명의 주민을 대상으로 한 조사였다. 그 결과 친구나 가족과의 소득 비교를 더 많이 하는 사람일수록 불행감을 느낄 가능성이 높다고 결론지었다.

미국의 유명한 속담 중에는 "이웃집 잔디는 항상 더 푸르다"라는 말도 있다. 이는 하버드대학교 사회심리학자 레온 페스팅거Leon Festinger의 사회적 비교 이론을 핵심적으로 표현한 말이다.

나 역시 나보다 더 부유한 사람들과의 비교를 일삼았다. 1960년대 처음 일을 시작했을 때 내가 세운 목표는 10만 달러를 버는 것이었다. 그 당시에 10만 달러는 지금보다 가치가 훨씬 더 컸기 때문에 그 목표를 달성하면 정말 성공한 것으로 생각했다. 그러나 시간이 가면서 나는 나보다 훨씬 더 부유한 사람들을 만나게 되었다. 내가 투자 상품 영업 일에 뛰어들었을 무렵이었다. 나를 통해 10만 달러, 25만 달러를 투자하는 사람들이 생겼고, 그들이 투자한 펀드는 규모가 수백만 달러를 훌쩍 넘는 것도 보았다. 그 이후로 나는 100만 달러짜리 저택에 살면서 100만 달러의 소득을 올리는 사람들을 의식했다. 시간이 흐르면서 나도 모르게 자신에 대한 기준과 야망이 높아진 것이다. 원했던 만큼 돈을 벌었지만 나보다 돈을 많이 버는 사람들을 쳐다보고 있었다.

우리는 항상 자신보다 한두 걸음 앞서 있는 사람들을 찾는다. 그 사람들과 자신을 비교하며 불만을 품는다. 그렇다고 해서 내가 워런 버핏처럼 수십억 달러를 버는 사람들과 비교한 것은 아니었지만, 항상 위를 바라보며 비교했다. 100만 달러의 자산을 형성하면 행복을 느끼지만, 곧 200만 달러를 갈망한다. 그러다 200만 달러에 도달하면 이제는 500만 달러를 가진 사람들을 바라본다. 500만 달러에 도달하면 그다음에는 1,000만 달러를 가진 사람들을 바라본다. 1,000만 달러에 도달하면 2,000만 달러를 가진 사람들을 바라보며 끝없이 목표를 상향 조정한다.

항상 위로 올라가려고 노력하는 태도 그 자체는 건강한 것이다. 나는 이러한 태도를 '신성한 불만족^{divine discontent}'이라고 부른다. 다만 심리학에서는 현재 자신의 위치가 인생의 시점에서 기대했던 위치와 얼마나 가까운지가 행복의 수준을 결정한다고 이야기한다. 실제로 미국에서 자살률이 가장 높은 연령대는 48~52세 사이이며, 대다수가 남성이다. 많은 사람이 그때쯤이면 자신이 세운 위대한 경제적 목표를 결코 달성할 수 없다는 사실을 깨닫기 때문일 것이다. "백만장자가 될 수 없을 것이다", "내 회사를 가질 수 없을 것이다", "내 회사까지는 아니더라도 어떤 회사의 사장도 될 수 없을 것이다." 이유가 무엇이든 자신의 야망이 무너졌다는 사실을 깨닫는 순간 엄청난 절망감에 빠지는 것이다.

그들은 기적이 일어날 것이라고 자신을 속이며 살아왔다. 마치 한순간에 퀀텀 점프(어떤 일이 조금씩 발전하는 것이 아니라 한꺼번에 큰 변화가 일어나는 현상을 설명하는 물리학에서 유래한 용어)할 것이라고 믿어왔던 것이다. 복권을 사는 사람들의 심리와 같다. 평생 일하지 않고, 기술을 발전시키지도 않으며, 일찍 출근하지 않고, 성실하게 일하지도 않았던 삶에서 단 한 장의 복권이 자신을 구원해줄 것이라고 믿는 것이다. 라스베이거스에서도 같은 현상이 나타난다. 놀랍게도 라스베이거스를 찾는 많은 사람 중 상당수가 경제적으로 곤궁한 이들이다. 이들은 아이들에게 음식을 사줄 돈까지 도박에 걸면서도 어딘가에서 기적이 일어나기를 바란다. 기다리던 카드가 나오거나, 룰렛이 원하는 숫자에 멈추거나, 슬롯머신에서 잭팟이 터져서 그 오랜 게으름과 태만을 단번에 보상받기를 바란다.

당신도 돈을 이렇게 바라보고 있는 것은 아닌가? 주지해야 할 사실은 돈 그 자체가 행복을 가져다주지 않는다는 것이다. 그보다는 자신이 하는 일에서 성취감을 느끼고, 원하는 규모의 돈을 벌 수 있는 자신에게 만족하고, 가족을 부양할 수 있어서 다행이라고 느끼는 감각이 중요하다. 이는 본인의 잠재력을 점점 더 실현해가고 있다는 느낌으로, 객관적으로 측정할 수 있는 것이다. 돈은 바로 그 측정 기준이 될 수 있다. 워런 버핏이 돈을 위해 일한다고 생각하는가? 전혀 그렇지 않다. 워런 버핏은 자신이 하는 일에서 얻는 즐거움을 위해 일한다. 돈은 단지 그가 자기 일을 얼마나 잘하고 있는지를 보여주는 척도일 뿐이다. 투자 자문을 제공하는 사람에게 돈은 자신이 고객을 위해 일을 얼마나 잘하고 있는지를 측정하는 훌륭한 지표인 셈이다.

돈은 능력을 측정하는 지표다

언젠가 에이브러햄 링컨Abraham Lincoln은 "사람은 마음먹은 만큼 행복하다"라고 말했다. 행복의 수준은 자기 자신에게 달려 있다는 말이다. 그리고 그 행복의 수준은 마치 미리 설정된 온도를 유지하려는 온도 조절 장치와 같아서 계속해서 자기만의 수준으로 되돌아가기 마련이다.

복권에 돈을 거는 사람들은 대개 현재 자기 삶에 만족하지 못하는 경우가 많다. 누군가 복권에 당첨되었다고 해보자. 당첨 사실을 알게 된 순간부터 일정 시간 동안 행복이 치솟고 황홀한 기분을 느낄 것이다. 하지만 시간이 지나면 원래의 행복 수준으로 돌아간다. 평균적으로 2년이 걸린다. 그 사이에 많은 돈을 다 써버리고 이전과 같은 불행한 마음으로 살아간다. 복권에 당첨되었다는 사실이 인생을 근본적으로 바꿀 수 없기 때문이다. 또 여기 평소 꽤 행복하다고 생각하는 다른 사람을 떠올려보자. 그에게 어느 날 교통사고가 일어났다. 두 다리를 잃고 평생 휠체어를 타야 한다. 트라우마와 고통으로 시달리던 그는 남은 인생도 그렇게 보낼까? 그렇지 않다. 6~12개월 정도 지나면 자연스럽게 사고가 일어나기 전만큼 행복하다고 느낀다. 우리에게는 자동으로 작동하는 '행복 조절 장치'가 있기 때문이다.

사람들은 저마다 자기 나름의 소득 개념을 지니고 있다. 만약 자신이 생각하는 적정 수입보다 10퍼센트 이상 더 벌게 되면 사람들은 돈을 쉽게 낭비하는 행동을 한다. 도박하거나 과소비하고 해외로 휴가를 가는 등 어떻게든 돈을 없애버리려 애쓴다. 반대로 자신이 생각하는 적정 수입보다 10퍼센트만 덜 벌게 되더라도 사람들은 돈을 더 벌려는 온갖 행동을 한다. 마음속 적정 수입이라는 안전지대에 머무르고 싶기 때문이다.

행복 조절 장치는 돈을 받고 싶은 방식에도 영향을 미친다. 소득을 올리는 방법에는 크게 두 가지가 있는데 하나는 안정적이고 신뢰할 수 있는 꾸준한 방식이다. 매주, 격주, 매월 등 일정한 주기로 받는 급여가 대표적이다. 만약 깜짝 소식이나 극적인 사건 없이 안전성과 보장성을 갖춘 탄탄한 소득을 선호한다면 이러한 방식으로 돈을 버는 직업을 찾는다. 오늘날 직업이 있는 사람들 대다수가 선호하는 방식이기도 하다.

또 다른 방식은 한꺼번에 목돈을 받는 것으로, 기업가들이 소득을 올리는 방식이다. 이들은 거래를 성사하거나 새로운 사업을 준비하거나 회사의 실적을 개선하는 일에 6~7개월 동안 정성을 쏟는다. 그러고 나면 소득이 일시적으로 크게 치솟는 시점이 찾아오고 이들은 그것에 만족해한다. 토머스 스탠리는 자신의 저서 『부자의 지갑을 열어라』(미래의창, 2004)에서 부유한 사람들에게 접근하기 가장 좋은 시점은 그들의 소득이 급증하는 때라고 이야기하기도 했다. 그때가 바로 그들이 가장 행복해하는 시기로 투자나 구매에 우호적이기 때문이다.

돈과 행복에 영향을 미치는 또 다른 중요한 요인은 개인의 포부다. 만약 경제적으로 풍족한 가정에서 자랐다면 성인이 되어서도 적어도 그 정도 수준의 소득을 벌고자 하는 열망을 갖게 될 것이다. 성장 과정에서 누린 것보다 낮은 생활 수준에 절대 만족하지 않도록 프로그래밍되어 있기 때문이다. 이는 풍족한 가정에서 자란 사람이 스스로 기업가가 되는 이유다. 그들에게 기업가는 세계관이자 자아개념인 것이다.

그렇다면 풍족한 가정을 만들어주지 못한 반대의 경우에는 어떻게 해야 할까? 아이들에게 노력과 보상, 특히 금전적 보상 사이의 연관성을 빨리 인식하게 해줘야 한다. 그럴수록 기업가의 기질과 사고방식을 갖게 될 가능성이 커진다.

일례로 나는 자녀들에게 용돈을 주었지만, 그냥 주는 것이 아니라 청소하거나 쓰레기를 버리는 등 이런저런 일을 하는 조건을 달았다. 자녀들에게 주는 용돈에 조건을 달면 안 된다고 말하는 사람들도 있다. 하지만 그건 아이들을 제대로 성장시키는 방법이 아니다. 대신 이렇게 이야기하기를 바란다. "네 방을 청소하고 쓰레기통을 비우면 용돈을 받게 될 거야." 아이들은 과제를 완수하는 것과 돈을 버는 것 사이의 연관성을 배우게 된다.

현재 우리 가족은 어느 컨트리클럽의 골프장 옆에 살고 있다. 집 앞에는 아주 멋진 언덕이 있다. 골퍼들이 공을 치면 이 언덕으로 자주 날아온다. 휘어진 골프 코스 옆에 우리 집이 있다 보니, 가끔 골퍼들은 우리 집 위로 골프공을 높이 띄워 넘기려 시도하다 우리 집 앞마당에 공을 떨어뜨리곤 한다. 우리 집 아이들은 골프 코스 옆에 앉아 있다가 마당에 떨어진 골프공을 주워 모은 다음 골퍼들에게 1달러에 두 개씩 팔기도 했다. 골퍼들은 우리 집 앞을 지나다가 골프공을 파는 아이들을 보고는 1달러를 내고 마음에 드는 골프공 두 개를 집어 갔다. 사실 내 아이들에게 그 돈이 필요했던 것은 아니다. 하지만 아이들은 열 살 때부터 노동과 금전적 보상을 연관 짓는 소중한 경험을 할 수 있었다.

그렇게 자란 아이들은 모두 성장 과정에서 자발적으로 아르바이트를 했다. 나와 아내는 늘 아이들을 우리가 일하는 사무실로 데리고 갔고, 그곳에서 아이들은 우리가 일하는 모습을 봤다. 그래서 아이들은 우리 가족이 누리는 생활 수준이 엄마와 아빠가 일하는 수준과 직결된다는 점을 깨달았다. 우리는 자녀들에게 우리가 하는 일과 사업은 물론이고 직원에 대해서도 이야기했다. 아이들을 마치 직원이나 주주인 것처럼 대함으로써 아이들이 자신도 사업을 영위하는 조직 구성원이라고 느낄 수 있도록 한 것이다.

또한 개인의 포부는 낙관주의에 기반한다. 크게 성공해 고속 성장하는 기업을 설립한 사람들은 모두 낙관적인 태도를 지니고 있다. 즉, 자기 자신과 자신이 설립한 회사에 대해 매우 긍정적인 관점을 항상 유지한다. 그들에게 사업을 시작한 이유를 물어보면 어떤 답을 들을 수 있을까? 자신이 판매하는 제품과 서비스를 사랑했기 때문이라고 한다. 그들은 온종일 제품의 생산과 마케팅, 판매, 배송까지 모든 영역에서 최선을 다한다. 그리고 이 과정이 그들을 행복하게 만들기에 더 오래 더 열심히 일한다. 일 자체를 사랑하기 때문에 이렇게 하는 것이다. 그들에게서 일을 빼앗는 것은 일종의 박탈 혹은 형벌에 가깝다. 사업 파트너인 에릭과 나 역시 우리가 일하는 것을 얼마나 좋아하는지 농담하곤 한다. 우리는 일하지 않기 위해라면 자기 절제력을 발휘해야 할 정도다.

일이 행복을 가져오고 행복이 돈을 불러온다

인간은 본래 생산적이라 성과를 낼 때 행복을 느끼도록 설계되어 있다. 제품을 판매해서 더 많은 고객이 찾아오고 더 많이 판매할수록 행복을 느낀다. 이 과정은 마치 행복이라는 약물을 혈관에 직접 주입하는 것처럼 짜릿하다. 이때 나오는 엔도르핀endorphin은 우리에게 에너지를 주고 우리를 더 매력적으로 보이게 만든다. 또한 창의력을 높이고 면역 체계를 강화한다. 즉, 자신이 정말 좋아하는 일을 하는 사람은 엔도르핀이 주는 행복을 일상적으로 경험하고 있는 셈이다.

혹자는 "저 사람들이 성공하기는 했어도 행복하지는 않을 거야"라고 말하기도 한다. 그러나 연구를 통해 알게 된 사실은 성공한 사람들은 매우 행복하다는 것이다. 성공한 사람들에게는 그저 다른 문제가 있을 뿐이다. 수많은 최고급 레스토랑 중에 어디를 가야 할까? 필레미뇽을 주문할까? 아니면 호주산 바닷가재를 달라고 할까? 파리에 가면 포시즌스 조지 5세 호텔에서 지낼까? 비행기는 일등석을 탈까? 아니면 소박하게 비즈니스 클래스를 탈까? 그들에게는 완벽한 선택의 자유가 있기에 행복하다. 충분한 돈이 있어서 자신을 제한하고 희생할 필요가 없다.

행복은 자신이 좋아하는 일을 하는 것, 그 일을 잘하는 것, 인정받는 것과 관련이 있다. 그 결과로 얻는 점수가 돈일 뿐이다. 그래서 때로 사람들은 이렇게 말하곤 한다. "잘하고 있어. 비록 충분한 매출은 올리지 못했지만 사람들에게 인정받으며 일 년을 잘 보냈으니 성공한 거나 마찬가지야." 즉, 일이 인생에서 가장 중요한 행복을 가져오는 것이다.

흔히 사람들은 성공하기 위해서는 "자신이 열정을 느낄 수 있는 일을 해야 한다. 나아가 우리가 사는 세상에 변화를 가져올 수 있는 일을 해야 한다"라고 말하기도 한다. 그 결과, 지금 우리 주변에는 다양한 유형의 비영리 활동에 종사하고 싶어 하는 사람들이 많다. 그러나 나는 이러한 현상의 근본적인 원인을 진짜 자기가 좋아하는 일을 택한 것이 아니라 무언가를 판매하는 일을 두려워하는 세태로 본다. 실패할지도 모르고 거절당할지도 모른다는 두려움 때문일 것이다. 사람들이 인터넷 사업에 비교적 손쉽게 뛰어드는 이유도 여기에 있다. 인터넷으로 수많은 사람에게 이메일을 보내는 일에는 거절이 뒤따르지 않기 때문이다.

건강한 사람일수록 실패와 거절을 받아들이고 다시 일어나는 힘이 있다. 이는 개인의 특성이자 선천적인 것으로 여겨질 수도 있으나 성장 과정이 같은 형제도 경제적으로 다른 지위를 갖는 것을 보면 후천적으로 계발할 수 있는 것으로 보인다. 실제로 내 아내는 가난한 가정에서 10명의 형제자매와 함께 성장했다. 자라는 내내 항상 돈에 쪼들렸지만, 지금 내 아내는 넓은 집에서 안정적인 삶을 살고 있다. 그런데 내 아내의 형제자매 중 일부는 아내가 꽤 성공한 인생을 살고 있다는 이유로 헐뜯고 비웃으며 모욕했다. 이것은 친구 사이에서도 얼마든지 일어날 수 있는 일이다. 발전을 거듭해 더 크게 성공할수록 학창 시절을 함께 보내거나 사회 초년생 시절에 함께 어울리던 사람들과 점점 공통점이 줄어든다고 느끼는 사람들이 많다. 친구들은 여전히 TV를 보며 즐겁게 지내지만, 이것은 더 이상 성공한 사람의 세계관이 아니다. 심지어 배우자와도 점점 공통점이 줄어든다고 느끼기도 한다.

성공한 사람의 세계관은 더 생산적인 사람이 되고 싶다는 것이다. 성공한 사람은 무언가를 만들어내고 싶어 한다. 그리고 성과를 내고 싶어 한다. 더 생산적으로 무언가를 만들어 성과를 내는 것이 그들에게 행복을 가져오고 더 많은 기회와 가능성을 열어주기 때문이다.

자기만의 매직 넘버를 찾아라

마지막으로 내가 사람들에게 교육하고 나 역시 평생 실천해온 습관을 말하면서 이 장을 마치고자 한다. 바로 마법의 지팡이를 휘둘러 모든 면에서 완벽한 인생을 상상하는 것이다. 어떤 모습일까? 지금과 얼마나 다를까? 그 미래를 만들기 위해 지금 할 수 있는 일은 무엇일까? 스스로 질문을 해나가면 된다.

소득, 사업 혹은 경력과 관련 있는 질문을 하라. 만약 내가 원하는 만큼 돈을 벌고, 내가 좋아하는 사람들과 함께 좋아하는 일을 하며, 내가 신뢰하는 제품을 좋아하는 고객에게 판매한다면 과연 어떨까? 이와 같이 삶이 완벽할 수 있다면, 그 삶은 어떤 모습일까? 지금 나의 모습과 무엇이 얼마나 다를까? 그리고 현재 내가 있는 곳에서 그 완벽한 미래로 나아가기 위해 지금 할 수 있는 일은 무엇일까?

다음으로는 가족과 인간관계와 관련된 질문을 하라. 만약 인간관계, 가족, 생활 방식, 집, 휴가 등 모든 것이 아름다운 모습은 어떤 모습일까? 그 삶은 현재와 얼마나 다를까? 그리고 그 목표에 다가가기 위해 지금 당장 할 수 있는 일은 무엇일까?

건강도 빠뜨릴 수 없다. 만약 완벽하게 건강하다면 즉, 가능한 최상의 상태로 컨디션을 유지하면서 몸매도 탄탄하고 날씬하다면 나는 어떤 모습일까? 또 그 삶은 지금 나의 모습과 얼마나 다를까? 그 목표를 향해 나아가기 위해 지금 할 수 있는 일은 무엇일까?

마지막 질문은 재무 상태다. 은퇴한 이후 다시 일하거나 돈 문제로 걱정하지 않기 위해 투자한 곳에서 매월 들어와야 하는 금액은 얼마일까? 숫자로 정확히 얼마인가? 그 숫자를 목표로 설정한 다음 언제까지 그 목표를 달성할 것인지 계획을 수립해야 한다. 그리고 현실로 돌아와 스스로 질문해보기 바란다. 그 마법의 숫자에 도달하기 위해 필요한 일은 무엇일까?

흥미로운 사실은 이와 같은 방식으로 목표를 설정하는 사람들은 "다시는 일을 하지 않겠어"라고 생각하지 않는다는 것이다. 가능한 한 평생 계속 일하고 싶어 한다. 그들은 단지 선택할 수 있는 능력이 있길 바랄 뿐이다. 즉, 필요하다면 일하지 않아도 괜찮은 능력을 갖출 수 있기를 바라는 것이다.

자, 이제 자기만의 숫자를 고르면 된다. 그런데 미국인의 80~90퍼센트는 그 숫자가 얼마인지 모른다는 사실을 알고 있는가? 그렇다면 우리는 어떻게 해야 할까? 먼저 차분히 자리에 앉아 고정 비용과 변동 비용을 포함해 매달 지출하는 전체 금액을 분석해보라. 잘 기억이 나지 않을 수도 있다. 그럴 때는 구석에 쌓여 있는 청구서를 보면 된다. 신용카드 결제 내역도 꼼꼼히 살펴봐야 한다. 만약 당장 내일부터 들어오는 소득이 없다면 매달 생활비가 얼마나 들까? 그게 바로 당신의 매직 넘버다. 그런 다음 매년 필요한 금액을 구해서 20을 곱하면 된다. 그렇게 계산하면 매년 5퍼센트를 인출해 생활비로 사용하더라도 투자 원금이 줄어들지 않는다고 가정할 수 있다.

매직 넘버 계산법

한 달 생활비×12개월×20

예를 들어 생활비로 한 달에 5,000달러가 든다면 1년에 6만 달러가 된다. 여기에 20을 곱하면 120만 달러다. 이 정도의 자산이 있다면 20년 동안 매달 5,000달러를 인출하더라도 원금은 줄어들지 않을 수 있다. 혹시 생활비가 더 필요하면 다시 계산하면 된다. 당신도 자신만의 매직 넘버를 찾아보기 바란다. 그런 다음 목표를 종이에 적고 오늘부터 그 숫자에 다가가기 위해 최선을 다해 노력하기를 바란다. 앞서 이야기한 삶의 네 가지 영역에서 자신만의 완벽한 모습이 무엇인지 명확하게 정의하고, 첫걸음을 내디디며 목표를 향해 나아가라.

핵심 정리

- 돈 자체는 행복을 가져다줄 수 없다. 퀀텀 점프를 기대하며 인생을 구원받기를 바라는 태도는 라스베이거스에서 룰렛을 돌리는 것과 무엇이 다른가?

- 인생의 목표는 돈이 아닌 모든 순간 행복할 수 있는 '행복의 수준'을 높이는 것이 되어야 한다. 행복은 성취감에 달려 있다. 이미 충분한 돈을 지닌 워런 버핏이 왜 아직까지 일을 할까 생각해보면 명확하다.

- 성공하는 사람들은 애초에 낙관적이다. 자신이 사랑하는 일을 하고 있기 때문에 힘들어도, 사업이 잠시 주춤해도 희망을 잃지 않는다. 자신이 좋아하는 일을 하고 그 일을 더 잘하게 되는 것이 행복의 원천이다.

- 요즘 사람들에게는 점점 실패와 거절을 받아들이고 다시 일어서는 힘이 사라지고 있다. 인터넷 사업에 비교적 쉽게 뛰어드는 이유는 그 일에는 거절이 뒤따르지 않기 때문이기도 하다.

- 성공한 사람들의 세계관은 더 생산적인 사람이 되고 싶다는 것이다. 당신은 퀀텀 점프에 기대를 걸고 있는가, 매일 생산성을 높이는 자신에 기대를 걸고 있는가?

|||||||||||||||| 실행 프로젝트 ||||||||||||||||
매직 넘버 계산하기

마법 지팡이를 흔든다고 상상해보라. 만약 다음 네 가지 영역에서 삶이 완벽하다면 그 모습은 현재와 무엇이 얼마나 다를까?

01 소득, 사업 혹은 경력

02 가족과 인간관계

03 건강

04 나의 매직 넘버

10장

내일의 부자를 위한 최소한의 경제학 수업

돈은 도구일 뿐이다.
당신을 어디로 데려가느냐는 당신에게 달려 있다.

아인 랜드(미국의 철학자)

성실은 우리의 가장 확실한 친구이자
가장 값진 재산이다.

에드먼드 버크(영국의 철학자)

갑작스레 매우 부유해진 어느 왕이 있었다. 이 왕은 세상의 모든 지혜를 한데 모으기로 결심했다. 그렇게 모은 지혜가 자신의 유산이 될 것으로 생각한 것이다. 왕은 수많은 현자를 세계 곳곳으로 보내며 돈을 아끼지 말고 인류의 모든 지혜를 가지고 돌아오라고 명령했다. 현자들은 10만 권이나 되는 책을 가지고 돌아왔다. 이때 왕은 50세가 넘은 나이였다. 왕이 현자들에게 말했다.

"다 읽기에는 책이 너무 많구나. 내용을 요약해주면 좋겠네."

현자들이 한자리에 모여 여러 해 동안 논의한 끝에 10만 권에 담긴 지혜를 1,000권으로 압축할 수 있었다. 그러나 왕은 이미 60세가 되어 있었다. 왕이 다시 현자들에게 말했다.

"내가 살아 있는 동안 1,000권을 어떻게 읽을 수 있겠나? 다시 한번 요약해주면 좋겠네."

그러자 현자들은 다시 10년 동안 논의를 계속한 끝에 1,000권에 담긴 지혜를 100권으로 압축해냈다. 이제 왕은 70대가 되어 기력을 잃어가고 있었다. 왕이 또다시 현자들에게 말했다.

"아직도 너무 많군. 더 요약할 수는 없겠는가?"

다시 한번 뒤로 물러난 현자들은 5년이 지난 뒤 왕을 만나기 위해 돌아왔다. 현자들의 대표는 손에 작은 종이 한 장을 들고 있었다. 그가 말했다.

"저희는 모든 시대의 지혜를 종이 한 장에 요약해냈습니다. 여기 그 지혜가 있습니다."

왕이 종이를 펼쳐보니 이렇게 적혀 있었다.

"공짜 점심은 없다.There ain't no free lunch"

어린 시절 나에게 경제학은 매우 혼란스러운 분야였다. 그러나 이제 나는 경제학에서 가장 중요한 원칙을 바로 이 문장으로 본다. 아무것도 하지 않고 무언가를 얻으려는 심리가 만연해 있는 지금, "공짜 점심은 없다"라는 당연한 원칙을 더 많은 이들이 깨달아야 한다고 생각한다. 부 역시 마찬가지다. 집어넣지 않은 것을 꺼낼 수는 없는 법이다.

산타클로스 경제학이 만연한 시대

부의 작동원리를 깨달으면 우리 삶의 많은 부분이 변할 것이다. 실제로 인디애나주 인디애나폴리스시의 시장이 빚더미에 앉은 도시 경제를 되살리기 위해 행한 방법도 이 작동원리를 이용한 것이다. 시장이 붙인 명칭은 이른바 '전화번호부 테스트Yellow Pages test'였다. 시장은 "인디애나폴리스시 당국이 수행하는 기능

가운데 세 곳 이상의 민간 기업이 수행할 수 있는 것이 있다면, 민간에 위탁할 것입니다"라는 계획을 발표했다. 이에 공무원 등 공공부문 노조에서는 극렬히 반대했다. 이유는 간단하다. 그동안 자신들이 받아온 비교적 높은 수준이면서 안정적이기까지 한 임금 때문이었다. 그러나 시장은 공무원 노조의 반대에도 불구하고 계획을 밀어붙였다. 시 당국이 쓰레기 수거, 소화전 유지보수, 공원의 조경 관리 등의 업무를 수행해야 할 때 대신 수행할 민간 기업이 있다면, 시장은 해당 업무를 입찰에 부쳤다. 그러자 놀랍게도 공무원 노조가 파업을 멈추고 복귀했다. 일자리를 지키고자 경쟁 입찰에 참여했으며, 결국 임금도 낮추었다. 또한 공무원 노조에서는 게으르고 비효율적인 사람들을 해고하기 시작했다. 그들은 드디어 제대로 일하기 시작했다. 그것도 경쟁력 있는 임금으로 상당히 잘해냈다.

  오늘날 미국에서는 역사상 처음으로 새로 설립되는 기업보다 문을 닫는 기업의 수가 더 많다. 과거에는 매년 점점 더 많은 기업이 새롭게 생겨나면서 일부 기업은 자연스럽게 도태되었지만 지금은 상황이 완전히 뒤바뀌었다. 기업과 기업가가 사라지고 있다. 기업은 더 이상 확장하지 않는다. 돈을 해외에 두거나 은행에 묶어두고 있다. 애플만 해도 보유 현금이 2,000억 달러에 달한다. 애플이 이처럼 돈을 깔고 앉아 있는 이유는 투자하기에 안전하지 않다고 보기 때문이다. 정부가 각종 규제와 세금에 더해 새로운 법률로 그 돈을 빼앗아갈 것으로 예측하기 때문이다. 그래서 애플은 대규모 법무 및 회계 조직을 운영하며 보유 자금을 정부로부터 보호하는 데 집중하고 있다.

사람들은 더 이상 위험을 감수하고 도전하지 않는다. 이것이 오늘날 우리 경제가 직면한 문제다. 이른바 '산타클로스' 정치인들은 무에서 유를 창조하겠다고 떠벌리고 있다. 유권자들에게 직접 벌지도 않았고 받을 자격도 없는 돈을 나눠주겠다고 약속하는 것이다. 그 돈으로 표를 산다. 그렇게 돈을 주고 표를 살수록 다음 선거가 찾아오면 판돈을 올리고 더 많은 돈을 약속할 수밖에 없다. 그렇지 않으면 변덕스러운 유권자들이 더 많은 돈을 약속하는 다른 후보에게 표를 던질 것이기 때문이다. 현재 대부분 선진국에서 국가채무는 사상 최고이자 지속 불가능한 수준에 도달했다. '아무것도 하지 않고 무언가를 얻으려는 욕망'이라는 병폐가 국가 차원으로 떠오른 것이다.

연금 문제도 만만치 않다. 민간부문에서 일하는 사람들의 연금은 주식시장에 연동되어 있다. 반면 정부에서 일하는 사람들의 연금은 그 어떤 것에도 연동되어 있지 않다. 즉, 공무원이 받는 연금은 평생 조건 없이 보장되며 물가상승률에 따라 그 수령액이 자동으로 조정된다. 설령 경제가 완전히 무너지더라도 정치인과 공무원은 매년 늘어나는 막대한 연금과 훌륭한 의료 혜택이라는 황금 낙하산을 타고 은퇴한다. 그래서 공직을 떠난 시점보다 매년 점점 더 많은 돈을 버는 것이다.

예를 들어 미국 연방 상원의원으로 재선에 성공해 임기를 마치고 은퇴하면 100만 달러가 넘는 연금 혜택을 받는다. 거기에 더해 평생 최고급 의료 혜택까지 누린다. 그 돈은 도대체 어디서 나올까? 정치인과 공무원은 이 질문에 관해 이야기하고 싶어 하지 않을 것이다.

『비즈니스 위크』에 따르면 국가채무는 물론이고 국민연금, 공무원연금, 의료보험 등 각종 사회보장제도 운용에 필요하나 재원이 부족한 부채의 규모는 107조 달러에 달한다. 이는 미국 정부가 1년에 버는 돈의 여섯 배에 해당한다. 이 정도 수준의 부채는 상환이 불가능하다고 봐야 한다. 미국은 역사상 가장 부유한 나라이긴 해도 엄청난 부채는 국가의 존립을 위협할 만한 수준이다. 현재 미국의 국가채무는 전 세계 다른 모든 나라의 국가채무를 합친 것보다 더 많다. 그런데도 정치인들이 고민 끝에 내놓는 유일한 해결책은 국가채무 한도를 늘리는 것뿐이다. 이는 상환 가능성이 전혀 없는 돈을 더 빌리자는 말이나 다름없다.

어떤 이들은 "미국 달러는 기축통화이기 때문에 계속해서 돈을 찍어낼 수 있으며, 다른 나라에서는 미국 달러를 사들여 보유할 것이다"라고 주장한다. 그러나 현재 미국 경제를 지탱하는 유일한 요인은 다른 거의 모든 국가의 정치적 상황이 미국보다 불안정하다는 데 있다. 이에 따라 점점 더 많은 돈이 미국으로 유입되고 있다. 미국에 들어온 돈은 상대적으로 더 안전하고 법으로 보호받기 때문이다. 그러나 금리 상승기가 점점 가까워지고 있다는 사실을 잊어서는 안 된다. 이 막대한 국가채무에 더 높은 금리가 적용되면 연방 정부의 재량 지출이 상당 부분을 잠식당할 수 있다. 국방 예산은 물론이고 보건, 교육, 복지 예산까지 전부 사라질 수 있다. 그리고 이를 막기 위해서는 수천억 달러에서 어쩌면 1조 달러가 넘는 증세가 필요할지 모른다.

1835년 프랑스 정치인 알렉시 드 토크빌Alexis de Tocqueville은 『미국의 민주주의』(한길사, 1997)에서 미국이 초창기에 그토록 성공할 수 있었던 이유를 설명했는데, 그것은 최근 몇 년 사이 우리에게 부족했던 부분을 가리키고 있다. 드 토크빌은 미국이 개인주의자, 즉 자신이 하는 일에 대한 개인적 책임을 받아들이는 사람들로 이루어진 국가라고 주장했다. 또한 여러 사람이 함께 헛간을 세우거나 농작물을 수확하는 등 협력하는 문화를 가지고 있다는 점에서 공동체주의자들로 구성된 국가인 측면도 있다고 말했다. 드 토크빌은 미국에는 토지를 기반으로 하는 귀족 계층이 존재하지 않는다고 했다. 미국은 평범한 사람들이 아무것도 없는 상태에서 시작해 성실함과 기업가 정신만으로도 스스로 훌륭한 삶을 만들어갈 수 있도록 설계된 나라라고 했다.

드 토크빌은 당시 미국에는 극도로 작은 정부가 있었던 반면 유럽의 정부는 압도적으로 거대했고 억압적이었다고 지적했다. 이러한 유럽의 정치적 현실은 혁명과 대량 학살로 이어졌다. 프랑스와 독일, 이탈리아에서 혁명이 일어났고, 러시아에서도 과도한 세금과 억압에 반발한 노동자 계층의 혁명을 피할 수 없었다.

반면, 본래 귀족제에 반하는 국가로 설계된 미국에서는 결코 민중의 봉기나 혁명과 같은 일이 일어나지 않았다. 미국은 단순히 부유한 가문에서 태어났다는 이유만으로 더 우월하다고 여겨지는 사회가 아니었다. 빌 게이츠가 다가와 이렇게 말했다고 상상해보라. "나는 빌 게이츠다. 세계 최고의 부자 중 한 명이지. 이제 내게 가까이 다가와 내 반지에 입을 맞춰도 좋다." 이민자나 가난한 사람, 노숙자에게 똑같이 말했다고 상상해보라. 세계 최고의 부자 중 한 명이라는 이유만으로 그 사람의 반지에 입을 맞추는 사람은 미국에 존재하지 않는다.

그러나 애석하게도 오늘날 우리는 개인주의와 독립성을 잃어가고 있다. 점점 더 많은 사람이 정부에 의존하면서 "왜 정부에서는 이런 일을 해주지 않지?"라고 궁금해한다.

짧은 이야기를 하나 소개해보겠다. 미국 남부의 앨라배마주는 야생 멧돼지로 매우 유명하다. 멧돼지는 상당히 사나운 야생 동물이다. 사냥개와 사냥꾼을 공격해 죽일 정도였기에 사람들은 멧돼지가 자주 출몰하는 지역에는 발길을 끊었다. 어느 날 한 농부가 차를 타고 이 지역을 지나가다 작은 마을에 멈춰 섰다. 그는 "멧돼지를 몇 마리 잡아보고 싶습니다"라고 말했다. 마을 사람들은 깜짝 놀라며 말했다. "멧돼지에게 가까이 다가가면 절대 안 됩니다. 우리도 사냥 갈 때는 소총을 들고 사냥개와 함께 다닐 정도라니까요. 그만큼 멧돼지는 위험한 동물입니다."

그러나 농부는 개의치 않고 말했다. "그냥 멧돼지가 어디에 있는지만 알려주십시오. 나머지는 제가 알아서 하겠습니다." 마을 사람들이 마지못해 대답했다. "남쪽 습지대 끝자락에 가면 멧돼지를 심심치 않게 볼 수 있을 겁니다."

농부는 길을 나섰고 며칠이 지나서야 돌아왔다. 그는 커다란 픽업트럭을 몰고 왔는데, 짐칸에는 멧돼지가 가득했다. 게다가 멧돼지들은 모두 살아 있었고, 짐칸이 비좁다는 듯 꿀꿀거리고 있었다. 농부가 트럭에 기름을 넣으려 주유소에 들렀을 때였다. 주유소 직원이 물었다. "어떻게 잡았습니까? 그동안 멧돼지를 잡은 사람은 아무도 없었습니다. 미국 남부에서 가장 위험한 야생동물이니 말입니다."

"전혀 어렵지 않았습니다." 농부가 웃으며 말을 이었다. "옥수숫가루를 조금 가져가 땅에 뿌린 다음 멀리 떨어져서 기다렸죠. 얼마 뒤에 멧돼지들이 나타나 냄새를 맡더니 옥수숫가루를 먹더군요. 그래서 다음 날에도 같은 자리에 옥수숫가루를 뿌려 두었더니 멧돼지들이 또 나타나서 먹었습니다. 이번에는 옥수숫가루를 뿌리던 자리에서 3미터 정도 떨어진 곳에서부터 작게 울타리를 짓기 시작했죠. 멧돼지들은 전혀 신경 쓰지 않고 옥수숫가루를 먹고 가버렸습니다."

"그렇게 매일 조금씩 울타리를 크게 만들어 나갔습니다. 며칠 뒤에 보니 멧돼지들이 익숙해져서 그런지 옥수숫가루를 두던 자리로 와서는 아예 줄을 서서 먹을 것을 달라고 기다리기까지 하더군요. 그렇게 며칠이 더 지나고 울타리 한쪽을 닫아버렸더니, 이제 멧돼지들이 나갈 수 있는 길은 반대쪽뿐이었습니다. 그리고 거기에는 픽업트럭 짐칸으로 올라가는 나무판을 놓아두었죠. 물론 멧돼지들을 짐칸으로 유도하려고 그 나무판이랑 짐칸 여기저기에 옥수숫가루를 뿌려두기는 했습니다. 그러니까 멧돼지들이 나무판을 타고 짐칸까지 올라가더라고요. 짐칸에 빼곡하게 들어차서는 정신없이 옥수숫가루를 먹고 있었죠. 그래서 짐칸의

문을 닫은 다음 픽업트럭을 몰고 출발했습니다."

농부가 덧붙였다. "방법은 간단합니다. 일정한 시간 동안 의존하게 만들면 됩니다. 그러면 개성과 독립성은 물론이고 위험을 감지하는 능력까지 전부 사라져버립니다. 끝내 순하고 나약해져서 쉽게 통제할 수 있는 존재가 되는 겁니다."

이것이 바로 전 세계에서 수많은 국가의 정부가 시행해온 정책이다. 사람들이 저항할 수 없을 정도로 나약해질 때까지 무언가를 계속 공짜로 제공해서 국민을 온순하고 쉽게 통제할 수 있는 존재로 만드는 정책 말이다. 실제로 정부 정책은 대부분 국민이 정부에 의존하도록 유도하는 방향으로 설계된다. 그래야 국민이 정부를 계속 지지하고, 정부는 그 대가로 계속 공짜 점심을 약속할 수 있기 때문이다.

정부가 개입하는 모든 일은 악화할 수밖에 없다. 정부가 하는 모든 일은 정치적 어젠다에 의해 통제된다. 정치적 어젠다는 언제나 우리 편을 부유하게 만들지만 적은 응징하는 방향으로 작동한다. 모든 정치 기부금은 항상 '기브 앤 테이크'다. 다시 말해서 어떤 정치인에게 정치 자금을 기부한다는 말은 그가 선거에 이겨 당선되면 큰 보상을 기대한다는 의미다. 마치 경마에서 말을 골라 돈을 거는 것처럼 도박하는 일이다. 실제로 미국 워싱턴 D.C에 있는 어느 기관에서는 기업의 선거 기부금과 향후 4년 동안 해당 기업이 정부로부터 받는 혜택의 비율을 꾸준히 분석해왔는데, 그 비율은 72 대 1이라고 한다.

정부가 커질수록 민간부문은 쇠퇴한다. 민간부문은 사람들이 원하고 필요로 하며 기꺼이 돈을 낼 마음이 있는 제품과 서비스를 생산한다. 자동차, 의류, 주택, 가구, 핸드폰 등의 형태로 실질적인 부를 창출한다. 또한 사람들은 이와 같은 제품과 서비스를 부富라고 여긴다. 이러한 것들이 생활 수준을 높여주기 때문이다.

반면 수십만에서 수백만 명의 공무원이 빈둥거리며 대부분 시간을 보내는 데 들어가는 정부 지출은 부를 창출하지 않는다. 누군가는 정부에서 공무원을 더 채용하면 국내총생산GDP이 증가하는 효과가 있다고 주장한다. 하지만 이는 사실이 아니다. 공무원 한 명을 채용하려면 민간 분야에서 일자리 두 개가 사라져야 한다. 게다가 그렇게 뽑은 공무원은 대부분 시간을 의미 없이 보내기까지 한다. '열심히 일하는 공무원'이라는 표현이 어색한 이유가 바로 여기에 있다.

정부가 커질수록 국민의 희망과 기회는 줄어든다. 진정한 번영과 기회를 확대하는 유일한 방법은 정부 규모를 축소하고 규제를 철폐하며 세금을 줄이는 것뿐이다. 국민이 자유롭게 활동할 수 있도록 정부는 개입하지 말고 비켜 서 있으면 된다.

미국에서 사업을 하는 사람들은 대부분 이렇게 이야기한다. "정부가 제발 방해만 하지 말고 내버려두면 좋겠습니다. 정부의 지원이나 정책이 필요한 게 아닙니다. 사실 아무것도 원하지 않습니다. 우리가 사업을 키우고 운영할 수 있게 그냥 자유롭게 내버려두면 됩니다." 전 세계에서 경제가 호황인 국가들은 대체로 규제와 세금이 가장 적은 곳이다. 반대로 경제가 쇠퇴하는 국가들은 하나같이 규제와 세금이 가장 많은 곳이다. 미국은 전 세계에서 가장 자유로운 나라였다. 하지만 지금은 19위까지 밀려났다. 심지어 아프리카 남부의 보츠와나가 미국 바로 위에 있을 정도다.

역사학자 프랜시스 후쿠야마Francis Fukuyama는 자신의 저서 『트러스트』(한국경제신문사, 2002)에서 신뢰 수준이 가장 높은 경제가 가장 번영한다는 사실을 밝혔다. 반대로 신뢰 수준이 가장 낮은 경제는 가장 빈곤하다는 것도 보여주었다. 경제학자들도 비즈니스 환경을 평가하는 지수를 만들었다. 그 지수를 분석한 결과, 사업을 시작하기 가장 쉬운 경제가 가장 번영하며, 사업을 하기 가장 어려운 경제는 가장 가난한 것으로 밝혀졌다. 또한 국제투명성기구Transparency International에 따르면 가장 부패한 국가는 가장 가난하며, 가장 부패가 적은 국가가 가장 번영했다.

제2차 세계대전 이후 수십 년 동안 미국은 신뢰, 비즈니스 환경, 투명성 등 모든 지표에서 선두를 달렸다. 그러나 지금은 그 순위가 19위까지 떨어졌고 심지어 학업 성취도 역시 18~19위 수준이다. 학생 1인당 교육비를 전 세계 어느 나라보다 많이 지출하는 나라인 미국이 최악의 결과를 만들어내는 것이다.

지금 미국에는 자리를 박차고 일어나 이렇게 말할 용기 있는 리더십이 필요하다. "이대로는 안 됩니다. 이 상황을 뒤집어야 합니다. 일하기 쉽고 사업하기 쉬우며 국내외에서 교역하기 쉬운 경제 환경을 만들기 시작해야 합니다." 그리고 그렇게 하기 전까지는 어떤 정부 정책도 실질적인 도움이 될 수 없다.

부자는 씨를 뿌리는 근면한 농부다

최근 들어 상위 1퍼센트와 나머지 99퍼센트의 구도에 관한 논의가 활발하게 이루어지고 있다. 많은 사람들이 자본주의가 암적인 단계에 접어들어 부자들은 계속 더 부유해지는 반면 나머지는 계속 똑같은 상태를 유지하거나 더 가난해질 것으로 생각한다.

그러나 자본주의는 사실상 저축주의인 것을 잊어서는 안 된다. 원시 사회에서 씨앗을 심고 수확하는 농부를 떠올려보라. 그 농부는 수확한 작물을 어떻게 할까? 가장 먼저 하는 일은 다음 해에 심을 씨앗을 따로 보관하는 것이다. 그 씨앗은 어디에서 왔을까? 자신과 가족이 먹을 식량에서 가져온 것이다. 바꿔 말하면 농부는 자신과 가족에게서 무언가를 빼앗아 저축을 한 것이다. 자신을 희생하는 것이다. 즉각적인 만족을 미루는 것이다. 인류 역사를 통틀어 이러한 자질은 성공의 대표적인 요인이었다.

저축이란 미래에 더 높은 수준의 소비를 즐기기 위해 현재의 소비가 주는 즐거움을 자기 자신에게서 능동적으로 빼앗는 것을 의미한다. 오늘 즐길 수 있는 소비를 미래로 미루는 것을 의미한다. 그렇기에 열심히 일해 돈을 벌고 그중 일부를 저축한 다음 모은 돈을 수익을 창출할 수 있는 곳에 투자하는 사람은 누구나 자본가capitalist이자 저축가savings-ist라고 할 수 있다. 자본가라는 단어는 독일의 경제학자이자 공산주의 혁명가 칼 마르크스Karl

Marx가 만들어낸 개념이다. 하지만 그는 인과관계를 제대로 이해하지는 못했다. 마르크스의 눈에는 단지 부유한 사람들만 보였을 뿐 부자들이 돈을 저축하고 모은 돈을 다시 투자하는 모습은 보이지 않았다.

저축과 투자에는 언제나 엄청난 실패의 위험이 뒤따른다. 때로는 수익을 내기까지 오랜 시간이 걸리기도 한다. 예를 들어 공장을 짓는 데만 3~5년이 걸릴 수 있다. 그리고 수익을 내는 데는 또 3~5년이 걸릴 수도 있다. 공장을 지어 돈을 벌기 시작할 때까지 10년의 세월을 투자할 의향이 있어야 한다는 말이다. 그런데도 부자를 비판하는 사람들을 이렇게 말한다. "이 돈 많은 몹쓸 놈을 보십시오! 이런 제품을 만들어 원가보다 몇 배나 비싸게 팔아 가난한 소비자를 착취해서 엄청난 돈을 벌고 있습니다."

그 사업가가 애초에 공장을 짓고 운영하는 데 투자한 10년은 어디로 갔는가? 소규모 기업이 빚을 갚고 투자금을 회수한 다음 본격적으로 돈을 벌기 시작할 때까지 평균 7년은 또 어떤가? 설상가상 그 시점이 되면 세금을 걷는 사람들이 찾아와 수익의 절반을 달라고 한다.

애초에 미국에서 불평등 문제의 원인은 사람들이 저축하지 않는 데 있다. 사람들은 재미와 커다란 TV, 라스베이거스 여행에 돈을 쓰라고 배운다. 이제는 모든 주에서 도박이 합법화되어 라스베이거스까지 가지 않더라도 집에서 가까운 어디에서든 도박을 할 수 있다.

소득의 불평등에 관한 한 사람들은 스스로 선택한 결과에 따라 불평등한 상태에 놓이게 된다. 불평등한 세상을 비난하는 사람들은 수십 년 동안 지식을 쌓거나 기술을 발전시킨 적이 없는 이들이다. 그들은 다른 사람들에게서 나쁜 영향을 받았거나 아예 아무 영향도 받지 않았다. 이유가 무엇이든 학교에서는 형편없는 성적을 받았다. 글도 제대로 읽을 줄 모른 채 학교를 졸업했다. 실제로 미국에서 고등학교를 졸업하는 학생의 절반 이상은 문맹이라 맥도날드 매장에서 일자리를 구하기 위해 내야 하는 지원서조차 스스로 작성하지 못한다. 대학에 입학하는 학생 중 50~60퍼센트는 가을에 시작하는 첫 학기에 입문 과목을 수강하려면 직전 여름에 보충 강의를 통해 고등학교 수준의 영어와 수학을 다시 공부해야 할 정도다. 그러한 사람들은 가진 기술이 없다. 글을 제대로 읽을 수도 없다. 컴퓨터를 다룰 줄도 모른다. 과학이나 수학, 공학을 이해하지 못한다. 하물며 사업이나 경영, 마케팅 지식이 있을 리도 없다. 그래서 그들은 가치를 창출할 방법을 모른다. 결국 제대로 된 소득을 올릴 능력이 없다 보니 소득 수준이 현저히 낮을 수밖에 없다.

노벨경제학상을 받은 시카고대학교의 게리 베커^{Gary Becker}가 이야기했듯이, 중요한 것은 소득 격차^{income gap}가 아니라 기술 격차^{skill gap}다. 상위 20퍼센트를 제외한 나머지 사람들은 수십 년 동안 본인의 기술 수준을 높이지 않았다. 그들은 사회에 나와 1년 정도 일하고 나면 책을 단 한 권도 읽지 않는다. 반면 상위 20퍼센트에 속하는 사람들은 언제나 기술을 연마하고 자신의 가치를 높인다. 냉정하게 들릴 수도 있지만 불평등은 스스로 초래한 결과일 뿐이라는 뜻이다. 각 개인은 자신을 위해 최선을 다하고 타인에게 이바지할 수 있는 능력을 키울 것인지에 말 것인지를 선택함으로써 평등과 불평등 사이 자신의 운명을 결정하는 것이다.

"맥도날드에서 10년 동안 일했고 지금은 서른다섯 살이에요. 시급으로 8달러를 받는데, 남편 없이 아이 일곱 명을 키우고 있네요"라며 신세를 한탄하는 여성이 있다면, 누구의 잘못일까? 그녀를 이런 상황으로 이끈 생활 방식을 선택한 사람은 누구일까? 우리는 성인이 된 이상 각자 자신의 인생을 책임져야 한다. 책임감이라는 개념을 없애는 순간 사회는 무너지기 시작한다. 사회가 유지되는 유일한 이유도 많은 사람들이 높은 수준의 책임감을 받아들이고 자신의 문제를 다른 사람 탓으로 돌리지 않기 때문이다.

반드시 이해해야 할 13가지 경제학 법칙

오늘날 많은 사람이 우려하는 문제는 자동화와 그에 따른 기술 발전으로 일자리가 사라질 수 있다는 것이다. 산업혁명이 시작된 1770년 무렵부터 자동화의 물결은 계속 이어졌다. 매번 자동화가 도입될 때마다 일자리가 사라지고 노동자와 그 가족은 길거리로 내몰릴 것이라는 주장과 함께 거센 반발이 있었다. 하지만 자동화는 단순하고 지루한 작업을 체계화한다. 자동화 덕분에 자유를 얻은 사람들은 더 도전적이고 즐길 수 있는 고차원적인 일을 할 수 있다. 역사상으로도 자동화는 더 많은 일자리를 창출하는 결과로 이어졌다.

일례로 자동차 제조업이 그렇다. 처음에는 서로 다른 기술을 가진 작업자들이 모인 팀 단위로 자동차를 제작하는 것이 일반적이었다. 자동차 공장에는 20~30개의 팀이 있었고, 각 팀이 한 대의 자동차를 조립하는 방식이었다. 그러나 자동차 산업에 생산 라인과 자동화, 과학적 관리 기법이 도입되면서 자동차 공장은 수백 명에서 수천 명의 직원을 고용할 수 있게 되었다. 시간이 지나면서 수백 개의 자동차 공장이 생겨났고, 수만 명의 노동자가 더 많은 임금과 의료 혜택을 받으며 더 높은 생활 수준을 누릴 수 있었다.

그렇게 역사상 처음으로 남성 한 명이 일해서 가족 전체를 부양할 수 있는 시대가 열렸다. 이전까지는 온 가족이 일을 나가야 먹고살 수 있었다. 아이들은 구걸하고, 어머니는 밭에서 일하며, 아버지는 열악한 환경에서 힘든 육체노동을 하는 식이었다. 하지만 자동화 덕분에 남성 한 명이 가족 전체의 생계를 책임질 수 있게 되면서 아이들은 학교에 갈 수 있었고 아내는 집에 남아 가정을 돌볼 수 있게 된 것이다.

만약 자동화가 없었다면 우리는 모두 여전히 농장에서 생활하고 있었을지도 모른다. 실제로 20세기 초반까지만 해도 미국인의 반이 농업에 종사하며 나머지 반에게 먹을 식량을 공급했다.

하지만 오늘날 농업에 종사하는 미국인은 채 1퍼센트가 되지 않는다. 그 1퍼센트가 미국에 사는 3억 5,000만 명이 먹을 식량을 생산하는 것은 물론이고 남은 식량은 전 세계의 나라로 수출하고 있다. 이는 모두 자동화 덕분에 가능한 일이다.

자동화 시대에 성공하기 위해서는 자기 기술을 끊임없이 업그레이드해야만 한다. 수학에서는 몇 가지 원리를 이해하면 평범한 사람이 풀 수 없는 복잡한 문제를 수학자처럼 해결할 수 있다. 기계공학에서도 숙련된 기술자는 몇 가지 원리를 이해하면 훈련받지 않은 사람에게는 어려운 도구, 프로세스 및 방법을 활용해 자동차나 비행기를 수리할 수 있다. 마찬가지로 경제학에서도 인간의 행동을 설명하는 몇 가지 법칙을 알면 좀 더 쉽게 부를 끌어당길 수 있다.

희소성의 법칙

우리는 늘 선택의 기로에 선다. 이는 경제학에서 가장 기본이 되는 희소성의 법칙 law of scarcity에 따른 것이다. 가용 공급량이 수요량보다 적기 때문에 경제재를 소유하려면 선택을 해야 한다. 다시 말해 주택이 충분히 공급되는 일은 결코 없다는 뜻이다. 자동차 역시 공급이 충분하지 않다. 다이아몬드 반지나 고급 시계, 명품 의류도 항상 부족하다. 그리고 이러한 희소성은 모든 재화와 용역에 가치를 부여한다. 따라서 정부가 시장에 개입하여 공급 과잉을 유발하고 모두가 자신이 원하는 모든 재화를 가질 수 있도록 해야 한다는 생각은 터무니없이 비현실적이다. 원하는 모든 것을 가질 수 있는 사람은 발을 구르고 떼를 쓰고 울면서 "초콜릿도 먹고 싶고 사탕도 먹고 싶어"라고 하는 어린아이들뿐이다.

무언가를 구매할 수 있는 능력에는 늘 한계가 있어서 우리는 언제나 선택해야 한다. 게다가 모든 재화는 희소하기에 항상 기회비용도 치러야 한다. 이것이 바로 우리 사회를 지배하는 경제학의 가장 근본적인 법칙이다. 어떤 상황에서도 모든 사람에게 모든 것을 제공할 수는 없다.

수요 공급의 법칙

그렇다면 당신이 사업으로 성공하려면 무엇을 해야 할까? 사람들의 수요를 증가시켜야 한다. 이는 수요 공급의 법칙law of supply and demand에 따른 것이다. 예를 들어 패스트푸드 매장에서 일하는 노동자의 임금은 하나의 상품으로 볼 수 있다. 그 상품의 가격은 최저 임금만 받고 일할 의향이 있는 사람이 얼마나 많은지에 따라 결정된다. 만약 패스트푸드 매장에서 일하는 어떤 사람이 "시간당 20달러 이하로는 일하지 않을 겁니다"라고 말한다면, 불과 몇 분 만에 그 사람의 일자리는 시간당 10달러가 안 되는 임금에 일하겠다는 다른 사람으로 채워질 것이다. 이것이 수요 공급의 법칙이 작동하는 원리다. 요컨대 재화나 용역의 가격에는 객관적인 기준이 존재하지 않는다는 것이다. 가격은 사람들이 얼마나 원하고 얼마를 지불할 의사가 있는지에 따라 언제나 달라질 수 있다.

수요 공급의 법칙은 가격뿐 아니라 이윤, 임금, 성장과 쇠퇴, 비용과 손실 그리고 기업의 성공과 실패까지 결정한다. 해외로 제품을 수출하는 모든 기업도 마찬가지다. 그래서 성공한 기업가는 자신이 판매하는 제품과 서비스에 대한 수요를 지속적으로 늘리기 위해 노력한다. 그래야만 더 높은 가격을 받을 수 있기 때문이다. 광고, 마케팅 및 판촉 활동의 궁극적인 목표도 수요의 증가다. 다른 한편으로 더 나은 제품과 서비스를 더 저렴한 가격으로 빠르고 편리하게 제공하기 위해 노력하기도 한다. 그 목적 역시 해당 제품과 서비스에 대한 수요의 증가다.

대체의 법칙

당신이라는 재화는 언제든 대체될 수 있다. 수요 공급의 법칙은 특정 재화나 용역에 대한 수요와 공급의 비율이 달라지면 다른 재화나 용역으로 교체된다는 대체의 법칙 law of substitution을 파생시킨다.

구체적인 예를 들어보자. 소고기 가격이 너무 비싸지면 사람들은 닭고기를 선택한다. 휘발유 가격이 너무 비싸지면 사람들은 연비가 좋은 작은 자동차를 구매한다. 노동의 가격, 즉 임금이 너무 많이 오르면 기업은 자동화를 통해 노동자를 기계로 대체한다. 이 모든 선택은 항상 비용과 편익 사이의 관계에 따라 이루어진다. 만약 어떤 기업이 기계를 도입해서 노동자에게 지급할 임금을 일부 절감할 수 있고 장기적으로는 더 큰 이익을 기대할 수 있다면 이는 좋은 투자라고 보는 것이다.

시장에서 소비자는 언제나 세 가지 선택지가 있다. 특정 기업이 제공하는 제품이나 서비스를 구매하거나 다른 기업이 제공하는 유사한 제품이나 서비스를 구매하거나 아니면 아예 아무것도 사지 않을 수 있다. 즉, 선택지는 대체의 법칙에 기반해 움직인다.

연결성의 법칙

지금까지 살펴본 희소성의 법칙, 수요 공급의 법칙, 대체의 법칙에서 통찰할 수 있는 사실은 모든 것이 연결되어 있다는 것이다. 다양한 재화와 용역은 서로 긍정적 또는 부정적으로 연결되어 있으며, 서로의 가격에 영향을 미친다. 특정 재화나 용역의 가격이 오르면 그와 연결된 다른 재화나 용역의 가격도 상승하는 식이다. 즉, 경제의 모든 요소는 연결성의 법칙law of connectivity에 따라 움직인다.

식료품 가격이 오르면 레스토랑의 음식 가격도 상승하기 마련이다. 만약 레스토랑에서 최상급 소갈비 메뉴를 찾기 어렵다면 그것은 소고기 가격이 올라 수지타산이 맞지 않기 때문이다. 소고기 가격이 오른 이유는 소를 사육할 때 먹이로 주는 옥수수의 가격이 상승했기 때문이다. 따라서 최고급 소고기 메뉴를 볼 수 없는 진짜 이유는 이 모든 가격이 서로 연결되어 있기 때문이다. 레스토랑의 음식 가격이 오르면 그 레스토랑을 찾는 고객의 수는 줄어든다. 반대로 패스트푸드 매장을 이용하는 사람들은 증가할 것이다. 사람들이 레스토랑을 찾는 발걸음을 멈추면 그 레스토랑은 식자재 구매량을 줄인다. 나아가 메뉴 자체를 없애고 직원의 수를 줄이기도 한다.

모든 것이 연결되어 있다는 사실을 보여주는 또 다른 일화도 있다. 사업이 잘 풀리고 있다 보니 마음이 넉넉해진 한 남성이 화가에게 그림을 의뢰했다. 그러던 어느 날 남성은 레스토랑에 갔다가 벽에 걸린 신문 기사가 눈에 들어왔다. 기사의 요지는 힘든 시기가 다가오고 있다는 것이었다. 경제가 곧 곤두박질칠 것이며, 경기 침체와 불황, 대규모 실업이 임박했다는 내용이었다. 그는 순간 걱정이 되어 "이런, 생각도 못했네. 그림에 이렇게 많은 돈을 써도 되나 모르겠군"이라고 중얼거렸다. 결국 그는 화가에게 전화를 걸어 그림 의뢰를 취소했다. 그런데 화가는 며칠 전 인테리어 업자에게 전화를 걸어 집에 페인트를 새로 칠하겠다고 작업을 의뢰한 상태였다. 그림을 완성하고 나면 돈이 들어올 것으로 예상했기 때문이다. 이제 화가도 인테리어 업자에게 의뢰한 페인트 작업을 취소해야 한다. 여기서 끝이 아니다. 인테리어 업자 역시 자동차 딜러에게 전화를 걸어야 한다. 페인트 작업을 의뢰받은 다음 날 자동차 딜러에게 연락해 평소 사고 싶던 자동차를 주문했기 때문이다.

며칠 뒤에 그림 의뢰를 취소했던 남성이 레스토랑을 다시 찾았고 이번에는 신문 기사를 조금 더 자세히 들여다봤다. 그리고 그 신문 기사가 25년 전에 작성된 것이라는 사실을 알게 되었다. 남성은 자신의 착각에 의한 해프닝에 허탈하게 웃었다. 하지만 그 일이 미친 영향은 남자가 상상할 수 있는 수준이 아니었을 것이다.

한계성의 법칙

경제학에서 중요한 또 다른 법칙은 한계성의 법칙law of marginality이다. 모든 경제적 의사결정의 요인, 즉 가격과 비용은 마지막 소비자의 의사결정에 따라 결정된다. 마지막 소비자가 마지막 남은 제품에 지불할 의사가 있는 금액이 전체 공급량의 가격을 결정한다는 뜻이다. 도넛을 파는 경우를 생각해볼까? 너무 배가 고파서 다른 어떤 것보다 도넛을 먹고 싶은 사람은 도넛 한 개에 1달러를 낼 것이다. 그만큼 간절하게 원하기 때문이다. 그러나 도넛을 계속 1달러에 판매하면 몇몇 아주 배고픈 사람들만 구매할 것이 분명하다. 더 많은 고객을 유인하려면 더 낮은 가격에 도넛을 팔아야 한다. 그러면서도 여전히 이윤을 남길 수 있는 가격을 책정해야 한다. 만약 도넛 한 개를 50센트나 25센트로 가격을 낮추면 어떨까? 아마도 웬 횡재냐고 외치며 많은 사람이 도넛을 사러 나올 것이다. 하지만 가게에 남는 이윤은 거의 없을 것이다. 결국 가능한 한 많은 사람이 도넛을 구매하도록 유인하면서도 마지막 판매 시점까지 이윤을 남길 수 있는 가격을 책정해야 한다.

즉, 어떤 제품이나 서비스의 가격을 설정하는 것은 가장 적극적인 소비자가 지불하려는 금액이 아니라, 가장 안목 있고 세심하며 신중한 마지막 고객이 지불할 의사가 있는 금액이다.

농부들은 자신이 생산한 농산물을 시장에 가져와 직접 판매하는 경우가 종종 있는데, 이때 농부들의 목표는 일과를 마칠 즈음 마지막 손님이 가판대에서 자신의 마지막 농산물을 구매해서 홀가분하게 집으로 돌아가는 것일 테다. 그리고 이를 가능하게 하는 가격, 즉 마지막 손님이 마지막 농산물을 구매하게 하는 가격이 판매자와 소비자 모두가 필요를 충족하는 '시장 균형 가격'이다. 따라서 오전 첫 손님부터 시장 균형 가격으로 팔면 일과를 마칠 때 제품을 다 판매할 수 있을 것이다. 당신이 가격 책정을 두고 고심하고 있다면 마지막 고객을 기억하라.

수확 체증·체감의 법칙

이윤을 증가시키기 위해서 할 수 있는 일은 또 무엇이 있을까? 투입량 대비 산출량을 늘리면 된다. 이것을 수확 체증의 법칙law of increasing returns이라고 한다. 특히 대량 생산에 특화된 제조업체에 적용되는 법칙이다. 예를 들어 소매유통 부문에서 월마트는 대량 구매를 통해 수익성을 높인다. 월마트는 수십만에서 수백만 개 단위로 제품을 구매한 다음 전 세계의 약 1만 1,000개 매장으로 보낸다. 그 과정에서 제품의 구매 단가를 크게 낮출 수 있으므로 소비자에게 더 낮은 가격에 판매할 수 있다. 그리고 가격 경쟁력은 매일 수백만 명의 고객이 월마트를 가장 먼저 찾는 이유가 된다.

한편 지식 기반의 제품 역시 생산량이 늘어날수록 생산 효율성이 높아지는 특징이 있다. 산출량이 늘어날수록 단위당 생산비용이 줄어들어 판매하는 제품의 수익성이 높아지는 결과로 이어진다. 일례로 나는 '21세기 세일즈'라는 제목의 세미나를 정기적으로 진행한다. 이 세미나를 준비하기 위해 나는 수백 시간 동안 연구에 몰두했으며, 내가 월스트리트에서 수년간 쌓은 경험도 녹였다. 그런 다음 세미나를 반복하면서 참석자들의 피드백을 반영해 완성도를 높인 결과, 현재 나는 세계 최고 수준의 하루짜리 세일즈 세미나를 운영하게 되었다. 이 세미나를 진행할 때 내가 받는 강연료는 상당히 비싼 편이지만 현재까지 300회 이상 개최될 정도로 많은 인기를 얻고 있다. 그리고 이제는 누군가가 "우리 회사에서 세일즈 세미나를 진행하실 수 있으십니까?"라고 요청하면 나는 5분 만에 세미나를 시작할 수 있을 정도가 되었다. 그동안 내가 세일즈 세미나라는 지식 기반의 제품을 개발하는 데 엄청난 비용을 치렀기 때문에 가능한 일이다. 처음부터 완성도 높은 제품을 생산했기에 재생산하는 데는 추가 비용이 거의 들지 않는다. 더 많이 판매할수록 더 높은 수익을 창출할 수 있다.

반대로 수확 체감의 법칙 law of decreasing returns 도 있다. 어떤 경제활동에서 얻는 수익이나 보상, 이익이 시간이 지나면서 감소하는 현상으로, 다른 생산요소를 그대로 두고 한 요소만 증가시킬 때 나타난다. 초기에 판매하는 제품이나 서비스에서 높은 이익을 얻을 수 있지만 시간이 가면서 제품이나 서비스를 생산하는 비용이 증가하기 때문에 얻을 수 있는 수익이 점점 줄어드는 현상이다. 이 이론을 확대하면 어떤 산업이든지 일정 수준에 도달하면 성장이 정체될 수밖에 없다는 결론에 도달한다.

2차 결과의 법칙

2차 결과의 법칙law of secondary consequences은 국가 경제와 국제 경제에 관한 논의에서 빠질 수 없는 이론이다. 경제적 행위에는 1차 결과뿐 아니라 2차 결과가 뒤따른다는 뜻이다. 즉, 우리가 하는 모든 일에는 그 결과로서 다른 어떤 일이 발생하며, 우리가 하지 않는 많은 일에도 어떤 영향을 미친다는 것이다.

프레데릭 바스티아Frederic Bastiat나 헨리 해즐릿Henry Hazlitt과 같은 경제학자들은 겉보기에 1차 결과는 언제나 긍정적이라고 말한다. 한 청소년이 "학교를 그만두고 일을 해서 차를 산 다음 데이트할 생각이야"라고 말한다고 가정해보자. 이러한 결정의 1차 결과는 긍정적으로 보인다. 어린 나이에 돈을 벌고 자동차에 여자친구까지 있으니 멋져 보이는 것이 당연하다. 그러나 2차 결과는 과연 어떨까? 그는 제대로 된 교육을 받지 못하기 때문에 평생 저임금 일자리를 전전하다 자동화의 영향으로 직업을 잃고 실업자가 될 가능성이 크다. 궁극적으로 가난해질 확률이 크게 높아진다. 이것은 실제로 현재 우리 사회가 겪고 있는 매우 심각한 문제다. 너무나 많은 사람이 자기 행동이 장기적으로 가져올 2차 결과를 고려하지 않은 채 눈앞의 1차 결과만 보며 의사결정을 하고 있다.

경제학자 밀턴 프리드먼Milton Friedman은 탁월한 사고의 핵심은 2차 결과로 일어날 가능성이 큰 일을 정확하게 고려하는 능력이라고 말했다. 이번에는 도넛 한 상자를 다 먹는 사람이 있다고 해보자. 1차 결과는 도넛이 맛있다는 것이다. 하지만 2차 결과는 다르다. 우선 그 사람은 몸이 둔해지는 느낌을 받게 될 것이다. 그날 밤에 잠을 못 이룰 가능성도 크다. 나아가 도넛을 계속 한 상자씩 먹으면 당연히 뚱뚱해진다. 그에 맞게 위장도 커진다. 결국 더 큰 옷을 사야 할 것이다. 이처럼 겉보기에 좋은 행동의 2차 결과는 끔찍할 수 있다.

의도하지 않은 결과의 법칙

2차 결과의 법칙은 의도하지 않은 결과의 법칙 law of unintended consequences과 유사하다. 다만 연쇄적인 부정적 결과를 어느 정도 예측하고 행동하느냐 전혀 예측하지 못하느냐에 차이가 있다. 의도하지 않은 결과의 법칙에 따르면 많은 행동의 궁극적인 결과는 아무것도 하지 않았을 때보다 훨씬 더 나쁠 수 있다. 실제로 이 법칙은 거의 모든 정부 정책의 실패를 설명한다. 또한 기업에 큰 위험으로 작용하기도 한다. 때로는 이익을 창출하기 위한 행동이 손실을 초래하기도 한다. 어느 한 투자 대상에 모든 자금을 쏟아부었다가 모든 돈을 잃고 처음보다 훨씬 더 나쁜 상황에 맞닥뜨리는 경우도 여기에 속한다.

선택의 법칙

인간의 모든 행동에는 여러 대안 가운데 선택하는 행위가 수반되며, 이 선택은 항상 그 순간 각 개인에게 가장 중요한 가치에 따라 결정된다. 이것을 선택의 법칙 law of choice이라고 부른다. 인간은 언제나 행동을 통해 자신이 믿는 가치를 표현한다. 그래서 어떤 사람의 말이나 소원이 아닌, 행동을 보면 그가 무엇을 생각하고 믿으며 가치 있게 여기는지 알 수 있다.

탁자 위에 두 종류의 도넛이 있다면 누구나 자신이 더 먹고 싶은 도넛을 선택할 것이다. 배우자로 마음에 드는 사람이 두 명이 있다면 누구나 자신에게 더 매력적인 사람을 선택할 것이다. 마음에 드는 자동차가 두 대 있을 때, 두 회사에서 동시에 입사를 제안받았을 때 아니면 두 가지 강의가 모두 마음에 들지만 시간이 겹치는 상황도 마찬가지다.

선택의 법칙을 깨닫고 나는 큰 충격을 받았다. 사람들이 말한 것과 다른 행동을 하고 나중에 "다들 그렇게 해요"라고 하거나 "상관없어요"라고 하는 이유를 마침내 이해할 수 있었기 때문이다. 다들 그렇게 하거나 상관없는 것이 아니다. 그 사람이 그런 사람인 것이다. 따라서 우리가 하거나, 하지 않는 모든 행동은 우리의 가치와 신념에 대한 진술이 된다.

배제된 대안의 법칙

어떤 선택이든 그 선택이 이루어지는 동시에 다른 모든 선택지는 배제된다. 즉, 선택은 적어도 일시적으로는 다른 모든 선택지를 거부하겠다는 의미를 내포한다. 이것은 배제된 대안의 법칙law of the excluded이라고 명명할 수 있다. 특히 시장에서는 이 법칙이 중요한 의미가 있다. 소비자가 어떤 선택을 할 때 그는 항상 자신에게 가장 중요한 것을 선택하지만, 한편으로는 선택함으로써 가능한 다른 모든 대안을 거부하는 것이기 때문이다. 예를 들어 어느 한 사람과 결혼하면 결혼할 수 있는 또는 적어도 결혼하면 좋은 다른 모든 사람과 결혼할 가능성을 배제하게 된다. 선택의 법칙과 함께 이해하고 알아두면 좋겠다.

주관적 가치의 법칙

2008~2009년 전 세계는 대규모 금융 위기를 경험했다. 미국 연방 정부에서 신용 점수가 낮은 사람들에게도 대출을 제공하도록 강제하는 법률을 통과시켰기 때문에 벌어진 일이었다. 정치인들은 다음 선거에서 이렇게 대출을 받은 사람들의 표를 얻을 수 있다고 기대했다. 발단은 지미 카터Jimmy Carter 정부였다. 이후 빌 클린턴Bill Clinton이 집권하면서 대출이 본격적으로 확대되기 시작했고, 조지 부시George W. Bush 정부에서는 미국 전역에 서브프라임 모기지, 즉 비우량 주택담보대출의 손길이 닿지 않는 곳이 없을 정도였다. 사람들은 은행에서 돈을 빌려 집을 샀다. 계약금으로 집값의 3퍼센트만 있으면 되었고, 구매한 집에 실제로 이사를 들어가면 그나마 그 3퍼센트도 각종 세제 혜택으로 돌려받을 수 있었다. 은행은 대출 이자도 감당하기 어려운 수많은 사람에게 주택담보대출을 제공했고, 결국 모든 것이 한꺼번에 무너지기 시작했다. 이 경제 위기는 100퍼센트 정부가 주도한 일이었다. 정부에서는 주택 자체에 본질적인 가치가 있다고 주장했지만 실제로 그 가치는 정부가 사람들에게 집을 사도록 돈을 주는 행위가 만들어낸 결과일 뿐이었다. 자유 시장 경제에서 이루어지는 선택은 주관적 판단에 의한 자유로운 선택이어야 한다. 정부의

개입은 자유로운 선택의 기회를 파괴할 뿐이다.

주관적 가치의 법칙law of subjective value은 오스트리아학파 경제 이론의 근간이다. 모든 사물의 가치는 주관적이며, 누군가가 지불할 의사가 있는 금액에 의해 결정된다는 뜻이다. 이 법칙은 더 나아가 불평등과 소득 정체의 이유까지 설명한다. 다시 말해 그 누구도 자신의 직업이 얼마나 가치가 있는지 스스로 결정할 수 없다. 자유 시장 경제에서 개인의 직업은 누군가가 자유 의지에 따라 그 개인에게 지불할 의사가 있는 금액만큼 가치가 있기 때문이다.

한편 개인이나 기업이 정하는 가격은 소비자가 그 제품이나 서비스를 구매하는 데 얼마나 많이 지불할 것인지를 지식과 경험을 바탕으로 추측한 결과다. 이는 할인 판매의 본질을 이해하는 데 도움이 된다. 어떤 제품이나 서비스가 할인된 가격에 판매된다면 이는 판매자가 자신이 최초로 책정한 가격이 높았음을 인정하는 것과 같다. 그리고 최초 가격이 높았던 이유는 소비자가 지불할 의사가 있는 금액을 잘못 추측했기 때문이다.

극대화의 법칙

경제 활동을 설명하는 마지막 법칙은 극대화의 법칙law of maximization이다. 인간은 모든 행동에서 최소한의 비용으로 최대한의 이익을 추구한다. 그래서 극대화의 법칙을 편의성 원칙이라고 부르기도 한다. 편의성 원칙에서는 인간이란 탐욕스럽고 조급하며 야망도 있지만, 게으르고 이기적이고 무지하며 허영심이 많은 존재라고 설명한다. 그래서 인간은 생존, 안전, 편안함, 여가, 사랑, 존경, 성취감 등을 끊임없이 추구하며, 자신이 원하는 것을 당장 얻기 위해 가장 빠르고 쉬운 방법을 모색한다. 그 과정에서 인간은 언제나 최소한의 비용으로 최대한의 이익을 추구하며 2차 결과는 거의 또는 전혀 신경 쓰지 않는다.

사람들이 편의에 따라 행동하지 않을 것이라고 기대하는 것은 그저 꿈일 뿐이다. 그러한 기대는 마치 눈동자 색깔을 바꿀 수 있다거나 숨을 쉬지 않아도 건강할 수 있다고 바라는 것과 같다. 예를 들어 복지 수당의 1차 결과는 불우한 사람들에게 도움이 되는 것이다. 그러나 지나치게 오랜 기간 과도한 복지가 지속되면 2차 결과로서 사람들이 정부에 의존하는 현상이 나타난다. 자립심을 잃고 일할 능력을 상실하며 새로운 기술을 배우지도 못한다. 그 결과 소득은 제자리걸음을 하거나 줄어든다.

만약 모든 사람이 정부가 제공하는 복지 프로그램을 최대한 활용하고 아무도 일하려 하지 않는다면, 사회는 하루아침에 붕괴할 것이다. 이런 일이 일어나지 않는 유일한 이유는 최소한의 노력으로 최대한의 이익을 얻으려는 유혹을 거부하며, 2차 결과는 신경 쓰지 않고 원하는 것을 얻기 위해 가장 빠르고 가장 쉬운 길을 따르지 않는 사람들이 어딘가에는 존재하기 때문이다. 그리고 그들은 끝내 정당한 방법으로 성공하고야 만다.

여기까지 경제와 경제학에 관한 내 생각을 간략하게 정리했다. 궁극적으로 내가 하고 싶은 말은 "공짜 점심은 없다"라는 문장으로 정리할 수 있다. 인류 역사를 돌아보면 성공한 사람들은 자신의 역량을 발휘해 자기 분야에서 최고의 전문가가 된 사람들이었다. 그 결과 많은 돈을 벌어 매우 부유한 생활을 누린다. 또한 많은 돈을 저축하며 장기적으로 수익을 창출할 수 있는 자산에 투자한다. 그렇게 시간이 지나다 보면 결국 투자한 돈이 일해서 버는 돈보다 더 많은 수익을 창출하는 지점, 즉 교차점에 도달한다. 그 순간이 찾아오면 원한다면 언제든지 자신의 직업에서 물러날 수 있다. 아니면 다른 방식으로 일하거나 다른 장소에서 일할 수도 있다.

자, 이제 당신이 할 일은 자신의 경제생활과 재무 상태에 100퍼센트 책임을 지고, 전적으로 자신이 통제하는 것이다. 지금 어떤 상황에 있는지는 중요하지 않다. 빚을 갚고 저축해야 한다. 저축한 돈은 소득을 창출하는 자산, 즉 수익형 자산에 투자해야 한다. 이 책을 덮고 지금 당장 시작하기만 한다면 당신의 생각보다 훨씬 더 빠르게 경제적 독립과 경제적 자유에 도달할 것이다.

핵심 정리

- 희소성의 법칙: 경제재가 가치를 가지는 이유는 그 가용 공급량이 수요량보다 적기 때문이다.
- 수요 공급의 법칙: 특정 재화나 용역의 가격은 구매 시점에 해당 재화나 용역의 가용 공급량과 수요량의 상대적 비율에 따라 결정된다.
- 대체의 법칙: 특정 재화나 용역에 대한 수요와 공급의 비율이 달라지면 다른 재화나 용역으로 대체될 수 있다.
- 연결성의 법칙: 다양한 재화와 용역은 서로 긍정적으로 또는 부정적으로 연결되어 있으며, 서로의 가격에 같은 방향으로 또는 반대 방향으로 영향을 미친다.
- 한계성의 법칙: 모든 경제적 의사결정, 즉 모든 가격과 비용은 마지막 구매자의 의사에 따라 결정된다.
- 수확 체증의 법칙: 어떤 제품이나 서비스를 더 많이 생산하거나 제공할수록 그 수익성이 증가한다.
- 수확 체감의 법칙: 어떤 경제 활동에서 얻는 수익이나 보상, 이익은 시간이 지나면서 감소한다.
- 2차 결과의 법칙: 모든 행동에는 1차 결과와 2차 결과가 뒤따른다.

- 의도하지 않은 결과의 법칙: 행동의 궁극적인 결과는 아무것도 하지 않았을 때보다 나쁠 수 있다.

- 선택의 법칙: 인간의 모든 행동에는 여러 대안 가운데 선택하는 행위가 수반되며, 이 선택은 항상 그 순간 각 개인에게 가장 중요한 가치에 따라 결정된다.

- 배제된 대안의 법칙: 어떤 선택이든 그 선택이 이루어지는 동시에 다른 모든 선택지는 배제된다.

- 주관적 가치의 법칙: 자유 시장 경제에서 제품이나 서비스의 가치는 누군가가 자유 의지에 따라 그것을 구매하는 데 지불할 의사가 있는 금액에 따라 결정된다.

- 극대화의 법칙: 인간은 모든 행동에서 최소한의 비용으로 최대한의 이익을 추구한다.

부자의 조건

1판 1쇄 발행 2025년 12월 11일
1판 2쇄 발행 2026년 1월 11일

지은이 브라이언 트레이시
옮긴이 이상훈
발행인 박명곤 **CEO** 박지성 **CFO** 김영은
기획편집1팀 채대광, 백환희, 이상지, 김진호
기획편집2팀 박일귀, 이은빈, 강민형, 박고은
기획편집3팀 이승미, 김윤아, 이지은
디자인팀 구경표, 유채민, 윤신혜, 권지혜
마케팅팀 임우열, 김은지, 전상미, 이호, 최고은

펴낸곳 (주)현대지성
출판등록 제406-2014-000124호
전화 070-7791-2136 **팩스** 0303-3444-2136
주소 서울시 강서구 마곡중앙6로 40, 장흥빌딩 10층
홈페이지 www.hdjisung.com **이메일** support@hdjisung.com
제작처 영신사

ⓒ 현대지성 2025

※ 이 책은 저작권법에 따라 보호받는 저작물이므로 무단 전재와 복제를 금합니다.
※ 잘못 만들어진 책은 구입하신 서점에서 교환해드립니다.

"Curious and Creative people make Inspiring Contents"
현대지성은 여러분의 의견 하나하나를 소중히 받고 있습니다.
원고 투고, 오탈자 제보, 제휴 제안은 support@hdjisung.com으로 보내주세요.

현대지성 홈페이지

이 책을 만든 사람들
기획·편집 이승미 **디자인** 유채민